民事判例 *23*

2021年前期

現代民事判例研究会編

日本評論社

民事判例 23——2021 年前期　目次

●本号の対象裁判例について

　『民事判例 23　2021 年前期』のうち、最新裁判例を紹介・検討する第 1 部、第 2 部、第 3 部では、基本的に、2021 年 1 月〜6 月に公刊された裁判例登載誌に掲載された裁判例を対象としている。

◆「第 1 部最新民事裁判例の動向」で対象とした裁判例登載誌は以下のとおりである (括弧内は略語表記)。それ以降 (若しくはそれ以前) の号についても対象としていることがある。なお、前号までの当欄ですでに紹介された裁判例については省略している。また、環境、医事、労働、知財に関する裁判例については、原則として第 2 部の叙述に譲るものとしている。

　　最高裁判所民事判例集 (民集)　　　74 巻 5 号〜 7 号
　　判例時報 (判時)　　　　　　　　　2461 号〜 2480 号
　　判例タイムズ (判タ)　　　　　　　1478 号〜 1483 号
　　金融法務事情 (金法)　　　　　　　2153 号〜 2164 号
　　金融・商事判例 (金判)　　　　　　1606 号〜 1618 号
　　家庭の法と裁判 (家判)　　　　　　30 号〜 32 号 （「家族裁判例の動向」のみ）

◆「第 2 部最新専門領域裁判例の動向」では、第 1 部で対象とした上掲の裁判例登載誌を基本としつつ、各専門領域の特性に応じて、裁判例登載誌等の対象が若干変わっている。

「環境裁判例の動向」→上掲の民集、判時、判タのほか、判例地方自治（判例自治）466 号〜 471 号を付加。2021 年 1 月〜6 月に裁判所 HP に掲載されたものも含める。
「医事裁判例の動向」→上掲の民集、判時、判タ、金法、金判のほか、2021 年 1 月から 6 月が判決の言い渡し日かつ 2021 年 6 月末日までに HP に掲載された裁判所 HP に掲載されたものも含める。
「労働裁判例の動向」→上掲の民集、判時、判タのほか、労働判例（労判）1231 号〜 1240 号、労働経済判例速報（労経速）2431 号〜 2447 号を付加。
「知財裁判例の動向」→言渡日が 2021 年 1 月〜6 月であって、2021 年 6 月末時点で裁判所 HP に掲載されたもの、また、行政裁判例（審決取消訴訟の裁判例）も含める。

◆裁判例登載誌の表記は、本文では紙幅の都合により原則として 1 誌のみを表示し、「今期の裁判例索引」において可能な限り複数誌を表示することとした。

◆「第 3 部注目裁判例研究」では、第 1 部、第 2 部の「動向」で対象としたもののうち、とくに注目すべき裁判例をとりあげ、検討を加えている。なお、「動向」欄では前号までに紹介済みとして省略した裁判例であっても、今期対象とした裁判例登載誌等にも登場したものについては、第 3 部で検討する対象に含めている。

本書の略号

民集：最高裁判所民事判例集　　　　　金判：金融・商事判例
集民：最高裁判所裁判集民事　　　　　家判：家庭の法と裁判
裁時：裁判所時報　　　　　　　　　　判例自治：判例地方自治
訟月：訟務月報　　　　　　　　　　　労判：労働判例
判時：判例時報　　　　　　　　　　　労経速：労働経済判例速報
判タ：判例タイムズ　　　　　　　　　ほか、雑誌名は通常の略記法に従う
金法：金融法務事情

取引裁判例の動向

丸山絵美子　慶応義塾大学教授

現代民事判例研究会財産法部会取引パート

序　はじめに──全体概観と重要判例

最高裁判決としては、消滅時効の中断に関するものが2件登場している。ひとつは、一般の先取特権を有する債権者の配当要求が、当該配当要求に係る債権の消滅時効中断事由となるか、また、中断効発生の要件として配当実施が必要かについてはじめて判断した判決（→ [2]、担保[1]、不動産[1]、不動産評釈）、もうひとつは、同一当事者間に数個の金銭消費貸借契約に基づく元本債務が存在する場合に、借主が指定なく一部弁済したことにより、充当されない他の元本債務についても、特段の事情がない限り、債務承認による中断が生じるとした判決（→ [3]、取引評釈1）である。相殺に関する最高裁判決も2件登場している。破産者（請負人）に対し取得した違約金債権取得が、破産法72条2項2号の「前に生じた原因」に基づくことが肯定された判決（→ [9]、担保[5]）および、請負契約に基づく請負代金債権と瑕疵修補に代わる損害賠償債権の一方を本訴請求債権とし、他方を反訴請求債権とする本訴及び反訴が継続中に、本訴請求権を自働債権とし、反訴請求債権を受働債権とする相殺の抗弁を本訴原告が主張することは許されるとした判決（→ [10]、担保[6]）である。

下級審裁判例の傾向としては、消費者法・金融法にかかわる判決が比較的多かった。消費者契約法による契約条項の無効が争われたものが2件（→ [32][33]）、特定商取引に関する法律によるクーリング・オフが争われたものが2件（→ [34][35]）ある。そのほか、異議を留めない承諾を論点とするものではあるが、割賦販売法の抗弁対抗規定との関係も問題とされている判決（→ [6]）、金商法違反や消費者安全法の注意喚起に関し通知を受けた金融機関が、いわゆる振り込め詐欺救済法を根拠に行った口座停止の適法性が争われた判決（→ [27][28]）、貸金業法の適用を肯定した給与ファクタリングに関する2つの判決（→ [15][16]）が存在する。暗号資産（仮想通貨）管理サービスの不正アクセスに関する判決も、今期、3件登場している（→ [29][30][31]）。

1　通謀虚偽表示

[1] 東京地判令2・9・30金法2162号90頁(控訴)は、破産者（法人）の取締役であるYが破産者名義で登録された自動車（本件自動車）を占有しているのに対し、破産管財人Xが、本件自動車の所有権に基づき引渡しを求め、Yが、本件自動車はYの所有に属するとして争った事案において、Yは、破産者が本件自動車の所有者であるとの虚偽の外観を自ら作出したものであるところ、破産管財人Xは、破産手続開始決定により破産財団に属する破産者の財産について管理処分権を付与された者であり、破産手続開始決定時における差押債権者と同視され、破産債権者全体の共同の利益のために善良な管理者の注意をもってその職務を行わなければならない者であるから、本件自動車が破産財団に属するかどうかを主張するにつき、法律上利害関係を有する者であるとした。そして、破産管財人は、あくまで管理機構として破産財団の管理に当たる者にすぎないから、破産者が本件自動車の所有者でないことについての善意・悪意は、破産債権者を基準とすべきであり、破産債権者の一人でも善意の者があれば足り、破産手続開始決定時に、破産債権者の少なくとも一人は破産者が本件自動車の所有者でないことについて善意であったと推認するのが相当であるとして、Xは、民法94条2項の類推適用により保護される第三者に該当するとした。破産管財人が94条2項の第三者にあたるとされる場合の善意・悪意を破産債権者の一人でも善意であれば足りるとしたうえで、多数いる破産債権者のうち少なくとも一人の善意を推認できるとした判決である。

2　消滅時効—時効の中断

消滅時効については、今期、改正前民法の中断に関する最高裁判決が出ている。

[2] 最二判令2・9・18民集74巻6号1762頁（一部破棄差戻し・一部上告棄却）（→担保[1]、不動産[1]、不動産評釈）は、マンション団地組合法人Xが、本件マンションの専有部分の共有者Aに対し、滞納管理費等の支払請求権を有し、本件マンションの強制競売時に、不動産競売手続に建物区分所有法66条で準用される同法7条1項の先取特権を有する債権者として配当要求をしていたが、担保不動産競売によって本件マンションの所有者となったYに支払を請求したのに対し、Yが民法169条の5年の消滅時効を援用したため、Xは配当要求をしたことにより、配当要求債権について差押えに準ずるものとして消滅時効の中断の効力が生じたと争ったものである。本判決は、区分所有法7条1項の先取特権は一般の先取特権である共益費用の先取特権（民法306条1号）とみなされるが（区分所有法7条2項）、一般の先取特権を有する債権者が不動産競売手続において民事執行法51条1項（同法188条で準用される場合を含む。）に基づく配当要求をして配当等を受けるには、配当要求債権につき上記先取特権を有することについて、執行裁判所において同法181条1項各号に掲げる文書（法定文書）により証明されたと認められることを要するところ、消滅時効の中断の効力が生ずるためには、法定文書により上記債権者が上記先取特権を有することが上記手続において証明されれば足り、債務者が上記配当要求債権についての配当異議の申出等をすることなく配当等が実施されるに至ったことを要しないと判示した。

[3] 最三判令2・12・15判タ1482号47頁（一部破棄自判・一部却下）（→取引評釈1）は、X（貸主Aの相続人）がYに対し、平成16年（①貸付・253万5000円余）、平成17年（②貸付・400万円）、平成18年（③貸付・300万円）の貸金返還を求める事案である。Yは、平成20年に充当指定せずに78万7029円を一部弁済（本件弁済）した。Xが提起した貸金返還訴訟において、Yは②③の消滅時効を援用した。Xは、本件弁済によって②および③も、民法147条2項による時効中断が生じていると争った。原審は、本件弁済は①の債務に充当されたとし、②③については時効中断していないとして、時効消滅を認めた。最高裁は、本件弁済は②③の承認として、消滅時効を中断するとした。すなわち、「同一

の当事者間に数個の金銭消費貸借契約に基づく各元本債務が存在する場合において、借主が弁済を充当すべき債務を指定することなく全債務を完済するのに足りない額の弁済をしたときは、当該弁済は、特段の事情のない限り、上記各元本債務の承認（民法147条3号）として消滅時効を中断する効力を有すると解するのが相当である」（大判昭13・6・25大審院判決全集5輯14号4頁参照）とした。「なぜなら、上記の場合、借主は、自らが契約当事者となっている数個の金銭消費貸借契約に基づく各元本債務が存在することを認識しているのが通常であり、弁済の際にその弁済を充当すべき債務を指定することができるのであって、借主が弁済を充当すべき債務を指定することなく弁済をすることは、特段の事情のない限り、上記各元本債務の全てについて、その存在を知っている旨を表示するものと解されるからである。」とした。この理由づけから、債務者がその存在について認識するのが通常といえない元本債務の場合や弁済を充当すべき債務の指定ができない状況がある場合は、特段の事情にあたり、また、本判決は、同一当事者間に数個の金銭消費貸借に基づく数個の元本債務が存在する場合を対象としており、発生原因を異にする場合は当然に中断効が及ぶわけではないと評されている（田中洋・法教487号153頁）。

3　即時取得

[4] 東京地判令2・3・23金法2161号77頁（確定）（→担保[2]）では、建設機械リース等を目的とする会社Xと建設機械輸出入を行う会社Yとの間で即時取得の成否が問題となった。Xは、平成28年2月、建設機械販売等会社Aに、中古建設機械5台を期間60カ月でリースし、Xは、リース料債権の担保のため、Aの建設機械1台に譲渡担保権設定を受け、占有改定の方法で対抗要件を具備した。Aは、平成29年7月から平成30年1月にかけて、Yに、上記6台の機械を順次売却した。本件各売買における本件各機械の売買代金は国内の取引価格よりも安く、Yは、そのことを認識していた。また、AY間の売買契約当時、機械の1台には、製造番号プレートの下にXが所有者であることを示すシールが貼付され、その他3台には製造番号プレートの下にシールを剥がした跡があり、Yは、これらのシールの存在及びシールの剥がした跡の存在を認識していた。そして、Xが本件各機械に係る譲渡証明書を保有していた。Yは、6台を海外輸出し、Aが民事再生申立てた。Xは、Yに輸出行為が所有権侵害にあたる

として不法行為に基づき損害賠償請求したところ、Yは即時取得（192条）の成立を主張し、不法行為の成立を争った。本判決は、Yには、売買価格が安いこと、X所有者を示すシール又はシールを剥がした跡の認識があったことから、A所有について疑念を抱くべき事情があるとし、YAとの間の売買の急増、安価な価格、AがYに売却した別件ブルドーザーの引渡しがない事態の発生を併せ考慮し、疑念を解消するに足る調査等の懈怠から、YはAが本件各機械の所有者であると信じるについて過失があったものといわざるを得ないとして、即時取得の成立を否定し、Yには不法行為上の過失も認められるとして、損害賠償責任を認容した。

[5] 仙台高判令2・8・6判時2477号54頁（確定）（→担保[4]、担保評釈）は次のような事案である。建設機械の割賦販売業者Xが所有権留保し、購入者Aに引き渡されていた建設機械甲・乙について、Aから買い受け甲を占有しているY₁とY₁の関連会社でY₁より乙を賃借し占有しているY₂に対し、Xが所有権に基づき甲・乙の引渡しおよび賃料相当損害金の支払を請求した。Y₁がAから甲乙を譲り受けるにあたり、Aの申入れによる物件変更などの経緯があり、A自身が作成した重機譲渡証明書兼誓約書（第三者に所有権等がないことを調査・確認したことなどを誓約する旨の文書）が交付されていた。即時取得の成否について、原審がY₁の即時取得を認めたのに対し、本判決は、原審を変更し、Xの請求を一部認容した。即時取得の成否については、建設機械が高額であって所有権留保の割賦販売方法が通例であること、専門業者である購入者はこのことを当然了知しているものといえるから、製造業者や指定販売会社以外の者から建設機械を買受けるにあたっては、当該機械の売主がその所有者であるか否かについて慎重に調査確認をすべき義務を負うことは当然であるとし、Y・A間の取引経過には不自然かつ不合理な点が多々あるにもかかわらず、Y₁が十分な調査をした形跡はなく、即時取得する余地はないとし、賃料相当損害金をY₁による占有から引渡し日までの限度で認めた。

4　債権譲渡と異議を留めない承諾

[6] 東京高判令元・11・14判タ1478号56頁（上訴）は、X（感染性医療廃棄物処理装置等製造販売業を営む会社）が、Y₁・Y₂に化粧品・エステ等を割賦販売したA販売店・B販売店から、当該割賦販売に係る売買代金債権を譲り受けたとして、Y₁・Y₂に対

し支払を求めている事案である。改正前468条1項が争点となったY₁に関する事件・判決部分に絞って紹介する。Xは、Aが顧客に対し取得する割賦代金債権を85％の金額で買い取る債権譲渡基本契約を締結していた。Y₁はAと、割賦販売契約を締結したが、無料で脱毛等の施術を受けられ、代金の負担はないとの説明を受け、いわゆる名義貸しで本件各割賦販売契約を締結していた。Xによる引き落とし前のAからの入金が途絶え、Xからの請求に対し、Y₁は、Aとの本件各割賦販売契約が訪問販売にあたるとして法定書面不交付を理由にする契約の解除（クーリング・オフ）等を前提に、債権譲受人であるXに対し抗弁を対抗できると主張した。原審（東京地判平31・1・29判タ1478号66頁）は、本件各割賦販売契約における債権譲渡を承諾する旨の承諾条項を理由に、Y₁が468条1項の異議を留めない承諾をしたとして、Xの請求を全額認容した。本判決は、まず、商品陳列のない登記簿上営業所が存在しない雑居ビルでの契約であったことから、訪問販売該当性を肯定し契約の解除を認める。そのうえで、本件各割賦販売契約上の債権譲渡を承諾する旨の承諾条項の有効性について、「民法468条1項が、債務者が異議をとどめないで債権譲渡の承諾をしたときは、譲渡人に対抗することができた事由があっても、これをもって譲受人に対抗することができないとしている趣旨は、譲受人の利益を保護し、一般債権取引の安全を保障することにあって」（最二判昭42・10・27、最二判平27・6・1参照）、「譲受人の利益を保護しなければならない必要性が低いといえる場合にまで、抗弁の切断といった重大な効果を生じさせることは、債務者と譲受人との間の均衡を欠くことになると解される」と述べ、Y₁については、割賦代金債権の譲渡可能性を説明されていないこと、本件承諾条項の存在に格別の注意を払っていたとも考え難いことなどを指摘し、Xについては、Y₁のAに対する抗弁が存在しないことを信頼して本件各割賦販売債権を譲り受けたといった関係にないことを指摘し、さらに、少なくとも経済的には、本件各割賦販売契約に係る債権譲渡は、個別信用購入あっせんに極めて類似する機能を果たし、抗弁の対抗を定める割賦販売法35条の3の19の趣旨が妥当し得ることなどに言及する。「以上を総合すれば、債権譲受人であるXの利益を保護すべき必要性は低く、本件承諾条項により抗弁切断の効果を認めることは、Y₁の利益保護の要請との均衡を欠くことになるから、本件承諾条項は、民法468条1項の異議をとどめない承諾としての効力を有しないものと解

するのが相当である」とした。そのうえで、名義貸しを行ったY₁の抗弁の対抗が信義則に反しないかについて、Xは、不健全な販売業者が一定数含まれていることを容易に推測できた状況にあるなど一定の落ち度が認められるものの、Y₁は、名義貸しが不正な行為であることは常識的に理解でき、名義貸しという不正行為に加担したY₁が、この不正行為の存在を知らなかったXに対し、抗弁を主張して残代金全額の支払を免れるというのは信義則に反するといわざるを得ないので、信義則上、5割の限度でのみ抗弁を対抗できるとした。改正前民法468条1項は削除されたものの、債権譲渡方式による信用供与において、今後、抗弁放棄条項が入れられ、その有効性が問われるような事態において、割賦販売法の適用はないが、個別信用購入あっせんに極めて類似する取引においては、本判決の実質的考慮要因は参考となろう。また、名義貸しについては、抗弁の対抗を信義則違反とする裁判例も多いが、その一方で名義貸しにあたり販売業者に不実告知があった場合に割販法35条の3の13第1項によって立替払契約の取消しを認めた最高裁（最三判平29・2・21民集71巻2号99頁）もあるところ、割販法の適用のない事案において、本判決は5割という中間的な解決を示した判決という特徴もある。

5　債権の準占有者への弁済、預貯金者保護法

[7] 東京地判平31・4・26判タ1478号214頁の第1事件は被相続人Aの共同相続人Xらが、Aの普通預金（以下、本件預金債権という）を、相続分3分の2を有するZ（補助参加人）に全額払い戻した金融機関Yに対して、Xらの相続分相当額について払戻を請求するものであり、第2事件は、YがXらおよびZに対して債権の準占有者に対する弁済により本件預金債権が消滅したため債務がないことの確認と、予備的に、Zに対して損害填補契約又は不法行為による損害賠償請求をするものである。Zは、Yに対し、Aの死亡について電話連絡し、Zは代襲相続による相続人はZを含め2名であると説明し、関連する戸籍の一部は提出されたが、すべては揃わず、Zが戸籍謄本入手の困難性を訴え預金払い戻しを求める状況で、万一紛議が生じても相続手続依頼人において連帯して責任を負い、一切迷惑損害をYにかけない旨の損害填補条項のある依頼者に基づき、Zに全額払い戻しをしていた経緯がある。本判決は、478条の適用について「相続関係を明らかにするためには、被相続人の出生から死亡までの全て

の戸籍謄本を確認する必要があり、特に被相続人に子がいない場合には、兄弟姉妹が相続人となることがあるため、被相続人の親についても、それぞれ出生から死亡までの戸籍謄本を確認し、兄弟姉妹の存否を確認する必要があるところ……、Yは、Aの相続人の調査について金融機関として高度の注意義務を負っているにもかかわらず、上記の確認を怠ったものであるから、過失があるといわざるを得ない。」として、本件預金の3分の2を超過する部分の弁済は、無権利者に対して行われたものであり、かつ、債権の準占有者に対する弁済の要件を満たさないから、無効であるとした。そのうえで、存在している3分の1の本件預金払戻しについての単独請求の可否について、「共同相続された普通預金債権は、相続開始と同時に当然に相続分に応じて分割されることはなく、共同相続人による準共有の状態になって、遺産分割の対象になるものと解するのが相当である（最高裁平成28年決定）。そうすると、本件預金債権の3分の1については、Aの共同相続人による準共有の状態になっており、遺産分割の対象になるものというべきである。本件預金債権について遺産分割は成立していないから、XらがYに対し本件預金のうち自己の相続分に相当する部分の払戻しを単独で請求することはできない。」とした。なお、予備的請求については、Yの不法行為責任が肯定されている。

なお、暗号資産（仮想通貨）管理サービスの利用規約における免責条項について、民法478条の関係が問われた判決があるが、暗号資産（仮想通貨）管理サービスの項目において、その他の暗号資産（仮想通貨）関連判決とともに紹介している（→[31]）。

[8] 東京地判令3・2・19金判1618号37頁（確定）は、87歳のXが、13時ころ自称警察官からの電話において偽造キャッシュカードによる預金引出しがあったとして、言われるままに複数のカードの金融機関・口座番号・暗証番号を知らせ、15時ころ、自宅玄関先で自称警察官にカードを封筒に入れ保管するよう指示され、その際、押印を求められ、封筒を玄関先に置いたまま印鑑を取りに戻っている間に、3枚のカードをすり替えにより盗取され、同日と翌日に、Y信用金庫のXの口座から200万円756円（他、A銀行50万108円・B銀行・95万9432円）ATMから引き出され、Xが預金者保護法5条に基づく補てん金支払請求をYにした（A銀行・B銀行は支払っている）。本判決は、Xに預金者保護法5条3項1号イの「重大な過失」が認められるか否かについて、法律案提出者の趣旨説明等も確認のう

え、「『重大な過失』とは、預貯金者において、真正カード等の管理、暗証番号の管理等に関し、通常人に要求される程度の相当な注意をしないでも、わずかの注意さえすれば、自らの預貯金等契約に係る預金口座から機械式預貯金払戻しが行われる結果をたやすく予見することができた場合であるのに、漫然とこれを見過ごしたような、故意と同視し得る著しい注意欠如の状態をいうものと解される。」とする。そして、キャッシュカード又は暗証番号のいずれか一つでも第三者に入手された場合、当該第三者等によって不正な払戻しがされる蓋然性が高いことは広く一般に知られていること、金融機関もこの点注意喚起をしていること、警察を語るなどの詐欺的手段によってキャッシュカード盗取や暗証番号を聞き出す手口については広く一般に知られており、金融機関も注意喚起を行っていたことを前提に、Xが、警察官を語る者に暗証番号を知らせ、キャッシュカードを盗取された行為は、Xが、わずかの注意さえすれば、カードによる払戻が行われる結果をたやすく予見できたのに、漫然とこれを見過ごしたような、故意と同視し得る著しい注意欠如状態、重大な過失と認められ。本件払戻はXの重大な過失により行われたとした。Xは高齢であるものの、客観的な行為自体の意味内容を認識できないなどの能力状況であったことは主張立証されておらず、補填に応じた他の銀行A・Bの判断については、レピュテーションリスクから補てんに応じることもあるため、裁判所による「重大な過失」の判断を拘束しないとしている。

6　相殺

[9] 最三判令2・9・8民集74巻6号1643頁（破棄自判）（→担保[5]）は、破産者（請負人）に対し取得した違約金債権取得が、破産法72条2項2号の「前に生じた原因」に基づくことが肯定された判決である。注文者Yが、請負人である破産者Aと締結した請負契約①〜④には、「ア　注文者は、請負人の責めに帰すべき事由により工期内に工事が完成しないときは、契約を解除することができる。イ　上記アの定めにより契約が解除された場合においては、請負人は、報酬額の100分の1に相当する額を違約金として支払わなければならない。」という条項があった。Aは、①②④の工事は未完成のまま、支払停止に至った。破産管財人Xが、Yに報酬支払を請求したところ、Yは契約解除によって取得した違約金債権を自働債権、報酬債権を受働債権と

する相殺を主張した。原審は、本件違約金債権は、Aの支払停止を知って解除し取得したものであるとして、破産法72条1項3号の破産債権に該当するとし、同法同条2項2号について、別個の請負契約に基づく報酬債権を受働債権とする相殺への期待は合理的なものといえず、違約金債権と報酬債権が同一の請負契約に基づかない相殺は許されないとした。本判決は相殺を肯定した。「破産法は、破産債権についての債権者間の公平・平等な扱いを基本原則とする破産手続の趣旨が没却されることのないよう、72条1項3号本文において、破産者に対して債務を負担する者において支払の停止があったことを知って破産者に対して破産債権を取得した場合にこれを自働債権とする相殺を禁止する一方、同条2項2号において、上記破産債権の取得が『支払の停止があったことを破産者に対して債務を負担する者が知った時より前に生じた原因』に基づく場合には、相殺の担保的機能に対するその者の期待は合理的なものであって、これを保護することとしても、上記破産手続の趣旨に反するものではないことから、相殺を禁止しないこととしているものと解される」（最一判平26・6・5民集68巻5号462頁参照）ことを確認する。そして、本件各違約金債権は、Yが破産会社の支払の停止があったことを知った後に本件条項に基づいて本件各未完成契約を解除したことによって現実に取得するに至ったものであるから、破産法72条1項3号に規定する破産債権に該当するとしたうえで、「本件各違約金債権は、いずれも、Aの支払の停止の前にYとAとの間で締結された本件各未完成契約に基づくものであり、本件各未完成契約に共通して定められている本件条項は、破産会社の責めに帰すべき事由により工期内に工事が完成しないこと及びYが解除の意思表示をしたことのみをもってYが一定の額の違約金債権を取得するというものであって、YとAは、Aが支払の停止に陥った際には本件条項に基づく違約金債権を自働債権とし、Aが有する報酬債権等を受働債権として一括して清算することを予定していたものということができる。Yは、本件各未完成契約の締結時点において、自働債権と受働債権とが同一の請負契約に基づいて発生したものであるか否かにかかわらず、本件各違約金債権をもってする相殺の担保的機能に対して合理的な期待を有していたといえ、この相殺を許すことは、上記破産手続の趣旨に反するものとはいえない」とし、「本件各違約金債権の取得は、破産法72条2項2号に掲げる『……前に生じた原因』に基づく場合に当たり、本件各違約金債権を自働債権、本

件各報酬債権を受働債権とする相殺は、許されるべきである」とした。同一当事者間において、支払停止前に締結された複数の請負契約において一括清算が予定される場合に、支払停止を知った後取得した請負人（破産者）に対する注文者の違約金債権取得が、破産法72条2項2号の「前に生じた原因」に基づくとした判決である。なお、民法511条2項、469条2項1号における「前の原因」の解釈において、破産法72条2項2号の解釈を参照し相殺期待の合理性に照らし判断すべきかについては、これを肯定的に解する見解（石田剛・法教484号127頁等）と、民法の「前の原因」は契約上の債権であれば契約が該当し、相殺期待の合理性を問題とするものではなく、個別具体的な事情の考慮は相殺権濫に委ねられているという見解（岩川隆嗣・新判例Watch民法（財産法）No.208）がみられる。

[10] 最二判令2・9・11民集74巻6号1693頁（破棄自判）（→担保[6]）は、請負契約に基づく請負代金債権と瑕疵修補に代わる損害賠償債権の一方を本訴請求債権とし、他方を反訴請求債権とする本訴及び反訴が継続中に、本訴請求権を自働債権とし、反訴請求権を受働債権とする相殺の抗弁を本訴原告が主張することは許されるとしたものである。事案は、XがY（美容室）から建物増築工事を請け負い、完成した自宅建物の増築部分をYに引渡した後、Yに対して請負代金債権と遅延損害損害金の支払を求めて訴え（本訴）を提起し、Yは、増築部分の瑕疵修補に代わる損害賠償請求と遅延損害金の支払を求めて反訴を提起し、Xは、第一審口頭弁論期日において、Yに対し、本訴請求に係る請負代金債権を自働債権とし、反訴請求に係る瑕疵修補に代わる損害賠償債権を受働債権として、対当額で相殺する旨の意思表示をし（以下「本件相殺」という。）、これを反訴請求についての抗弁（以下「本件相殺の抗弁」という。）として主張したというものである。原審は、同時履行の関係に立つ本訴請求債権（829万1756円と認定）と反訴請求債権（266万9956円と認定）については遅延損害金が発生しないとして、Xの本訴請求を上記請負代金の支払を求める限度で認容し、Yの反訴請求を上記損害の賠償金の支払を求める限度で認容した。その理由は、係属中の別訴において訴訟物となっている債権を自働債権として他の訴訟において相殺の抗弁を主張することは許されず、このことは、別訴が併合審理された場合であっても、既判力が抵触する可能性がある以上、異なることはなく、Xが本件相殺の抗弁を主張することは、重複起訴を禁じた民訴法142条の趣旨に反し、許されな

いというものであった。本判決は、原判決を変更して相殺を認めた（変更自判）。「請負契約における注文者の請負代金支払義務と請負人の目的物引渡義務とは対価的牽連関係に立つものであるところ、瑕疵ある目的物の引渡しを受けた注文者が請負人に対して取得する瑕疵修補に代わる損害賠償債権は、上記の法律関係を前提とするものであって、実質的、経済的には、請負代金を減額し、請負契約の当事者が相互に負う義務につきその間に等価関係をもたらす機能を有するものである。しかも、請負人の注文者に対する請負代金債権と注文者の請負人に対する瑕疵修補に代わる損害賠償債権は、同一の原因関係に基づく金銭債権である。このような関係に着目すると、上記両債権は、同時履行の関係にあるとはいえ、相互に現実の履行をさせなければならない特別の利益があるものとはいえず、両債権の間で相殺を認めても、相手方に不利益を与えることはなく、むしろ、相殺による清算的調整を図ることが当事者双方の便宜と公平にかない、法律関係を簡明にするものであるといえる」（最一判昭53・9・21集民125号85頁参照）。「上記のような請負代金債権と瑕疵修補に代わる損害賠償債権の関係に鑑みると、上記両債権の一方を本訴請求債権とし、他方を反訴請求債権とする本訴及び反訴が係属している場合に、本訴原告から、反訴において、上記本訴請求債権を自働債権とし、上記反訴請求債権を受働債権とする相殺の抗弁が主張されたときは、上記相殺による清算的調整を図るべき要請が強いものといえる。それにもかかわらず、これらの本訴と反訴の弁論を分離すると、上記本訴請求債権の存否等に係る判断に矛盾抵触が生ずるおそれがあり、また、審理の重複によって訴訟上の不経済が生ずるため、このようなときには、両者の弁論を分離することは許されないというべきである。そして、本訴及び反訴が併合して審理判断される限り、上記相殺の抗弁について判断をしても、上記のおそれ等はないのであるから、上記相殺の抗弁を主張することは、重複起訴を禁じた民訴法142条の趣旨に反するものとはいえない。したがって、請負契約に基づく請負代金債権と同契約の目的物の瑕疵修補に代わる損害賠償債権の一方を本訴請求債権とし、他方を反訴請求債権とする本訴及び反訴が係属中に、本訴原告が、反訴において、上記本訴請求債権を自働債権とし、上記反訴請求債権を受働債権とする相殺の抗弁を主張することは許されると解するのが相当である。」とし、請負代金債権を自働債権として瑕疵修補に代わる損害賠償債権と相殺する旨の意思表示をした場合、注文者は、請負人に対

する相殺後の請負残代金債務について、相殺の意思表示をした日の翌日から履行遅滞による責任を負うと解される（最三判平9・7・15民集51巻6号2581頁参照）ので、本訴請求は、本件相殺後の請負残代金562万1800円及びこれに対する本件相殺の意思表示をした日の翌日である平成26年8月9日から支払済みまで年6分の割合による遅延損害金の支払を求める限度で理由があるとされた。最三判平3・12・17民集45巻9号1435頁が、係属中の別訴において訴訟物となっている債権を自働債権として他の訴訟において相殺の抗弁を主張することは、民訴法142条8（改正前231条）の重複訴訟禁止の趣旨に照らし、許されないとし、これは両事件が併合審理された場合についても同様としていたが、その後射程を狭める判決が展開していたところ（最二判平18・4・14民集60巻4号1497頁、最一判平27・12・14民集69巻8号2295頁等）、本判決の登場に至っている。

7　契約締結前・契約開始後の説明・助言義務

債務不履行責任構成ではなく、不法行為責任構成によるものであるが、[11] 東京地判令2・1・31金法2155号77頁（控訴）では、銀行の従業員による外貨建変額終身保険契約の勧誘について、書面交付義務違反・説明義務違反・適合性原則遵守義務違反が問われたが、契約締結前の段階で、書面交付、元本割れリスク・為替リスクがあること、クーリング・オフの適用などについて、具体的に説明したという事実認定の下、すべての義務違反が否定されている。[12] 東京高判平31・3・28判タ1483号111頁（確定）（→不法行為 [24]）は、金・白銀商品先物取引において、取引開始後の個別取引の場面においても、商品先物取引業者には指導助言義務があるとして、従業員の義務違反を認め、原告の過失割合を3割とされている。

8　約款の解釈・条項該当性判断

[13] 福岡高判令2・5・28判時2480号28頁（上告・上告受理申立て）は、原審が、XらはAが取得した保険金請求権を相続できるものの、相続放棄をしたため請求権を有しないとした判決の控訴審判決である。事案は、Aが自動車運転中の自損事故によって死亡し、Xらは、Aが保険会社Yと締結していた自動車保険契約の人身傷害保険死亡保険金請求権について、保険受取人として直接取得したとし、また

は被保険者の相続人として承継取得したとして、保険金の支払を請求したものであり、人身傷害補償保険契約の約款においては、「第2条（保険金を支払う場合）(1) に定める人身傷害事故によって損害を被った次のいずれかに該当する者をいいます。〔1〕被保険者（注）〔2〕被保険者の父母、配偶者または子」「(注) 被保険者が死亡した場合は、その法定相続人とします。」とあった。Xらは、控訴審において、相続放棄前に遺産の自己車両を売却したことが単純承認あたり、相続放棄は効果を生じないという主張を加えた。本判決は、相続人が保険金請求権を直接取得するのか、相続による承継かについては、人身傷害補償条項は、被保険者に生じた損害をてん補することを目的とするものであり、一般に、死亡した被害者は、加害者に対し、死亡によって生ずる当該損害に係る損害賠償請求権（民法709条等）を取得するものと解されていることに照らすと、法律上、死亡によって生ずる当該損害についても、被害者の相続人に帰属するのではなく、被害者本人に生ずるものと観念されているといえること、契約当事者の合理的意思解釈という見地から検討しても、本件人身傷害補償条項の趣旨、目的に照らせば、同条項に基づく保険金請求権は、保険金額算定の基礎となった損害が生ずる者に帰属するものと解するのが合理的であり、死亡に係る損害は、法律上、死亡した被害者自身に生ずるものと理解されているのであるから、本件死亡保険金請求権は被保険者が取得し、相続や遺贈の対象となるものと解するのが相当であるとした。そのうえで、相続放棄の有効性について、本件車両は、亡Aの相続財産であり、一般経済価値を有していたところ、本件売却処分は、本件車両の現状及び性質に変更を加える行為である一方、その経済価値を維持する必要に基づいて行われたものとはいえないから、「相続財産の処分」（民法921条1号本文）に当たるというべきであるとして、単純承認を認め、相続放棄はないとして、保険金請求を認めた。人傷保険の死亡保険金請求権の法定相続人への帰属の仕方については、被保険者に帰属し、相続によって承継されるのか、法定相続人に固有の権利として帰属するのか、学説にも見解の対立があるところ、本判決は、前者の立場を採用したものである。

[14] 千葉地判令2・6・30判時2462号29頁（控訴）は、被告人毎に別々に基礎された共犯刑事事件について、弁護士Yが同一被害者参加人のために各事件の国選被害者参加弁護士に選任され、弁論分離された2つの事件についてX（日本司法支援センター）が別々に算定した弁護報酬を支払った後、

同一事件に該当するとして、過払分の不当利得返還請求をした事案において、被告人毎に基礎された共犯刑事事件について、同一の弁護士が同一被害者参加人のため各事件の国選被害者参加弁護士に選任された場合であっても、各事件は、国選被害者参加弁護士の事務に関する契約約款の別紙として定められた報酬及び費用の算定基準5条1項の「同一の事件」に該当することはできないので、別個に算定すべきであり、それによって計算して受け取った支払報酬は法律上の原因を欠くとは言えないとされた。

9 金銭消費貸借――給与ファクタリング

[15][16] は、給与ファクタリングは実質的に金銭消費貸借かが問われた判決である。給与ファクタリングとは、給与債権譲渡の基本契約に基づき、給与ファクタリング業者が労働者から給与債権の買い取りの申し込みを受け、給与ファクタリング業者が代金の送金をしたときに売買契約が成立し、給与ファクタリング業者は譲渡価格と買戻価格の差額について利益を獲得することになる仕組みである。もっとも、給与債権の債務者である使用者（勤務先）は、労働基準法24条1項により労働者に直接給与を支払う義務があり、実際には、勤務先から労働者が給与を受け取り、業者は労働者から取り立てを行うことになる。

[15] 東京地判令2・3・24（令（ワ）26580 号事件）判時 2470 号 47 頁（控訴）は、X（原告・給与ファクタリング業者・貸金業法3条1項の登録を受けていない）が、Y（被告・労働者）の7万円の給与債権について、譲渡代金4万円から振込手数料を引いて支払がおこなわれた（年利に換算すると年 1840％）。説明では買戻しは任意とされていたものの、給与支払日前日にYが買戻し困難をXに告げると、勤務先にXが詐欺をはたらいたと電話で告げる、XがYに約 40 回架電するなどし、XはYに対し買戻し代金の支払を求めて訴えを提起した事案である。本判決は、買戻しと称しているが、Yが給与の支払を受ければ、譲渡債権は消滅することや、金銭消費貸借であることの自認を避けるため買戻義務の明記を避けてると考えられることなどを指摘のうえ、貸金業法、出資法の規制対象である「手形の割引、売渡担保その他これらに類する方法」によってする金銭の交付（貸金業法2条1項本文、出資法7条）に該当するかが問題となるところ、本件取引のような給与ファクタリングの仕組みは、業者から当該労働者に対する債権譲渡代金の交付だけでなく、当該労働者からの

資金の回収が一体となって資金移転の仕組みが構築されているというべきであり、経済的には貸付けによる金銭の交付と返還の約束と同様の機能を有するものと認められ、貸金業法や出資法にいう「貸付け」に該当するとした。そうすると、Xは貸金業者に該当し、貸金業法 42 条1項の年 109.5％を大幅に上回る利息契約を締結したので、無効であるとともに、出資法5条3項の刑事罰の対象であり、取引の有効性を前提とした不当利得返還請求も前提を欠き、理由はないとした。

[16] 東京地判令2・3・24（令（ワ）28074 号事件）判時 2470 号 47 頁（控訴）は、給与ファクタリング業者Xと労働者Yの間で給与ファクタリングが3回行われ、4回目に（給与6万 3000 円を4万円で買い取り）にYが支払できず、XがYに、買戻金請求ないし給与金の引渡し請求をした事案において、[15] と同様の判断が示されている。給与ファクタリング業者は給与債権額面額から約4割程度を指しい引いた額を譲渡対価として労働者に支払うものであった。

給与ファクタリングは、債権譲渡の通知があっても、使用者は労働者に支払う義務があり（労働基準法 24 条1項本文）、結局、債務者である労働者に請求し、譲受人のファクタリング業者は譲渡人たる労働者からの回収リスクを負担するにすぎないため、実態は金銭消費貸借契約であって貸金業法等の適用を受けるとの判断は妥当であろう。

10 賃貸借

[17] 東京地判平 31・2・21 判時 2464 号 31 頁（控訴・取下げ・確定）（→不動産 [6]）は、建物の賃貸人X（同族会社）が賃借人Y₁（Xの株主の1人）の賃料不払による契約解除を原因とする建物明渡請求等を請求した第1事件、第1事件がなれ合いであるとして、転借人Y₂が民訴 47 条1項前段による独立当事者参加（詐害防止参加）をし、賃借権を有することの確認を請求する第2事件、Xの代表ZとY₁に対する損害賠償請求を主位的請求とする第3事件より構成されており、本判決は、原賃貸借の終了について債務不履行解除の形式がとられているものの、転借人との関係では合意解除と評価すべきであるとし、原賃貸借の解除によっても転貸借は消滅せず、原賃貸借の賃貸人は転貸借契約の賃貸人の地位を承継するとされた。

[18] 神戸地判令2・2・20 判時 2472 号 37 頁（控

訴、和解）（→不動産 [5]）は、鉄道高架土地を目的とする土地の賃貸借契約について期間満了による終了がX（西日本旅客鉄道会社）からYらに通知され、借地法の適用が争われた事案である。本判決は、本件各土地を利用するに当たっては、鉄道高架下土地であるが故の物理的な制約があるほか、本件各賃貸借契約においてもXが営む鉄道事業の公共性に伴い、本件各土地上に設置する建物を含む施設物の建築及び補修並びにその利用に一般的な建物所有目的の土地賃貸借契約には見られない種々の制約が定められ、実際にもXがこれに則った管理を行っていることが認められ、そして、本件各賃貸借契約の賃料は、相当賃料に比して半額ないしその5分の1程度という低廉な額であり、これは本件各土地の性質上ないし本件各賃貸借契約上、Yらに課された種々の制約を反映したものであることが認められることに照らせば、本件各賃貸借契約は、いずれも建物所有目的の土地の賃貸借契約ではなく、一般の土地賃貸借契約とは異なる特殊な契約であり、借地法は適用されないというべきであるとした。

11　委任

(1)　登記申請委託―司法書士の専門家責任

[19] 最二判令2・3・6判時2464号3頁（破棄差戻）（→民事判例22号不動産評釈、同号取引 [23]、同号不動産 [5]、同号不法行為 [23]、不動産 [7]）は、連件申請事案における司法書士の注意義務について、登記申請に係る登記が不動産に関する実体的権利に合致したものとなるよう注意喚起を始めとする適切な措置をとるべき義務を負う場合について、委任契約がある場合の考慮要因を示すとともに、委任者以外の第三者についても、当該登記に係る権利の得喪又は移転について重要かつ客観的な利害を有し、このことが当該司法書士に認識可能な場合において、当該第三者が当該司法書士から一定の注意喚起等を受けられるという正当な期待を有しているときは、当該第三者に対しても、上記のような注意喚起を始めとする適切な措置をとるべき義務を負い、これを果たさなければ不法行為法上の責任を問われることがあるとした判決である。前号ですでに紹介済みである。

なお、関連する判決として [20] 東京地判令2・7・1判時2464号39頁（確定）（→民事判例22号取引 [26]、同号不動産 [8]）は、前訴の面接詐欺事件において司法書士Aの不動産登記手続の過失による損害賠償責任が肯定された案件について、Aに対して損害賠償請求権を有するXが保険会社Yに対し保険金の支払を請求した事案において、損害賠償責任は司法書士Aの故意（なりすましを認識していた）によって生じたものであり、故意免責条項によって司法書士賠償責任保険契約に基づく保険金請求について、保険会社は免責されると判断されている。

(2)　診療委託

不法行為または債務不履行として責任が追及された [21] 東京地判令2・1・23判タ1482号229頁（確定）は、Aは、非アルコール性脂肪肝炎の治療方針決定のため肝生検を受けたところ、B医師による穿刺により肺に針が刺さり、Aは空気塞栓を生じ、脳梗塞により左片麻痺の後遺障害が残存する状況となった事案である。医師の注意義務違反の有無が争点であり、本判決は、B医師は、本件肝生検におけるエコー画像では、原告Aの肝臓その他の臓器を十分に描出、確認できる状態ではなかったにもかかわらず、穿刺を繰り返したものと認められるとし、このような状態で本件肝生検をあえて強行したことを正当化する事情を認めることはできないとして、Aの肝臓の位置が適切に確認できないにもかかわらず強行した注意義務違反があったと認め、後遺症との因果関係も肯定し、Aの請求を認めた。不法行為責任構成のみによって争われている医療過誤判決として、[22] 東京高判令2・8・19判時2472号18頁（確定）は、老人ホーム入所者の急性心筋梗塞による死亡について緊急往診した医師の過失を肯定した判決であり、[23] 千葉地判令2・3・27判時2474号122頁（控訴）は、妊婦が病院受診の5日後に死亡した事案において、肺血栓栓塞症か肺動脈肺高血圧症いずれが死因か特定できないものの、医師の検査義務違反と死亡との因果関係を認めた判決である。

(3)　幼児の監護委託

[24] 横浜地横須賀支判令2・5・25判時2467号67頁（控訴）（→不法行為 [33]）は、家庭保育福祉士Y_1が預かった生後4カ月の乳児Aが死亡し、親Xが、Y_1には、債務不履行責任ないし不法行為責任を、横須賀市Y_2には、家庭保育福祉員への適切な助言指導懈怠があったとして国賠法1条1項に基づく責任が追及された。本判決は、Y_1は、吐乳により呼吸を妨げられる状況に被害者を置き、被害者が吐乳して呼吸を妨げられて窒息死するのを予見し得たところ、同状況に即して、市の指導より短い間隔で被害者の睡眠時チェックを行うべきであったのに、入眠した被害者について、漫然と約15分間

隔で自宅のリビングから隣室の和室で寝ている被害者のところに行って睡眠時チェックを行うにとどまり、被害者が吐乳吸引に起因する気道狭窄により呼吸状態が悪化したことに気付かず、同日の午後2時頃、被害者を窒息死させたから、同注意義務に違反して被害者を死亡させたと認められるとし、Y_2についても、医学的知見に基づく指導研修を実施すべき義務を怠ったついて責任が肯定されている。なお、不法行為構成によってのみ責任追及されている幼児の監護過誤事例として、[25] 宇都宮地判令2・6・3判時2463号11頁（控訴）（→不法行為 [34]）は、認可外保育所に預けられた幼児が熱中症で死亡した事案において、施設運営法人 Y_1 に対しては債務不履行・不法行為責任、代表者 Y_2・勤務者ら Y_3〜Y_6 には不法行為責任、そして指導監督にあたる市 Y_7 について国賠上の責任が追及され、代表者 Y_2 に709条の責任、法人 Y_1 について715条の責任が認めら、共同不法行為責任（719条1項）が肯定されている。詳細は不法行為を参照されたい。

(4) 任意後見契約

[26] 高松高決令元・12・13判時2478号70頁は、抗告人Aの二女Bが、Aについて保佐開始の審判を申し立てたところ、Aが長女の子Cは弁護士とも相談のうえ療養監護および財産管理に関する任意後見契約を締結し、登記を経由したため、本判決は、任意後見契約に関する法律10条1項にいう「本人の利益のために特に必要があると認められるとき」について、①任意後見人の法的権限が不十分な場合、②任意後見人の不当な高額報酬の設定など任意後見契約の内容が不当な場合、③任意後見契約法4条1項3号に該当するように受任者に不適格な事由がある場合、④任意後見契約の有効性に客観的な疑念のある場合、⑤本人が法定後見制度を選択する意思を有している場合など、任意後見契約によることが本人保護に欠ける結果となる場合をいうものと解するのが相当であるとし、本件では、法的権限が不十分であるとは認められないし、無報酬であって内容に不当な点は見当たらず、民法847条各号の欠格事由もなく、著しい不行跡などをした事実も認められない上、遠方に居住しているにもかかわらず、16か月間で17回にわたり訪問し、延べ51日間にわたり、Aの身上監護をしているという事実認定の下、保佐開始の審判をすることはできない、とした。

12　預金取引

預金取引に関しては、犯罪利用預金口座等に係る資金による被害回復分配金の支払等に関する法律（以下、この項目において「振り込め詐欺救済法」という。）3条1項による取引停止措置の適否が争われた事件が2つ登場してる。[27] は払戻請求を肯定し金融機関の遅延損害金支払義務も認めた判決であり、[28] は停止措置を適法として払戻請求を否定した判決であるが、[27] は問題の金融商品取引法違反行為を行った業者と業務提携・取引をしていた者の預金口座が対象であり、[28] は消費者安全法の注意喚起を受けた事業者の口座であるという違いがある。

[27] 東京地判令2・6・30金法2163号77頁は、次のような事案である。投資助言等のサービス業を営む会社Xは、投資助言サービスの広告・インフラ整備等を行うAらと業務提携契約（平成26年12月）・広告宣伝委託契約（平成28年3月）等を締結していたが、平成30年3月2日、無登録投資助言を行い、一般投資家から高額の顧問料金得ていたAらに金融商品取引法違反行為の禁止等の命令が行われ、同年5月30日、Xに対しても業務停止（平成30年8月29日まで）・改善命令を行った。Xの本件口座には、決済代行等を行うBらから入金があり、Aらへの送金が定期的に行われており、信用金庫Yは、平成30年3月6日、本件口座が犯罪利用預金口座等に該当する疑いがあるとして振り込め詐欺救済法3条1項により、取引停止措置を講じた。Yは、Xに、平成30年5月8日、振り込め詐欺救済法4条1項に基づき、預金債権消滅手続の開始を通告したが、Xより消滅手続解除、同法6条1項による権利行使届け出がなされ、Yは手続を取り下げていた状況で、本判決は、XがAらとの間で業務提携契約を締結するなどしていたとしても、本件口座からAらの口座への送金が、その振込みの振込先となった預金口座等（振り込め詐欺救済法2条4項1号の犯罪利用預金口座等）に係る資金を移転する目的でされ、その振込みに係る資金と実質的に同じである（同法2条4項2号参照）とは認められず、これを疑うに足りる相当な理由があるとも認められないとし、Yが上記措置をとった時点では、Aらとの関係が明らかではなく、上記措置をとることに相当な理由があったと考えたとしても、本件口座の取引停止措置を講じてから既に2年以上経過し、Aの行為を理由とした請求や差押え手続等がされたことは認められない

ことからすれば、Xの本訴提起時点で、Yが振り込め詐欺救済法4条に基づく措置を継続する必要性があるとは認め難く、Xに対する業務停止命令等がAらの上記金融商品取引法違反との直接的な関係が認められたわけではないことから、Yが、振り込め詐欺救済法4条による措置を講じていることを理由として、Xからの本件口座に係る預金の払戻請求を拒絶する相当な理由があるとは認められないとし、Xが、本訴を提起し、Yに本件口座に係る預金の払戻しを請求した時点で、Yは遅滞の責任を負うと認められるとして、遅延損害金の請求も認めた。

[28] 東京地判令2・8・6判時2476号30頁(控訴)は、次のような事案である。XはY銀行A支店に普通預金口座を有し、令和元年10月15日時点の残高は7460万2782円であった。同年9月27日付で消費者庁は消費者安全法38条1項によってX(特許権取得の通信機器で収益が得られるといった高額投資勧誘を行った)について注意喚起し、同年10月3日付でYに本件預金口座が本件注意喚起に係る消費者被害を発生させた事業者口座であるとの通知をした。Yは、振り込め詐欺救済法3条を根拠に本件預金口座の取引停止措置を講じ、Xからの払戻請求を拒絶した。Xは消費者庁の事実誤認による注意喚起である、振り込め詐欺救済法3条1項にいう犯罪利用預金口座ではないとして、払戻拒絶はできないと争った。本判決は、口頭弁論終結時までに、本件注意喚起は撤回も訂正もされていない事実を前提に、「振り込め詐欺救済法は、預金口座等への振込を利用して行われた詐欺等の犯罪行為によって被害を受けた者の財産的被害の迅速な回復等に資することを目的とする(同法1条)ものであり、同法3条1項に定める預金口座等に係る取引停止等の措置は、被害者の被害回復の実効性確保のための保全的措置である。そうすると、当該金融機関の預金口座等について犯罪利用預金口座等である疑いがあると判断した場合には、その判断に合理性がある限り、当該金融機関は、当該口座等について取引停止等の措置を講ずる法的義務を負い、当該預金口座等の預金者等からの払戻の請求を拒絶することができると解するのが相当である。」とし、「本件注意喚起及び本件通知が消費者問題を所管する行政庁によって法律上の根拠に基づいてされたものであり、本件注意喚起の内容が詳細かつ具体的なものであることからすれば、本件通知を受け取ったYが、その記載内容を信用することには十分な合理性があると言い得る。また、本件注意喚起において指摘されている不実の告知は、消費者からの財産交付という処分行為に向け

られた欺罔行為と評価する余地があるものである。そうすると、本件注意喚起の内容及び本件預金口座が消費者被害を生じさせた事業者の口座であるとの記載がされた本件通知を受け取った被告が、本件預金口座について、振り込め詐欺救済法2条4項にいう犯罪利用預金口座等であるとの疑いを持ったことには合理性があるということができる。」とし、YはXに、取引停止措置の継続を理由に、支払拒絶できるとした。消費者庁が行ったのはLED通信機器加盟店契約の勧誘における不実告知を認定したうえでの消費者安全法38条1項に基づく注意喚起であり、これ自体ただちに刑罰に結びつくものではなく、刑法上の詐欺罪や特定商取引法上の罰則の適用可能性について判断はされていない。しかし、多数高額被害の事案において(5000人以上、30億以上の被害が出ている可能性がある)、最低限の被害回復財産を確保するためには、迅速な対応が必要であり、消費庁から金融機関に加害事業者口座である旨の通知がされていたことを考えれば、金融機関において振り込め詐欺救済法2条4項にいう犯罪利用預金口座等であるとの疑いを持ったことには合理性があるとの判断は支持できるものである。消費者庁の消費者安全法上の注意喚起・通知が振込め詐欺救済法の口座停止に結びついた点が注目されるが、今後、振り込め詐欺救済法における犯罪利用口座の解釈や金融機関が訴訟リスクを負って口座停止を行う仕組みの限界なども検討が必要と考える。

13 暗号資産(仮想通貨)管理サービス

暗号資産流出事件に対する暗号資産(仮想通貨)交換事業者の利用停止措置対応について暗号資産(仮想通貨)管理サービス契約の顧客から債務不履行による損害賠償請求が争われる事件([29][30])、顧客のアカウントへの不正アクセスについて、パスワード管理と暗号資産(仮想通貨)交換業者Yの利用規約による免責・民法478条の適用が問題とされた事件が登場している([31])。

[29] 東京地判令2・10・30金判1609号26頁(確定)では、暗号資産(仮想通貨)交換業者Yの暗号資産(仮想通貨)管理サービスを利用していたXが、平成30年1月26日の不正アクセスによる暗号資産(仮想通貨)外部流出について、Yの管理上の重大な帰責性によるものとして責任があること、また、47日間にわたる顧客へのサービス利用停止措置をとったことが債務不履行となるとして、暗号資産(仮想通貨)価値下落分の一部である238万円余

について損害賠償請求を行った。本判決は、本件利用契約上、ハッキングその他の方法によりYの資産が盗難された場合、登録ユーザーに事前に通知することなく、サービスの利用の全部又は一部を停止又は中断することができる旨定められていることを確認し、本件事件当時、NEMをコールドウォレットで保管しなかったこと、マルチシグネチャを採用しなかったことについても、顧客の暗号資産（仮想通貨）を保管することができるような機能と安全性を備えたコールドウォレットが存在したとは認められず、マルチシグネチャを採用しても本件事件を防ぐ効果は乏しかったとの意見も踏まえ、Yに被告に重大な帰責性があると認めるには足りないとし、また、利用停止措置を47日間も継続したことについても、調査やセキュリティ強化対策を行い、業務用端末の入替え等も行うなどしていたところ、送信サービス再開に当たっては、それらの検証だけでなく、監督官庁からの業務改善命令に対応する必要があったことからすれば不相当に長期であるなどと認めることはできないとして、Yの債務不履行を否定した。

[30] 東京地判令2・12・21金判1612号42頁（確定）では、[29]と同じ暗号資産（仮想通貨）交換業者Yの平成30年1月26日の不正なアクセスによる暗号資産（仮想通貨）NEMが外部に流出事件によるサービス利用停止について、Yの暗号資産（仮想通貨）管理サービスを利用し、暗号資産（仮想通貨）イーサリアム等預託していたXが、Xの送金指示に従わなかったことがYの債務不履行にあたるとして、停止期間中の価値下落3555万4390円について損害賠償請求をした。本判決は、事件当時コールドウォレットを作成し、使用するためには、詳細な分析と十分な検証作業が必要であり、マルチシグネチャは、内部不正を防ぐ効果を主眼においた仕組みであり、外部不正アクセスを防ぐことができたとはいず、Yは、顧客に対し、全ての暗号資産（仮想通貨）をコールドウォレットで管理する旨を約束していたとは認められず、本件事件発生当時、暗号資産（仮想通貨）取引所において、NEMをコールドウォレットで管理することが容易であったとか、それが通常の取扱いであったとはいえないから、Yが、善良なる管理者として、NEMをコールドウォレットで管理すべき義務を負っていたとは認められない。また、マルチシグネチャを採用すべき注意義務があったとは未だ認められない。そして、Yは、顧客の財産を善良なる管理者として保護すべき注意義務を果たすために、本件条項に基づき本件停止措置を実施したといえるのであって、Yが、本件事件発生を受けて本件条項に基づき本件停止措置をとった結果、本件送信指示に従わなかったことをもって、本件利用契約に違反する債務不履行があったということはできないとした。

[31] 東京高判令2・12・10金判1615号40頁（上告受理申立て）は、暗号資産（仮想通貨）管理サービスの利用規約における免責条項と民法478条が問題とされたものである。Yの暗号資産（仮想通貨）管理サービスを利用していたXのアカウントが、第三者から不正アクセスを受け、外部に仮装通貨が不正送付され、Xは、原審（東京地判令2・3・2金判1598号42頁）においてはYの債務不履行を理由とする損害賠償構成等を主張していたが、それを取り下げ、本判決では、基本契約に基づくXへの暗号資産（仮想通貨）の権利移転手続を請求している。Xのログインパスワード・ワンタイムパスワードを盗用した第三者による不正アクセスであるとの事実認定の下、パスワードまたはユーザーIDの管理不十分、使用上の過誤、漏洩、第三者使用、盗難等による損害の責任はユーザーが負い、Yは一切の責任を負わない旨のYの利用規約の効力が問題となった。Xは民法478条の適用を前提に免責にはYの善意無過失が必要であり、Yには過失がある旨主張したが、本判決は、盗用されたことの主たる責任がYに存在するような特段の事情が認められる場合を除き、規約の効力が当該登録ユーザーにも及ぶとし、不正アクセスの原因がXのパスワード管理の不十分さによるものであると説示し、Yに主たる責任があるような特段の事情は認められないとして、Xが権利移転手続請求権を有するとは認められないとした。

14　消費者契約

消費者契約法による条項無効が争われたものが2件（[32][33]）、特定商取引法による契約の解除（クーリング・オフ）が争われたものが2件（[34][35]）ある。

(1)　消費者契約法
[32] 東京高判令2・9・16判タ1479号43頁（確定）は、ガス消費設備の買取り合意が損害賠償額の予定に該当するか否か、これが肯定されるとして消費者契約法9条1号により無効となるかが争われた。Yが購入した建物にはXがあらかじめLPガスの消費設備が設置されており、ガス供給契約締結の際、Yがガス供給契約を解約する場合には、約定の計算式（残存価格＝設置費用9万円−｛9万円×経

過月数／（12×15年)│) によって算定した金額でXから本件消費設備を買い取る旨の合意（以下「本件合意」という。）が含まれていた。Yが7か月後に解約し、Xが算定式に基づく金額を請求した。原審は、本件合意は損害賠償額の予定としての性格も持ち、消費者契約法9条1号の適用があり、Xにはガス供給契約の解約による損害が生じたものと認められないから、本件合意は消費者契約法9条1号により無効であるとた。X控訴。本判決は、本件合意について、「予定の償却期間前に消費者からガス供給契約を解約された場合には、投下した費用を回収することができなくなってしまうことから、その場合にガス事業者に生ずる損害を填補する趣旨と解される。」「本件合意の法的性質は」、「ガス供給契約が解約された場合にXに生ずる損害賠償の予定を定めたもの」であるとしたうで、消費者契約法9条1号の「平均的な損害」について、「Yが一定期間のガス供給契約の継続によって当該設置費用の回収を図ることは、経済的合理性に適うものであり、これを回収するのに必要な期間が経過する前に契約が打ち切られた場合には、未回収の設置費用相当額はYに生じた損害になるというべきであって、その負担をXに求めることは許容されるべきである。」とする。そして、平均的な損害額の算定については、消費設備の設置費用を15年間で減価償却する手法を採用していることは一定の合理性を認めることができ、設置費用額の相当性について、弁論の全趣旨（当審における専門委員による当該事案を前提とした類型的な評価的説明及び両当事者が専門委員の説明を証拠資料とすることに同意したことを含む。）から、材料費のほかに運搬費や人工代、諸経費を考慮して、一般的類型的には7万4470円程度であることが認められ、契約書の契約式にあてはめて、Yの使用約7か月経過後の本件消費設備の残存価格（7万1574円）を計算し、これを超える部分は消費者契約法9条1号により無効となるとした。

[33] 津地四日市支判令2・8・31判時2477号76頁（確定）は、Y医療法人のインプラント施術の治療契約において、患者の都合による治療中断の場合、治療費の返還はしない旨の条項が設けられていたところ、Aがインプラント施術契約を締結し、264万6000円を支払、仮義歯設置や口腔観察など数回受診後、次回インプラント埋込手術という時点で、Aが死亡し、相続人Xらが、本件不返還条項が消費者契約法10条により無効であるとして、治療費の返還を求めた事案において、本判決は、まず、本件不返還条項が、民法648条3項に比して消費者の権利

を制限し又は消費者の義務を加重する消費者契約の条項であるとして消費者契約法10条前段の要件充足を肯定する。同法同条後段については、全額不返還は治療費の対価性を損なうこと、患者の治療中断や転院の機会を制限しうるものであり、個別に交渉され合意されたものではなく、インプラント治療検討開始の当日に承諾書が作成され、A及び同行したX₁はいずれも80歳を超える高齢であったことなども併せ考慮すると、Yが金額や承諾内容について丁寧に説明し、Aが十分納得して署名指印したとの供述を踏まえても、消費者契約法10条後段の要件を満たすとした。そのうえで、見積りにおいて、サービスとされていた仮義歯等の実費等も含め、本件契約による治療の4分の1程度は、既に履行されていたものとして、198万4500円（＝264万6000円×3/4）を法律上の原因のない利得と認めるのが相当であるとした。委任は死亡により終了し（653条1号）、その場合の受任者の報酬は既履行の割合によるのが原則であり（648条3項2号）、本判決の結論には賛成できるが、判決で示されている考慮要因は、中途解除の場合を想定しており、その場合、比較対象とされるべき任意法は651条による任意解除の場合の損害賠償はないかと考えられる点は指摘しておく。

(2) 特定商取引に関する法律

[34] 大津地判令2・5・26判時2474号131頁（控訴）は、ハウスクリーニングのフランチャイズ加盟店契約が特定商取引に関する法律（以下、特商法）51条の業務提供誘引契約に該当性・契約の解除（クーリング・オフ）の可否が争われたものである。業務提供誘引販売取引とは、物品の販売又は有償で行う役務の提供の事業であって、その販売の目的物たる物品又はその提供される役務を利用する業務に従事することにより得られる利益を収受し得ることをもって相手方を誘引し、その者と特定負担を伴うその商品の販売若しくはそのあっせん又はその役務の提供若しくはそのあっせんに係る取引（特商法51条1項）であるところ、Yは、ハウスクリーニング事業に必要な機材・消耗品等の販売、開業前研修・開業支援等の役務の提供を有償で行う事業であって、Yが提供し、あっせんするハウスクリーニング業務に従事することにより得られる利益（業務提供利益）をもってXを誘引し、Xは開業初期費用の金銭的負担（特定負担）があること、Xは、Yから提供・あっせんされた「業務」を、自宅（マンションの一室）で行うことになっているから、本件契約は、「事業

所その他これに類似する施設によらないで行う個人との契約」に該当することが認められるとした。そして、契約書面には契約の解除（クーリング・オフ）について記載がされていなかったため、法定書面受領から20日を経過していない時点で、Xは契約解除しており、XからYに対する返金の請求は認められるとした。

[35] 福岡地判令元・7・25判タ1479号208頁（上告、後上告棄却）は、特商法の特定継続的役務提供契約規制における「関連商品」該当性・契約解除（クーリング・オフ）の可否が争われたものである。Yは、エステサロンXと、フェイシャルケア18回、施術費用11万6640円、入会金2万1600円の内容で特商法42条1項に定める特定継続的役務提供契約であるエステティックサービス契約（以下、本件エステ契約）を締結し、同日、化粧品類19点、および健康食品1点を、合計13万8348円で購入する契約も締結した。売買契約については、約定解除を認めるが、解除日から1か月以内に代金を顧客は支払、化粧品等が未使用の場合に限り、納品より3カ月以内の場合は販売価格の100％、3カ月以上経過した場合は、販売価格の50％でXが引き取るとされていた。代金の支払については、クレジット契約が締結されている。Yは、13回エステを受けたあと、Xに対して、内容証明郵便にて、本件エステ契約概要書面には、本件化粧品等が関連商品に該当する旨の記載がなく、特商法42条1項の書面要件を具備していないとして、本件エステ契約と関連商品の販売契約とをクーリング・オフすることなどを通知した。信販会社にも赤伝処理を依頼し、信販会社はYが信販会社に既に支払ってた既払金4万5381円を返金した。XがYに対して、本件化粧品等は関連商品に該当しないとして、解除（クーリング・オフ）の有効性を争い、エステ清算金・売買代金を請求した。原審は、関連商品該当性を肯定し、解除を有効とする。Xが控訴。本判決は、「関連商品」は、「役務提供事業者又は販売業者が、特定継続的役務の提供に際し、特定継続的役務提供受領者等が購入する必要のある商品として政令で定める商品をいう」（特商法48条2項）ことを確認し、本件化粧品等は政令指定商品ではあるものの、「関連商品とは……役務と商品の関連性や勧誘の実態に照らして、当該商品を購入しなければ役務の提供を受けられないものをいうと解される」ところ、Xの担当者は、無料エステサービスを行った上で、サロンで提供しているエステサービスの内容や取り扱っている化粧品の効能等を説明したところ、Yがこれらに興味を示したことから、本件化粧品等を使用することを提案したこと、「推奨商品」として、本件化粧品等を含む化粧品や食品の品名、価格が記載され、そのうち、本件化粧品等の欄には、提案商品としてチェックが入れられており、本件担当者は、本件エステ契約概要書面を読み上げ、本件各契約の内容や、本件化粧品等は本件エステサービスに付随して必要となるものではなく、購入は被控訴人の任意であることを説明していること、Xは、本件化粧品等を、顧客が自宅で使用する商品として販売しており、本件化粧品等の購入が本件エステサービスを受けるために必要な条件であるとか、本件化粧品等を使用しなければ本件エステサービスの効果は上がらないなどと説明したことはないことなどから、本件エステサービスの利用と本件化粧品等の購入が不可分のものであるとの勧誘を行ったとは認められないとした。したがって、本件化粧品等は、その性質及び勧誘の実態に照らして、これを購入しなければ本件エステサービスを受けることができないものということはできず、関連商品に該当するとは認められない、とされた。その結果、特商法48条1項に基づく本件エステ契約を解除（クーリング・オフ）は認められず、契約期間中の約定中途解約となるが、Yは信販会社から返金され13回分についても全額未払の状況であるとして、利用総額、初期費用を含む解約手数料、売買代金と遅延損害金の支払義務を認めた。なお、本判決後、Yは上告したが、上告は棄却されている（判タ1479号208匿名解説）。関連商品該当性は、特定継続的役務提供の解除に関連して、しばしば争われる問題である。「推奨品」といった契約書の文言にかかわらず、実態から判断されることは当然であるとして、関連商品概念は、政令指定に該当するもので、当該商品を購入しなければ役務の提供を受けられないものというのが立案担当者の理解である。勧誘・説明の実態も考慮要因とされ得るので、役務の効果と関連づける勧誘等がある場合には該当性が肯定される可能性があるものの、まったくの任意購入の場合は該当性の肯定は難しい。

（まるやま・えみこ）

担保裁判例の動向

荒木新五　弁護士

現代民事判例研究会財産法部会担保パート

1　はじめに

今期（民集74巻5号〜7号、判時2461号〜2478号、判タ1478号〜1483号、金法2153号〜2164号、金判1606号〜1618号）における担保（保証及び相殺を含む。以下、同じ）の裁判例は少なく、しかも執行手続又は倒産法に関連する裁判例を除く担保特有の問題について判示した裁判例はわずかだった。

以下、今期の裁判例を概観する。

2　先取特権

[1] 最二判令2・9・18民集74巻6号1762頁は、X（管理組合法人）のY（担保不動産競売手続における買受人）に対する管理費等請求事件（反訴。本訴は、YのXに対する管理費等債務不存在確認請求事件）において、不動産競売手続における先取特権債権者の配当要求（区分所有法66条、7条1項）により差押え（改正前民法147条2号）に準ずる消滅時効中断の効力が生ずるためには、「法定文書により債権者が先取特権を有することが同手続において証明されれば足りる」と判示したものである（法定文書により先取特権を有することが証明されたか否かについて審理することなく時効中断を否定した原判決を破棄して、当該部分を原審に差し戻した）。

執行実務にも影響する、興味深い判例であるが、本紙「不動産」パートで野澤正充教授が評釈されるので、詳述を避ける。

3　譲渡担保

[2] 東京地判令2・3・23金法2161号77頁は、別に採りあげる（所有権留保に関する）[4] 仙台高判令2・8・6判時2477号54頁と同様、建設機械についての即時取得の成否が問題となった事案であるが、リース及び譲渡担保権の目的動産についての事案である。

その概要は、以下のとおりである。

①平成28年2月、X（リース等を目的とする株式会社）がA（建設機械の販売等を業とする有限会社）に建設機械5台をリースした。②平成29年2月、上記リース債権を担保するため、A所有の建設機械1台にXのための譲渡担保権を設定した（Xに占有改定の方法で引渡した）。③平成29年7月〜平成30年1月、AがY（建設機械の輸出入を目的とする有限会社）に、上記①②の計6台を順次売却して、引き渡した。Yは引渡しを受けた直後にこれらを輸出した。④平成30年1月30日、Aが民事再生手続開始を申し立てた。⑤XがYに対し、不法行為（所有権侵害）に基づく損害賠償として、1億1630万円余（及び遅延損害金）を訴求したところ、Yは即時取得を主張した。

本判決は、これにつき、Yは、Aに対し、本件建設機械（6台）につき、譲渡証明書の提示を求めるなど、Aがその所有者であることについて適切に調査確認すべき義務を負っていたのに、これを怠った。Aを所有者であると信じたことにつき過失があったとして、Yの即時取得を否定し、Xの請求を認容した（→確定）。

4　所有権留保（留保所有権）

所有権留保（留保所有権）に関する下級審の裁判例が2件ある。

まず [3] 大阪地判令元・12・20判時2462号41頁は、債権者（Y）の留保所有権実行についての破産管財人（X）の否認権行使を認め、Xに、Yに対

する価額償還等請求を（一部）認容した事例である。

事案の概要は、以下のとおりである。

①Ａ（破産者）、Ｂ（自動車の販売会社）及びＹ（自動車代金立替等を業とする会社）の三者が（Ｙの立替払により所有権がＹに移転し、ＡのＹに対する債務完済まで所有権がＹに留保される旨の）本件立替払契約を締結した（同年10月、本件自動車につき、所有者をＢ、使用者をＡとする新規登録をした）。②ＹがＢに残代金を立替えて支払った。③ＡがＹに対する分割金支払を遅滞した。④ＡがＹに本件自動車を引き渡した。⑤Ａの代理人がＹに対し受任通知をした（Ａは、期限の利益を喪失した）。⑥Ｙが本件自動車を査定し、その評価額をＡの債務に充当し、なお72万円余りの不足額があることをＡの代理人に通知した。⑦Ａの破産手続開始申立てにより、破産手続開始決定がされ、Ｘが破産管財人に選任された。⑧ＸがＹに対し、上記一連の行為を否認し、本件自動車の価額（184万円余）償還を請求した。

これについて、本判決は、本件自動車の実質的所有者はＡ（Ｙは、担保としての留保所有権を有していた）であり、ＹのＡに対する（本件立替払契約により予定された行為であるから）本件不足額通知は、Ａの行為と同視できるとしたうえで「本件不足額通知は、債務消滅行為に該当し、否認の要件を充足する」として、Ｙに対して、本件自動車の価額（171万円）の償還義務を命じた。

なお、最二判平22・6・4民集64巻4号1107頁を引用して、Ｙは、本自動車の登録手続をしていないのでＸに対抗できる権利を有していないとした。

筆者は、上記最二判平22・6・4には賛成できない。ちなみに、本件は、信販会社による、法定代位構成を明確にする約款による対応以前の事案である（なお、最一判平29・12・7民集71巻10号1925頁を参照されたい）。

[4] 仙台高判令2・8・6判時2477号54頁は、所有権留保売買にかかる大型建設機械の即時取得の有無に関するものであり、別に採りあげて評釈する。

5　相殺

相殺に関しては、2件の最高裁判例がある。まず、[5] 最三判令2・9・8民集74巻6号1643頁は、破産法上の相殺の可否が問題とされたものである。

事案の概要は、以下のとおりである。

①平成27〜28年、Ｙ（注文者。福岡県）とＡ（請負人＝土木工事会社。破産会社）は、複数の土木工事につき請負契約（本件各契約）を締結したが、本件各契約には、「Ａの責めに帰すべき事由により工期内に工事が完成しないときは、Ｙは本件各契約を解除することができ、その場合、ＡはＹに報酬額の10分の1の違約金を支払わなければならない」旨の本件条項が含まれている。②Ａが支払を停止した。③Ｙが本件各未完成契約につき解除したことにより、Ｙは、違約金債権2273万円余を取得した。④Ａにつき破産手続開始決定があり、Ｘが破産管財人に選任された。⑤平成28年8月5日、ＹがＸに対し、上記違約金債権（自働債権）と報酬債権2268万円余（受働債権）とを相殺する旨の意思表示をした。⑥ＸがＹに対し、報酬債権2268万円余を訴求した。これについて、第一審＝福岡地判平30・1・9金判2117号73頁は、「違約金債権の取得が破産法72条1項2号、3号に該当するとしても72条2項2号にも該当するので、相殺は禁止されない」と判示してＸの請求を棄却した。しかし、その控訴審である原審（福岡高判平30・9・21金判1612号16頁）は、「未完成工事部分についての違約金については報酬と相殺できるが、完成した別の工事の報酬と相殺することはできない」として、第一審判決を変更して、Ｘの請求を1377万円余とその遅延損害金の範囲で認容した。

Ｙの上告による本判決は、「(ｱ) ＹとＡは、本件各契約時、Ａが支払停止に陥った際には相殺により一括して清算することを予定していた。(ｲ) Ｙは、本件各契約締結時、自働債権と受働債権とが同一の請負契約に基づいて発生したものであるか否かにかかわらず、本件各違約金債権をもってする相殺の担保的機能に対して合理的な期待を有していた。(ｳ) 本件各違約金債権は、破産法72条2項2号に掲げる「支払の停止があったことを破産者に対して債務を負担する者が知った時より前に生じた原因」に基づく場合に当たり、本件相殺は許される」として、Ｙの敗訴部分を破棄し、同部分につき、Ｘの控訴を棄却した。

原審は、「対価牽連関係にある違約金債権と報酬債権との間で相殺することを期待することは合理的」としながら、違約金が生じていない別の契約との関係は対価牽連関係にないとして、相殺を期待す

ることは合理的でない、と判示するが、相殺の可否について「対価の牽連関係」は要件ではないし、そのことは、破産法上も同じである。したがって、筆者は、本判決に賛成する。

ちなみに、原審については、田髙教授の評釈（本紙20号60頁）があり、第一審判決に賛成する旨を述べられている。なお、本件各工事が、実質的に同一とみることのできる一連の工事の各一部なのかどうかは不明であるが、いずれにせよ、本判決の結論には影響しない。本判決についての評釈として、藤本利一・銀法872号24頁がある。

[6] 最二判令2・9・11民集74巻6号1693頁は、訴訟における相殺の抗弁の可否について判示したものである。

事案の概要は、以下のとおりである（ただし、適宜、単純化した）。

①Ⅹ（内装業を営む株式会社）がＹ（個人）の自宅の増築工事を請け負い、これを完成した。②ⅩがＹに対し、請負報酬（と、その遅延損害金）を訴求した（本訴）。ＹがⅩに対し、瑕疵修補に代わる損害賠償金（とその遅延損害金）を訴求（反訴）した。③Ⅹが、（Ｙの反訴請求に対する抗弁として）本訴請求債権を自働債権、反訴請求債権を受働債権とする本件相殺の抗弁を提出した。これにつき、第一審（広島地判平29・10・13金判1610号39頁）は、工事の瑕疵によるＹの損害を認定したうえで、最三判平3・12・17民集45巻9号1435頁、最二判平18・4・14民集60巻4号1497頁を引用して、「本件相殺は、重複起訴を禁じた民訴法142条の趣旨に反し、許されない」と判示し、（本訴）Ｙに対し、Ⅹへの828万円余の支払を命じるとともに、（反訴）Ⅹに対し、Ｙへの269万円余の支払を命じた。

Ⅹ、Ｙ双方の控訴による控訴審である原審（広島高判平30・10・12金判1610号32頁）は、双方の請求認容額を若干、変更したうえで、「係属中の別訴において訴訟物となっている債権を自働債権として他の訴訟において相殺の抗弁を主張することは許されない」（最三判昭63・3・15民集42巻3号170頁引用）と判示し、第一審判決を変更し、（本訴）Ｙに対し、Ⅹへの829万円余の支払を命じるとともに、（反訴）Ⅹに対し、Ｙへの266万円余の支払を命じた。

Ｙの上告による本判決は、「(ｱ)請負代金債権と瑕疵修補に代わる損害賠償債権の間で、相殺を認めても相手方に不利益を与えることはなく、むしろ、

相殺による清算調整を図ることが当事者双方の便宜と公平にかない、法律関係を簡明にする（最一判昭53・9・21裁集民125号85頁引用）。(ｲ)本件のような場合には、（弁論を分離すると、判断に矛盾抵触が生ずるおそれがあるので）両者の弁論を分離することは許されない。(ｳ)本訴及び反訴が併合して審理判断される限り、相殺の抗弁について判断しても、判断に矛盾抵触が生ずるおそれはない（相殺の抗弁は、民訴法142条の趣旨に反するものではない）。(ｴ)請負契約に基づく請負代金と同契約の目的物の瑕疵修補に代わる損害賠償債権の一方を本訴請求とし、他方を反訴請求債権とする本訴及び反訴が係属中に、本訴原告が、反訴において、上記本訴請求債権を自働債権とし、上記反訴請求債権を受働債権とする相殺の抗弁を主張することは許される」と判示して、原判決及び第一審判決を変更して、Ｙに対し、Ⅹに対する562万円余（及びその遅延損害金）の支払を命じた。

請負報酬請求と瑕疵修補に代わる損害賠償請求が共に主張される事件は多く見られるところであり、訴訟における相殺の抗弁との関係も議論のあるところである（荒木は本判決に賛成）。前掲最三判平3・12・17及び最二判平18・4・14との関係で興味深いし、裁判外で相殺の意思表示をした場合との差異なども気になるところではあるが、もっぱら、民訴手続に関するものなので、詳述を避ける。

6　担保不動産競売

[7] 最二決令2・9・2判時2470号43頁は、（事案はやや複雑であり、競売の原因たる担保権の種類等は不明であるが）「担保不動産競売手続における最高価買受申出人が受けた売却許可決定に対し、他の買受申出人は、特段の事情のない限り、民事執行法71条4号イに掲げる売却不許可事由を主張して執行抗告をすることはできない」と判示して、（抗告を適法としたうえで棄却した）原決定を破棄し、原々決定（売却許可決定）に対する抗告を却下したものである。もっぱら、執行手続上の問題であり、担保特有の問題ではないので、詳述を避ける。

（あらき・しんご）

不動産裁判例の動向

秋山靖浩　早稲田大学教授

現代民事判例研究会財産法部会不動産パート

今期は8件（前回までに紹介済みのものを除くと実質的には6件）である。そのうちの4件（[1]～[4]）が建物区分所有に関わるが、その争点は様々であり、建物区分所有をめぐる紛争の多様性が現れているといえようか。他方で、適法な転貸借において原賃貸借が終了した場合の原賃貸人と転借人との関係を扱う[6]は、原賃貸借が原賃借人の債務不履行による解除によって終了したとしつつ、転借人との関係では原賃貸借は合意解除によって終了したものと評価して、転貸借契約に基づく転借人の権利を存続させるという興味深い判断をしている。

なお、以下では、建物の区分所有等に関する法律を「区分所有法」と表記する。

1　不動産の所有──建物区分所有

(1)　区分所有法7条1項の先取特権を有する債権者による配当要求と消滅時効の中断

[1] 最二判令2・9・18民集74巻6号1762頁は、不動産競売手続において、区分所有法66条で準用される同法7条1項の先取特権を有する債権者が配当要求をしたことによって、配当要求債権について差押え（平成29年法律第44号による改正前の民法147条2号）に準ずるものとして消滅時効の中断の効力が生ずるための要件を明らかにした。注目裁判例研究・不動産（野澤正充教授）にて詳しく扱われるので、そちらに譲る。

(2)　役員への立候補権の侵害

[2] 東京高判平31・4・17判時2468＝2469号5頁では、区分所有者の役員への立候補権を侵害する不法行為が成立するかが争われた。本件マンションの管理規約では、本件管理組合の役員である理事および監事は総会で選任するとされていたところ、平成27年6月14日開催の総会における決議により、役員への立候補について、「立候補者が役員候補者として選出されるためには、理事会承認を必要とする」旨の条項（本件改正条項）が管理規約に新設された。同総会では、修繕積立金の値上げを内容とする議案も承認された。この議案や理事会の運営に反対している本件マンションの区分所有者であるXらは、本件管理組合に対し、役員に立候補する旨の届出をしたが、本件管理組合の理事であったYらは、Xらを役員候補者として承認しない旨を理事会で決定した（本件決定）。Xらは、本件決定によって役員への立候補権が侵害されたと主張して、Yらに対し、共同不法行為に基づく損害賠償請求として慰謝料等の支払を求めた。

原審（東京地判平30・7・31）は、本件改正条項は、役員立候補者が総会における役員候補者としてふさわしいかについて、第一次的な判断を理事会の広範な裁量に委ねる趣旨であるとした上で、本件決定に当たり、理事会がその広範な裁量の範囲を逸脱しまたは濫用したとはいえないとして、Yらの不法行為責任を否定し、Xらの請求を棄却した。

本判決もYらの不法行為責任を否定したが（Xらの控訴を棄却）、原審とは理由が異なっている。

本判決は、まず、本件改正条項について、「成年被後見人等やこれに準ずる者のように客観的にみて明らかに本件管理組合の理事としての適格性に欠ける者……については、理事会が立候補を承認しないことができるという趣旨であると解され、その限度で本件改正条項は有効である」とした。その理由を次のように述べる。本件改正条項が、仮に原審のように理事会に広範な裁量を与える趣旨だとすると、「本件管理組合の規約において、一方では組合員である区分所有者に役員への立候補を認めながら、他方で特定の立候補者について理事会のみの判断に

よって、立候補が認められず、集会の決議によって役員としての適格性が判断される機会も与えられないという事態が起こり得るから、役員への立候補に関して区分所有者間の利害の衡平を害するものであって（同時に、選任者である区分所有者の議決権の行使を妨げるという意味でも、区分所有者間の利害の衡平を害することになる。）、区分所有法30条3項に反するものといわざるを得ない」からである。

その上で、理事会が上記の限定的な裁量の範囲を逸脱する決定をした場合には、「少なくとも、当該立候補者が有する人格的利益（役員としての適格性の是非を、集会において区分所有者によって、判断されて、信任・選任されるという利益）を侵害するものとして、違法性を有するものというべきである」。本件では、「Xらが、その立候補の時点において、上記のような成年被後見人やこれに準ずる者のように客観的に明らかに理事としての適格性を欠いていた」とは認められないから、「本件決定は、客観的には、上記の理事会に与えられた裁量権の範囲を逸脱するものであって、Xらの法的利益を侵害する違法なものであったと認められる」とした。

しかし、Yらには、本件改正条項によって広範な裁量権が自分達に与えられていると考えてもやむをえない事情があった。①本件改正条項には、「理事会が立候補者を役員候補者とすることの承認をするか否かについての基準」が明示されておらず、理事会の裁量を制限するような定めがないこと、②「本件決定の時点では、この条項が上記の趣旨の規定であることが裁判等によって明らかにされていたものではないこと」、③「Yらは、本件マンションの区分所有者であることから理事になったものであって、いずれも、法律やマンション管理について専門知識を有するものではなく、また、理事としての報酬も多額ではないこと」に照らすと、Yらが、「立候補者に上記のような客観的に明らかな欠格事由が存在する場合でなくても、承認しないことができると考えたことはやむを得ないものであり、Yらに、Xらの主張する注意義務……に違反した過失があるということはできない」。さらに、Yらがその他の注意義務に違反して本件決定を行ったとも認められず、結局、Yらには過失がないと判断された。

本判決の特徴について、次の3点のコメントを付しておく。

第一に、本判決は、本件改正条項を「成年被後見人等やこれに準ずる者のように客観的にみて明らかに本件管理組合の理事としての適格性に欠ける者」について理事会が立候補を承認しないことができる趣旨の条項であると限定的に解釈したが、これは、Xらの主張に従い、当時のマンション標準管理規約36条の2を参照したものである。同条は、区分所有者ではない外部の専門家も管理組合の役員に選任することができるようになったことを踏まえて、役員の欠格条項を定めたものだと説明されている（マンション標準管理規約（単棟型）コメント（最終改正令和3年6月22日国住マ第33号）27頁）。この説明によると、同条の欠格事由はあくまでも外部専門家を念頭に置いたものだといえ、（外部専門家ではなく）区分所有者を対象とした本件改正条項を解釈するに当たり、同条を参照することには疑問を感じなくもない。しかし、役員は管理組合の執行を担う人材であるから、外部専門家を役員に選任しない場合であっても、同条のような欠格事由を設けることは特に問題ないと指摘されており（大木祐悟『逐条詳解・マンション標準管理規約』（プログレス、2017年）200頁）、本件改正条項を解釈するに当たり、同条を参照することは肯定されてよいだろう。

第二に、区分所有者が役員に立候補する権利を「人格的利益（役員としての適格性の是非を、集会において区分所有者によって、判断されて、信任・選任されるという利益）」と捉えており、不法行為法上保護される人格的利益に1つの類型を加えたといえる。もっとも、区分所有者にそもそも役員への立候補権が保障されているか、保障されているとしてそれを人格的利益と捉えることができるかなど、解明されるべき課題が残っている（吉原知志「本件判批」新・判例解説 Watch（財産法）No.214（2021年）3頁参照）。

第三に、本判決は、本件決定が理事会の裁量権の範囲を逸脱する違法なものであったと認定しつつも、広範な裁量権があるとYらが考えるのもやむを得なかったとしてYらの過失を否定した。しかし、本件決定がXらの役員への立候補権を違法に侵害するであろうことは、専門知識を有しないYらでも容易に分かりそうであり、やむを得なかったといえるかは疑問が残る。むしろ、Yらの過失を認めて不法行為責任を成立させた上で、Xらの言動（Yらの理事会運営に対して不穏当な抗議活動を繰り返していた）を過失相殺によって考慮し、賠償額を大幅に減額するという解決を図ることもできたように思われる（吉原・前掲4頁参照。研究会の席でも、Yらの不法行為責任を認めるべきではなかったか、Yらにはむしろ故意があったといえるのではないか、などの意見が出された）。

(3) 区分所有法 10 条に基づく区分所有権売渡請求権

[3] 東京地判令元・12・11 判時 2462 号 22 頁は、区分所有法 10 条に基づく区分所有権売渡請求権の行使を認めた例である。事案をかなり簡略化すると、本件マンションは、本件土地 1（X 所有）と本件土地 2（A 所有）にまたがって建てられた 1 棟のマンションである。Y は、本件各部分（本件マンションの 2 階の専有部分と 3 階の専有部分）の区分所有権(本件各区分所有権）を取得した。ところが、諸々の経緯により、本件土地 2 については A に対抗しうる敷地利用権（賃借権）を有しているが、本件土地 1 については X に対抗しうる敷地利用権（転借権）を有していない状態となっていた。

本判決は、区分所有法 10 条に基づく区分所有権売渡請求権の趣旨について、「区分所有者が敷地利用権を有しない場合には、その敷地の権利者は、区分所有者に対してその専有部分の収去を請求することができるのが原則であるところ、そのような専有部分を含む一棟の建物（以下「区分所有建物」という。）においては、その専有部分のみを収去することが物理的にも社会通念上も不可能に近いことから、専有部分の収去を請求する権利を有する者が敷地に対する権利を実現する手段として位置付けられるものである」と解した上で、これを本件に当てはめると、「本件土地 1 の所有者である X は、本件各部分に係る本件土地 1 についての敷地利用権（転借権）の無断譲渡を受けたにすぎない Y に対し、本件土地 1 の所有権に基づき、本件各部分の収去を請求することができるべき地位にあるものということができるから、Y は、X との関係で、法 10 条にいう『敷地利用権を有しない区分所有者』に当たるものと解するのが相当である。したがって、X は、Y に対し、法 10 条に基づき、本件各区分所有権の売渡請求をすることができる」とした。そして、X による売渡請求権行使の結果、XY 間で成立した本件各部分の売買契約における代金額は合計 2436 万円と認めるのが相当であるとして、Y は、X から 2436 万円の支払を受けるのと引き換えに、X に対し、本件各部分の引渡しおよび所有権移転登記手続をすべき義務を負うとした。

なお、Y は、同条による売渡請求が区分所有者の財産権剥奪という重大な効果をもたらすことに鑑みれば、区分所有建物の敷地について敷地利用権としての完全性を欠くような内容の権利しか有していない場合であっても、区分所有者保護の観点から売渡

請求を否定するべきである（同請求を否定した東京高判平 2・3・27 判時 1355 号 59 頁を引用）などと反論したが、本判決は、前掲東京高判と本件では事案が異なるとして、その反論を退けた。

区分所有権と敷地利用権の分離処分が原則として禁止されている区分所有法の下では（同法 22 条参照）、「区分所有者が敷地利用権を有しない場合はそう多くは生じない」といわれているところ（稲本洋之助＝鎌野邦樹『コンメンタール・マンション区分所有法〔第 3 版〕』（日本評論社、2015 年）73 頁）、本判決は、そのような場合が生じて同法 10 条が適用される一事例を付け加えるものである。

(4) 専有部分における民泊営業

[4] 東京地判平 31・2・26 判タ 1478 号 233 頁では、本件マンションの一室（本件建物）の区分所有者 Y が、反復継続して不特定多数の者を本件建物に宿泊させ、対価を取得する行為（本件民泊営業）をしていた。本件マンションの管理組合の理事長であり、区分所有法 29 条の定める管理者になっている X が、集会の決議を経た上で、Y に対し、Y の行為が区分所有者の共同の利益に反する行為（同法 6 条 1 項。以下「共同利益背反行為」という）に当たると主張して、同法 57 条 1 項・3 項に基づき、本件民泊営業の停止を求めた。

本判決は、本件民泊営業が旅館業法上の営業の許可を受けておらず、住宅宿泊事業法上許容される住宅宿泊事業にも該当しない違法な行為である点などを理由に、本件民泊営業が共同利益背反行為に当たると認定し、X の請求を認容した（さらに、X の Y に対する不法行為に基づく弁護士費用等の賠償請求も一部認容した）。Y は本件マンションの管理規約に違反していないなどと反論したが、本判決は、本件民泊営業は「規約違反を検討するまでもなく刑罰の対象となる違法な行為であ（る）」と述べて、規約違反の有無を考慮することなく共同利益背反行為に当たると判断した点に特徴が見られる（藤巻梓「本件判批」新・判例解説 Watch 民法（財産法）No.210（2021 年）4 頁も参照）。

2 不動産の利用

(1) 借地法の適用の有無

[5] 神戸地判令 2・2・20 判時 2472 号 37 頁では、鉄道高架下の土地を目的物として X（JR 西日本）と Y₁・Y₂ の間で結ばれた本件各賃貸借契約に、借地

法が適用されるかが争点となった。本判決は、①鉄道高架下の土地であるがゆえの物理的な制約があること、②本件各賃貸借契約では、Xが営む鉄道事業の公共性に伴い、本件各土地上に設置する施設物の建築・補修・利用について、一般的な建物所有目的の土地賃貸借契約には見られない種々の制約が定められており、実際にもXがこれに則った管理を行っていること、③以上の①②を反映して、本件各賃貸借契約の賃料は相当賃料の半額ないし5分の1程度の低廉な額であることに照らすと、「本件各賃貸借契約は、いずれも建物所有目的の土地の賃貸借契約ではなく、一般の土地賃貸借契約とは異なる特殊な契約であり、借地法は適用されないというべきである」として、本件各賃貸借契約が存続期間満了により終了したことを認め、XのYに対する明渡請求および明渡済みまでの賃料相当損害金の支払請求を認容した。

本判決の判断は、従前の裁判例（東京地判平19・9・28判タ1266号239頁等）に従っている。もっとも、本件には、従前の事案とはやや異なる事情が存在しており、Yらはその点を主張していた。すなわち、本件各土地については、本件各賃貸借契約が結ばれる前から、日本国有鉄道とY₁・Y₂との間で「土地（高架下）使用承認」が締結され、Y₁・Y₂はそれに基づいて本件各土地を使用していた。その後、日本国有鉄道の民営化に伴い、上記使用承認を前提として、XとY₁・Y₂の間で本件各賃貸借契約が締結され、その際に、存続期間を30年、用途を堅固建物の設置とする旨が定められていた。以上の定め方は、借地法5条1項における堅固建物の所有を目的とする借地権の存続期間を想起させるものであり（これに対して、従前の事案では、存続期間3年程度の賃貸借契約が結ばれ、それが繰り返し更新される例が多かった）、この事実からは、本件各賃貸借契約に借地法が適用されることが当事者間で予定されていたと見ることもできそうである。しかし、本判決は、諸般の理由から存続期間・用途を上記のように定めることはありうるし、本件各賃貸借契約には一般の土地賃貸借契約では見られない種々の制約があることは変わりがないとして、Yらの主張を退けた。

(2) 適法な転貸借における原賃貸借の終了と転借人

[6] 東京地判平31・2・21判時2464号31頁は、適法な転貸借において原賃貸借が終了した場合の原賃貸人と転借人の関係を扱うが、事案はかなり特殊

である。Xは、Aをはじめとする同族によって経営されている株式会社である。Xは、自己の所有する本件建物部分1をA（その後Aの配偶者Y₁が相続）に賃貸し（第1賃貸借契約）、Aは本件建物部分1の一部（本件建物部分2）をY₂に転貸している（第3賃貸借契約）。Xは、AおよびAから賃借人の地位を承継したY₁が賃料の支払を怠り、その債務不履行を理由に第1賃貸借契約を解除したと主張して、Y₁に対し、第1賃貸借契約の終了に基づく本件建物部分1の明渡しおよび未払賃料等の支払を、Y₂に対し、所有権に基づく本件建物部分2の明渡しをそれぞれ求めた。

他方で、Y₂は、XのY₁に対する上記訴訟がY₂を詐害する馴合い訴訟であるとして、同訴訟に独立当事者参加をし、XおよびY₁に対し、Y₂が第3賃貸借契約に係る賃借権を有することの確認などを求めた（Y₂のその他の請求は省略する）。

本判決は、次のように判断した。

まず、XのY₁に対する請求を認容した。Xにおいて計上された賃料収入や賃料未収金の状況を見ると、「第1賃貸借契約について賃料不払があったかについては疑問を差し挟まざるを得ない」としつつも、XとY₁の間で、第1賃貸借契約に係るY₁の未払賃料額および第1賃貸借契約が解除されたことは争いがないから、XのY₁に対する請求を棄却すべき理由はないとされた。

これに対して、XのY₂に対する請求は棄却した。①第1賃貸借契約について、AおよびY₁による賃料不払があったかは疑わしい。②仮に賃料不払があったとしても、Xは多額の賃料未収入金の回収をほとんどしておらず、XがAらを株主とする同族企業であったことも併せて考慮すると、XはAに対して賃料の支払を猶予していたことが優に推察される。③Y₁は、Xによる第1賃貸借契約の債務不履行解除の効力を争うべき理由が大いにあったと認められるにもかかわらず、Xの主張を争っていない。④Xは当初、第1賃貸借契約および第3賃貸借契約の合意解約を希望しており、Y₁もそうしたXの意向に同調していた。これらの経緯を考慮すると、「Xによる第1賃貸借契約の解除は、債務不履行解除の形式がとられているものの、転借人であるY₂との関係では、XとY₁の合意による解除と評価すべきものというべきである」。そして、原賃貸人が転貸を承諾した場合において、原賃貸借が合意解除されても原則として転借人の権利は消滅しないとした判例（最一判昭37・2・1集民58号441頁）を引用し

た上で、Xは転貸借である第3賃貸借契約を承諾していたと認められるから、「第1賃貸借契約の解除によっても、Y₂の第3賃貸借契約に係る賃借権は消滅しないものと認められ、XのY₂に対する本件建物部分2の明渡請求には理由がない」とした。

その上で、Y₂は、Xに対し、第3賃貸借契約に係る賃借権を有することが認められるとした。「第1賃貸借契約の解除によりY₂の第3賃貸借契約に係る賃借権が消滅しない結果、Xは、第3賃貸借契約の賃貸人の地位を承継すると解するのが相当」だからである。

本判決の判断について、次の2点が注目される。

第一に、X・Y₁間の原賃貸借（第1賃貸借契約）が形式的には債務不履行解除によって終了したとしつつも、転借人Y₂との関係では、これを合意解除による終了と評価して、転貸借（第3賃貸借契約）に基づくY₂の賃借権を存続させた点である。原賃貸借が形式上は合意解除によって終了した場合であっても、実質的に賃借人の債務不履行による解除と評価されるときには、原賃貸借の終了をもって転借人に対抗することができると解されているが（613条3項ただし書参照）、本判決は、その逆の類型——形式上は債務不履行解除であっても実質的には合意解除と評価される類型——を認めたといえる。もちろん、本件では、AおよびY₁に債務不履行があったといえるかはかなり疑わしく、そのような事情を踏まえて原賃貸借（第1賃貸借契約）の解除は合意解除であるとストレートに認定すれば、上記の類型をわざわざ認める必要はないだろう。しかし、Y₁自身が賃料不払とそれによるXの解除を争っていなかった以上、そのような認定をするのは難しかったと考えられる（なお、東京地判平26・5・28 LEX/DB 25519826は、原賃貸人が原賃借人の債務不履行を理由に原賃貸借契約を解除したと主張して、転借人に対し、不動産の明渡しを請求した事案において、原賃貸人・原賃借人との間で原賃貸借契約を解除することに合意する旨の文書が作成されていたという事情から、原賃貸借契約は合意解除されたものと認定した上で、原賃貸借契約の解除を転借人に対抗することができないとした。この事案のような事情があったならば、本件でも、原賃貸借（第1賃貸借契約）の解除を合意解除であると認定することもできただろう）。

第二に、X・Y₁間の原賃貸借（第1賃貸借契約）が終了しても転貸借（第3賃貸借契約）に基づくY₂の賃借権は消滅しないとされた結果、原賃貸人であるXが転貸借（第3賃貸借契約）における賃貸人の地位を承継し、X・Y₂間で第3賃貸借契約が存続するとした点である。適法な転貸借において、原賃貸借が終了してもそれを転借人に対抗することができない場合には、転借人の地位を保護する観点から、転貸借契約上の転貸人の地位を原賃貸人が承継し、原賃貸人と転借人との間で転貸借契約が継続すると解する見解が学説では有力であり、同様の見解に依拠すると見られる裁判例も存在する（東京高判昭58・1・31下民集34巻1-4号53頁）。本判決もこの見解を採用したといえる。

3　不動産の取引——司法書士の責任

[7] 最二判令2・3・6判時2464号3頁は、所有権移転登記の申請の委任を受けた司法書士が第三者に対して負うべき注意義務の存否や範囲・程度は、諸般の事情を総合考慮して、当該司法書士の役割の内容や関与の程度等に応じて判断するのが妥当であるとの基準を示した上で、その点を十分に審理することなく司法書士の注意義務違反を肯定した原審の判断を破棄差戻したものである。『民事判例22』の不動産裁判例の動向（堀田親臣教授）および注目裁判例研究・不動産（伊藤栄寿教授）にて既に扱われた。

[8] 東京地判令2・7・1判時2464号39頁は、前訴において司法書士の不動産登記手続の過失による損害賠償責任が肯定された案件について、その損害賠償責任は司法書士の故意によって生じたものであるから、故意免責条項が適用され、被告は原告に対し司法書士賠償責任保険契約に基づく保険金支払義務を負わないと判断した（『民事判例22』の不動産裁判例の動向（堀田親臣教授）にて、関連する複数の訴訟を含めて紹介済み）。司法書士の故意を認定するに当たり、前訴において司法書士の過失の評価根拠事実として挙げられた事実が、故意を推認させる方向の間接事実にも当たるとした点、および、別件の地面師詐欺事件において司法書士の共犯者として起訴され有罪判決が確定した者の証言によると、司法書士が地面師グループの一員であったと認めるのが相当であり、そのことから本件でも司法書士の故意が強く推認されるとした点などが特徴的である。

（あきやま・やすひろ）

不法行為裁判例の動向

永下泰之　上智大学教授

現代民事判例研究会財産法部会不法行為パート

はじめに

今回取り上げた不法行為裁判例は、36件であり、そのうち10件が名誉・プライバシーに関するものであり（最高裁判決1件を含む）、また、国家賠償責任（公立学校関連事件を除く）も12件とまとまった数がある。

最高裁判決としては、プライバシーに関する後掲[19]がある。本件では、プライバシーと表現の自由ないし学問の自由との緊張関係が示されている。

注目すべき裁判例は、後掲[3]の大津いじめ自殺事件の高裁判決である。本件は、いじめによる自殺は通常損害であるとして不法行為の成立が認められているものの、被害者の特性や家庭環境の問題から過失相殺ないし過失相殺の類推適用がなされている点が注目される。また、後掲[27]は、平成27年の夫婦同氏制国賠訴訟大法廷判決が出された後に、再度提起された夫婦同氏制違憲訴訟である。アスベスト訴訟である後掲[36]は、民法719条1項後段を類推適用することにより、因果関係に関する立証責任を軽減ないし立証責任を転換した点が注目される。

1　不法行為一般

(1)　権利または法律上保護される利益の侵害、違法性

近時、弁護士に対する違法な懲戒請求が業界を賑わせている。[1]広島高判平31・3・14判時2474号106頁もまた同様に懲戒請求をした上で、これが認められないと告訴までした事案である。Aは、その有する財産全部を甥X₁に包括遺贈し、司法書士Yを遺言執行者に指定する旨を定める内容の公正証書遺言を作成した後、死亡した。Aの唯一の法定相続人Bは、X₁に対し、Aの相続に関し内容証明郵便により遺留分減殺請求をした。Yは、遺贈を原因とする所有権移転登記をし、X₁のみがAの遺産を相続する内容でX₁名義の相続税の申告書を作成・提出し、Aの遺産から相続税を納付した。X₁は、弁護士X₂らを代理人として、Yを遺言執行者から解任するよう求める審判申立書を提出したところ、Yは、X₂の所属弁護士会に懲戒請求をし、これが認められないと、さらにX₂を強要未遂罪で告訴した。本件は、X₁が、Yの前記所有権移転登記手続および相続税の申告・納付がX₁およびBに対する不法行為を構成し、X₁がBのYに対する損害賠償請求権を譲り受けたと主張して、Yに対し、不法にX₁の法律上の利益を侵害したとして、不法行為に基づく損害賠償請求権に基づき、損害額合計97万円余の一部である46万円余の支払を求めた。また、X₂が、Yに対し、正当な理由なく懲戒請求したことおよび告訴したことにつき、X₂の法律上の利益を侵害したとして、不法行為に基づく慰謝料100万円および弁護士費用21万円余等を請求した。原審（山口地判平30・3・8判時2474号119頁）は、Xらの請求をいずれも認容したためYが控訴。本判決は、X₁の請求につき、遺留分権利者や受遺者の以降、執行の方法等の事情に照らし、遺留分権利者や受遺者の利益を不当に侵害し、社会的相当性を逸脱するような執行を行ったときは、善管注意義務に違反した違法な職務行為として、遺留分権利者や受遺者に対する不法行為を構成するとして、本件Yの所有権移転登記手続等の行為は、X₁に対する違法性を有する行為に当たると判示した（ただし、X₁がYのX₁に対する債権を受働債権とする相殺後の残額を請求したこととの関係で、請求は棄却された）。他方で、Bとの関係では、Bの利益を不当に侵害し、社会的相当性を逸脱するような行為であるとまではいえないとして、不法行為の成立を否定した。本件懲戒請求については、事実上または法律上の根拠を欠くものであり、これを知り得たのに、あえて懲戒請求に及

んだのであって、本件懲戒請求は、弁護士懲戒制度の趣旨目的に照らし相当性を欠くものであり、違法な懲戒請求として不法行為を構成するとした。また、本件告訴については、X₂に犯罪の嫌疑をかけることを相当とする客観的根拠を確認すべき注意義務を怠った場合には、違法な告訴として不法行為を構成するとして、本件では注意義務を怠ったとして、本件告訴は、違法な告訴として不法行為を構成すると判示し、慰謝料100万円および弁護士費用10万円の支払を命じた。また、権利侵害に関する事例として、[2] 東京地判令2・11・11金判1613号48頁は、株主提案権の侵害を理由とした不法行為に基づく損害賠償請求事件である。本件は、原告をそのメールアドレスおよびファックス番号を明示の上、会社の内部通報窓口担当者とすることを定款に記載する旨の株主提案につき、会社が、株主総会招集通知に、原告のメールアドレスおよびファックス番号のいち部を伏せて記載したことが株主提案権の侵害にあたると主張したところ、本判決は、株主提案権の侵害には当たらないと判断している。

(2) 因果関係

[3] 大阪高判令2・2・27判時2474号54頁は、いわゆる大津いじめ自殺事件の控訴審判決である。中学2年生で自殺した亡Zの両親であるX₁およびX₂が、亡Zの自殺の原因は、同学年の生徒であったY₁ないしY₃から受けたいじめにあるとして、Y₁ないしY₃の親またはその配偶者であるY₄ないしY₈に対し、Y₁ないしY₃に責任能力がなかったことを理由に民法714条1項に基づき、または監督義務の懈怠があったことを理由に民法709条に基づき、共同不法行為として亡Zから相続した死亡逸失利益および慰謝料等合計額3859万円余を請求した。また、Y₁ないしY₃に対し、責任能力があった場合には、民法709条に基づき、監督義務の懈怠を理由に損害賠償責任を負うとされるY₄ないしY₈と連帯して（同法719条）、損害の賠償を請求した。原審（大津地判平31・2・19判時2474号76頁）は、亡Zの自殺の原因はいじめにあり、自殺は通常損害に含まれ、いじめと自殺との間の相当因果関係を認めて、本件加害行為当時、Y₁およびY₂には事理弁識能力があったとして、Y₁およびY₂の共同不法行為の成立を認めた（Y₄ないしY₈については、監督義務違反がなかったとして請求を棄却した）。Yらが控訴。本判決は、本件いじめの態様、程度に加え、本件加害行為当時、いじめによりその被害者が自殺に至る可能性があることについて学術的にも一般的知見としても確立し、いじめによる児童生徒の自殺に関連する報道等は決して珍しいものではなく、いじめによってその被害生徒が自殺することもあり得ることは社会一般に広く認知されていること等を併せ考慮すれば、本件いじめを受けた中学2年生の生徒が自殺に及ぶことは、社会通念に照らしても、一般的にあり得ることというべきであり、亡Zの自殺にかかる損害は通常生ずべき損害にあたるものということができ、Y₁およびY₂のいじめ行為と亡Zの自殺に係る損害との間には相当因果関係があると判示した。そのうえで、亡Zは自らの意思で自殺を選択したことや自らの違法行為により自らを逃げ場のない状態に追い込んだ点で、Xらには家庭環境を適切に整えることができず、亡Zを精神的に支えられなかった点で、特にX₁は、同居する監護親として期待される役割を適切に果たしえなかった点で、過失相殺の規定の適用および類推適用を基礎づける事情があるとして、損害額の4割を減額し、201万余の限度で支払を認めた。なお、本判決では、Xらは、いじめのような故意の不法行為には、過失相殺の規定の適用や類推適用は認められるべきではない旨主張しているところ、本判決は、いじめ行為それ自体に故意があったことは明らかだが、いじめ行為による亡Zの自殺について、積極的意図を有していたことや認識、容認していたことまでは認められず、亡Zの生命侵害という結果との関係では、いじめ行為を故意行為と評価することはできず、あくまで過失行為としての側面があることを考慮すべきであるとして、Xらの上記主張を排斥している点が注目されよう。

(3) 損害賠償額の算定

損害賠償額の算定において、損益相殺が問題となったものが2件あった。[4] 福岡高判令2・3・19判時2468＝2469号110頁は、人身傷害補償保険会社が被害者の同意を得て加入する自賠責保険金を回収した場合において、これを加害者の被害者に対する弁済にあたるとして損益相殺をすることができるかが争われたものである。信号のない交差点において、X車両が直進中、左方向から侵入してきたY車両と側面衝突した。Xが、Yに対し、民法709条または自賠法3条に基づき損害賠償として248万円余の支払を請求した。なお、Xは、加入する人身傷害補償保険会社（人傷社）に対し、保険金を請求しており、その際、対人賠償保険金の請求に関して自賠責保険金相当額との「一括払」により保険金を受領した場合、自賠法に基づく保険金の請求受領に

関する一切の権限を人傷社に委任し、Xが人身傷害
保険金を受領した場合は、支払われた保険金額を限
度としてXが有する賠償義務者（Y）に対する損害
賠償請求権および自賠法に基づく損害賠償額の請求
受領権が人傷社に移転することの説明を受け、これ
を承諾していた。原審（福岡地判令元・8・7判時
2468＝2469号113頁）は、本件事故の態様から、X
とYの過失割合を30対70とした。また、人身傷
害保険金と自賠責保険金との関係につき、Xが人傷
社から受領した保険金の一部については、Yに対す
る損害賠償請求権について弁済があったといえるか
ら、差し引かれるべきものと判示した。Xが控訴。
本判決は、原審の判断が正当であるとしたうえで、
本件協定書の文言は、Xから人傷社に対し、支払っ
た人傷保険金の限度で自賠責保険金の受領権限が委
任されたと解するほかないものであり、自賠責保険
は、本件協定書に基づく受領権限を有する人傷社に
自賠責保険金を支払ったものであるから、自賠責保
険が加害者のための保険であることに照らすと、本
件協定書により人傷社が受領した自賠責保険金は、
XとYとの間においては、加害者たるYの過失部分
に対する弁済に当たると解すべきであるとし、自賠
責保険からの受領部分についてもYの損害賠償債務
から控除すべきであると判示して、66万円余の限
度で支払を認容した。なお、後掲[7]は、原野商法
被害者につき、不法行為の成立は認めたものの損益
相殺がなされている。

2 責任無能力者の監督義務者等の責任

(1) 民法714条

前掲[3]は、未成年者（当時中学2年生）の不法
行為につき、当該未成年者の責任能力が認められ
たため、民法714条の適用がなかった。また、[5]
高松地判令2・5・22判時2467号107頁もまた
未成年者につき責任能力が認められた事案である。
Y3市が設置管理する中学校に通っていたXが、同
中学校において、同級生であるY1が振り回してい
た水筒がXの目に当たり後遺障害が生じた事故が発
生したとして、Y1については、民法709条に基づき、
Y1の母親であるY2については、民法714条1項ま
たは民法709条に基づき、Y3については、国賠法
1条1項に基づき、損害賠償として合計1813万円
余の支払を求めた。本判決は、本件事故はY1が振
り返った際に右手に持っていた水筒が遠心力で浮き
上がり、その場にいたXの目に当たったものであり、
Y1に過失があると認めた上で、Y1につき、本件事

故当時、中学2年生（13歳10か月）であり、責任
識能力を有していたとして、Y1の不法行為責任を
認めた。Y2については、Y1が責任能力を有するこ
とから民法714条1項の責任を負わず、またY2の
行動を具体的に予見し得たといえるような事情がな
いことから、監督義務違反があったとはいえないと
判示した。Y3については、Y1が水筒を振り回した
ことによって本件事故が生じたものではないから、
Xの主張はその前提を欠くとして、その責任を否定
した。以上により、Y1につき、損害賠償額として、
1011万円余の支払が命ぜられた。

(2) 民法709条

前掲[3]は、未成年者の不法行為につき、未成年
者に責任能力が認められたため、未成年者の親権者
の民法709条責任が問われたものであるところ、こ
れが否定された事案である。同様の事案として、前
掲[5]もまた、未成年者の親権者の709条責任が否
定されている。

3 使用者責任（715条）

(1) 事実的不法行為

後掲[34]は、認可外保育施設で保育していた子
が死亡した事件において、当該保育施設につき民法
715条責任の成否が争われたところ、これが認めら
れたものである。

(2) 取引的不法行為

[6]福岡地判令2・1・23判タ1479号179頁は、
架空取引に関して使用者責任等が問題となった事
案である。第1事件：X、Y1運輸、Y2社およびY5
社の各会社が、運送等取引に関連して、発注を受け
た運送業務等を、順次下請け、孫請けへと発注し、
最後に請け負った業者のみが運送業務等を行い、そ
の間の業者は運送業務等を行うことがなく、帳簿等
の関係書類上これを行ったこととして、手数料等を
順次請求し、順次支払うという取引を行っていたが
（実取引）、その後、同関係者間で、時間的に2回（Y5
等第1取引および同第2取引）にわたって、発注者（Y5
等）が運送業務等を行う取引形態（いわゆる循環取引）
で架空の運送取引等が発注され、荷物の運送を伴わ
ない全く架空の運等取引等が行われていた。Y1運
輸およびY5社から継続的な運送業務の委託を受
け、これをY2社に再委託したXが、Yらに対し、(1)
Y4、Y3およびY6（以下、3名を併せて「Y個人ら」
という）については、同運送業務が実体のない架空

取引であったにもかかわらず、Y個人らが、共謀の上、これを秘すなどしてXを欺罔し、上記運送業務が実際に行われたとの錯誤に陥らせ、Xをして、上記再委託に係る運送賃をY₂に支払わせたとして共同不法行為に基づき、(2)Y₂およびY₅については、それぞれその代表者であるY₃およびY₆の前記(1)の不法行為に係る会社法350条に基づき、(3)Y₁については、主位的に、〈1〉Y₄の使用者責任、または、〈2〉Y₄の上司であるY₁の従業員（以下「本件Y₁運輸従業員」という）がY₄の行った前記(1)の架空取引を止めさせる義務があったにもかかわらずこれを怠った使用者責任（選択的）、予備的に、〈3〉Y₁がY₄の架空取引を止めさせなかった（故意または過失）とする不法行為に基づき、それぞれ損害賠償請求として、連帯して、1億1419万円余の支払を求めた（Y₅およびY₆については擬制自白が成立している。また、第2事件は、請負代金請求事件であるため割愛）。本判決は、本件で問題とされる取引（Y₅等第1取引および同第2取引）は架空のものであり、Y₄がこれをXに秘し、錯誤に陥らせて取引に関与させたが、Y₃は、本件架空取引をY₄と共同して行っていたということはできず、Y₅ら第2取引の中でのY₄の行為は、Y₁の事業の執行に当たり、XにおいてこれがY₁の事業の執行ではないと知りまたは知らなかったことについて重過失があるということはできないと判示した。ただし、Xにも不適切な管理体制により2割の寄与があるとして、過失相殺がなされ、Y₁につき、損害額合計1億1416万1740円のうち8割である9132万9392円の責任があるとされた。

[7] 京都地判令2・2・20判時2468=2469号135頁。Xは、原野商法業者から勧誘を受け、平成22年2月から平成24年9月にかけて、別荘地の土地および建物（本件不動産）を購入したが、管理費等の名目で出費が嵩んだことから、本件不動産を処分したいと考えていたが、容易に処分先が見つからなかった。Xは、平成26年7月以降、Y₁社の従業員から、Y₁が本件不動産を買取る代わりにY₁からリゾート会員権を購入するよう勧誘を受け、1年後には本件会員権を転売するつもりでこれを購入した。しかし、本件会員権は、5年経過しなければ転売することができないものであった。Xは、Y₁の従業員の勧誘は違法なものであり、Y₁は使用者責任を負うか、Y₁は組織的な詐欺行為を行っていたとして、不法行為に基づく損害賠償請求として合計109万5600円の支払を請求した。また、Y₁の代表取締役Y₂についても、民法709条または会社法

429条に基づく損害賠償を請求した。本判決は、Y₁の使用者責任につき、Y₁の従業員は、虚偽の事実を述べてXを誤信させたと認められるから、その勧誘は、Xに対する不法行為を構成し、上記勧誘は、Y₁の事業の執行について行われたものであるから、Y₁は使用者責任に基づき、損害賠償責任を負うとした。他方で、Y₁が原野商法の被害者らに対し、詐欺的商法を組織的に行っていたものとは認められないとした。また、Y₂については、販売担当者らに対し、リゾート会員権の転売可能性等に関して虚偽または誤解を与える説明をすることがないよう指導を徹底したり、顧客に対し、虚偽の説明を受けていないか、契約内容を誤解していないかなどの確認を取るための措置を講じたりすることなく放置したものと認められるから、従業員の虚偽説明によりXが本件契約を締結して損害を被ったことについて、少なくとも過失による不法行為責任を負うとした。なお、損害額につき、本件会員権を取得して現に保有していることから、その客観的価値に相当する額について、損益相殺として損害額から控除すべきであるとして、76万6000円の限度で請求を認容した。

4 工作物責任

後掲[32]は、営造物責任が問題となった事案であるところ、本件では、設置・保存の瑕疵が認められており、工作物責任についても参考となろう。

5 共同不法行為（719条）

[8] 東京地判平30・2・5判夕1478号242頁。X₁は、A場外離着陸場（A飛行場）であり、X₂は、航空機の運行等を目的とする株式会社であり、A飛行場を拠点として活動している。Y₂は、航空機事情に関する業務等を目的とする株式会社であり、Bクラブを主催し、A飛行場で航空機の運行、習熟訓練を行っていた。Y₁は、後記事故の際に航空機を操縦していた者であり、Bクラブのクラブ員である。Y₁が、A飛行場において、航空機（セスナ機）を操縦して連続離着陸訓練を受けていたところ、操作を誤り、同航空機を離着陸地帯から逸脱させ、離着陸地帯の脇で草刈り作業をしていたCに衝突させ、Bを死亡させた。Y₂は、事前にZ保険会社と保険契約を締結しており、同契約に基づく保険給付として、Bの遺族に対して損害賠償金を支払った。なお、本件事故につき、Y₁に過失があることは当事者間において争いがない。第1事件は、X₁が、本件事故

によって現場立会等費用、逸失利益等の損害が発生したとして、Y_1およびY_2に対し、共同不法行為（Y_2に対しては選択的に非上場使用契約の債務不履行）に基づく損害賠償を求めたものである（請求額432万6410円）。第2事件は、X_2が、本件事故によって現場立会等費用、逸失利益等の損害が発生したとして、Y_1およびY_2に対し、共同不法行為に基づく損害賠償を求めたものである（請求額166万3200円）（第3事件は保険金支払に関する求償に関するものであるため割愛）。本判決は、Y_2は、Bクラブ員によりクラブ活動として行われる操縦訓練が安全に行われるよう、訓練を行うクラブ員の操縦技量を適切に把握した上で、それに応じて必要な技量を有した指導員を配置し、同指導員においてクラブ員の操縦を適切に指導および補助することができるような体制を構築する義務を負っていた過失があるとして、共同不法行為に基づき、Xらに生じた損害について、Y_1と連帯し賠償する責任を負うと判示して、127万2810円の支払を命じた。

[9] 東京地判令元・8・8判タ1481号249頁は、同一原因による事故について別個に損害賠償訴訟が提起され、これが併合されることなく終結し確定したというやや珍しい事案において、一方債務者が債務全額を弁済した場合に他方債務者の債務も消滅するかが争われたものである。地中海を航行中のコンテナ船の内部で高熱および発煙を伴う事故が発生し、これに対応するため船倉内への散水、注水、海水の貯留等の措置がとられた結果、同船の船体および積荷に熱損傷、水漏れ等の損害が発生した。同船の備船者、被害を受けた積荷の荷主および貨物保険者等であるYらが、荷受人であるXおよび事故の原因となった集荷を製造したAに対し、それぞれ別の損害賠償請求訴訟を提起し、両訴訟は併合されることなく各個に進行し、各訴訟において、Yらの請求を一部認容する判決がされ、確定した。その後、Aは、Yらに対し、Aを被告とする訴訟において認容された全額を弁済した。そこでXが、債権者が債務者2名に対し、別々に不法行為に基づく損害賠償請求訴訟を提起し、各裁判所が債権者の損害として同一損害を認定し、両債務者の損害賠償債務が不真正連帯関係にある場合、一方債務者が債権者に対して債務全額を弁済すれば、他方債務者の債権者に対する弁護士費用相当額を含む損害賠償債務も消滅すると主張して、判決の執行力の排除を求めて請求異議訴訟を提起した。本判決は、共同不法行為原因とする不真正連帯債務を負う複数の債務者のうちの一部の者が、同人に対する確定判決に基づき、弁護士費用を含めた債務の全額を弁済した場合においても、他の不真正連帯債務の債務者に対する別の訴訟で認定された弁護士費用が弁済されたとはいえず。当該弁護士費用に係る損害賠償債務は消滅しないと判示して、Xの請求を棄却した。

[10] 東京地判令2・7・21金法2159号54頁。X_1およびX_2は、架空の自動車契約を締結したことにして金融機関から融資を受け、これをY_1社に送金した上、Bに貸し付ければ毎月返済金が得られ、当該返済金をもってXの金融機関に対する返済を行うことができる上に、金融機関への完済後にも配当を受けることができる旨の勧誘を受け、これを実行したが、支払われたのは初回の1回のみであり、その後の支払は受けられなかった。Xらは、Y_1に対し、Y_1は、BおよびC（Bの連帯保証人）と共謀して、Bには借入金の返済の意思も能力もないのに、上記のように欺罔して勧誘し、Xらにその旨誤信せしめ、Xらをして金融機関から融資金をY_1に送金させ、Bに対して当該金員相当額を貸し付けた旨の借用書を作成させた行為は共同不法行為に当たると主張し、Y_2に対し、Y_2は、Y_1の代表取締役であり被告会社の違法行為につき任務懈怠責任を負う立場にあり（会社法429条1項）、かつ、上記仕組みについて認識した上で上記架空の自動車売買契約に関する取引の担当者として注文書に名前を記載し、実際の担当者として不法な行為に加担したものであるから、Y_1と連帯して共同不法行為責任を負うと主張して、貸付金相当額の損害賠償等を請求した。本判決は、上記手口は組織的な融資金詐欺に当たり、一連の行為は不法行為に該当するとした上で、Y_1およびY_2は一連の組織的な不法行為に関して重要な役割を果たした者として、Xらに対し、民法719条の共同不法行為責任を負うと判示した。

その他、共同不法行為の成否が争われたものとして、前掲[3]、前掲[6]、後掲[12]、後掲[20]、後掲[36]を参照されたい。また、後掲[33]および後掲[34]では、個人と地方公共団体との共同不法行為の成立が認められており、参考になろう。

6　名誉、プライバシー

(1)　名誉毀損・プライバシー侵害

政治家に対する名誉毀損が問題となったものとして、[11] 東京地判令元・11・29判タ1480号249頁がある。本件は、Xが、Yの執筆したXに関するコラムが新聞に掲載されたことにより名誉権を侵害されたと主張して、Yに対し、不法行為に基づく損

害賠償として、慰謝料および弁護士費用の合計330万円の支払を求めた事案である。本判決は、本件記事があたかもXが身内を利するために政治活動を行っているかの如き印象を読者に与えるものであり、このように書くこととは、Xにつき、「全国民」の代表たる地位に背き、かつ、政党の要職者たる立場をも踏みにじる者であるかのごとく指摘するものであって、Xの社会的評価を著しく低下させ、Xの名誉を毀損するものと認め、慰謝料につき請求額300万円全ての賠償を認めた。[12] 札幌高判令2・8・21判時2464号21頁は、Y市の市会議員Y₁・Y₂が同じ市会議員Xに対してした問責決議行為によりYの名誉を毀損されたと主張して、Yら（民法709条・719条）およびY（国賠法1条1項、民法719条）に対して慰謝料等の支払を求めたところ、市議会議員に与えられた権限の趣旨に明らかに背いてこれを行使したと認め得るような事実があったことは窺われないとして、Xの請求を棄却した。

その他、[13] 静岡地判令元・11・7判時2463号3頁は、冒頭で述べた弁護士に対する違法な懲戒請求の一事案であり、本件ではさらに懲戒請求自体が人種差別的な意図に基づくものであった。本判決は、結論として、違法な懲戒請求に当たり、原告に対する不法行為を構成するとして、慰謝料10万円および弁護士費用1万円の限度で請求を認容している。

職務上知り得た秘密を利用して学術論文を投稿することはプライバシーの侵害となりうるであろうか。[14] 最二判令2・10・9民集74巻7号1807頁は、この点が問題なった事案であり、プライバシー保護と表現の自由ないし学問の自由との緊張関係が現れるものである。家庭裁判所調査官であったY₁は、Xに関する少年保護事件の調査を担当していた。Y₁は、本件保護事件における調査の際に作成した手控えを基礎資料として論文を執筆し、これを精神医学関係者向けの雑誌の出版社であるY₂の発行する雑誌に投稿し、掲載された（本件公表）。また、本件論文は、Y₁がそれまでに発表した論文を1冊にまとめた書籍の一遍として、Y₃出版社から出版された（本件再公表）。なお、本件論文では、Xが容易に特定されることがないように、Xの氏名や住所等の記載を省略しており、Xやその関係者を直接特定した記載部分はなく、Xや父親の年齢等を記載した箇所はあるものの、本件保護事件が係属した時期など、本件論文に記載された事実関係の時期を特定した記載部分もなかった。Y₁がXに本件書籍を交付したことにより公表されたことを知ったXは、公表されたことによりプライバシーを侵害されたなどと主張して、Y₁、Y₂およびY₃に対し、不法行為に基づく損害賠償を求めた。原審は、次のとおり判示して、Xの請求を認容した。本件論文に含まれる本件プライバシー情報は、少年保護事件の手続において得られたものであり、これを公表されないXの法的利益は重要であって、本件論文の目的、本件掲載誌および本件書籍の読者が限定されていること等を考慮しても、本件論文に記載された内容を公表する利益は、公表されない法的利益に優越しない。Y₁は、本件各公表によって、Xのプライバシーを違法に侵害したものであり、不法行為に基づく損害賠償責任を負う。Y₂は本件公表によるプライバシー侵害について、Y₃は本件再公表によるプライバシー侵害について、それぞれY₁との共同不法行為に基づく損害賠償責任を負う。Yらが上告。本判決は、プライバシーの侵害については、その事実を公表されない法的利益とこれを公表する理由とを比較衡量し、前者が後者に優越する場合に不法行為が成立するものと解される（最三判平6・2・8民集48巻2号149頁、最二判平15・3・14民集57巻3号229頁）。そして、本件各公表が被上告人のプライバシーを侵害したものとして不法行為法上違法となるか否かは、本件プライバシー情報の性質および内容、本件各公表の当時における被上告人の年齢や社会的地位、本件各公表の目的や意義、本件各公表において本件プライバシー情報を開示する必要性、本件各公表によって本件プライバシー情報が伝達される範囲と被上告人が被る具体的被害の程度、本件各公表における表現媒体の性質など、本件プライバシー情報に係る事実を公表されない法的利益とこれを公表する理由に関する諸事情を比較衡量し、本件プライバシー情報に係る事実を公表されない法的利益がこれを公表する理由に優越するか否かによって判断すべきものであると述べた上で、本件については、少年事件の調査内容は、少年等のプライバシーに属する情報を多く含んでいるのであるから、これを対外的に公表することは原則として予定されていないものの、本件各公表の目的は需要な公益を図ることにあったということ、本件論文の趣旨および内容に照らしても、本件プライバシー情報に係る事実を記載することは本件論文にとって必要なものであったということ、本件論文の読者が対象少年をXと同定し、そのことからXに具体的被害が生ずると言った事態が起こる可能性は相当低かったものというべきであることなどから、本件プライバシー情報に係る事実を公表されない法的利益がこれを公表する理由に優

越するとまではいい難く、本件各公表がXのプライバシーを侵害したものとして不法行為法上違法であるということはできないと判示した。なお、本件各公表によってプライバシー侵害の結果が現実化したということはできず、違法性を判断するまでもなく不法行為には当たらないとする草野裁判官の意見がある。本判決に関する評釈として、栗田昌裕・法教484号128頁、建部雅・ジュリスト臨時増刊1557号54頁、森脇敦史・新・判例解説Watch28号51頁、石橋秀起・新・判例解説Watch28号111頁、西岡清一郎・論及ジュリスト36号183頁が公表されている。

(2) インターネット上での名誉毀損・プライバシー侵害

　インターネットの発達にともない、ウェブサイトでの名誉毀損行為が社会問題となっているところである。[15] 東京地判令元・6・26判タ1479号217頁は、ウェブサイトへの投稿記事が名誉毀損に該当するかが争われたものである。Xが、いわゆる従軍慰安婦問題に関してA新聞に二つの新聞記事を執筆したところ、Y₁が同記事の内容は捏造であるなどとする論文を執筆、発表し、ウェブサイトへ投稿した。また、Y₂社が、同趣旨の内容の記事二つを週刊誌に掲載した。Xは、Y₁およびY₂の行為により、Xの名誉が毀損され、更に名誉感情、平穏な生活を営む法的利益等が侵害されたと主張して、(1)Y₁によるウェブサイト上への投稿につき、Y₁に対し、投稿の削除を求め、(2)Y₂の記事の掲載につき、Yらに対し、謝罪広告の掲載を求めるとともに、民法709条、719条に基づき慰謝料等の支払を求め、(3)Y₁による論文等における各表現につき、Y₁に対し、民法709条に基づき慰謝料等の支払を求め、(4)Y₂の記事の掲載につき、Y₂に対し、民法709条に基づき慰謝料および弁護士費用の合計1100万円の支払を求めた。本判決は、まず、Y₁による各表現は、Xが従軍慰安婦問題について、意図的に事実と異なる内容の記事を書いたとの事実を摘示するものであり、また、その事実を前提として、Xの行為が悪質である等の論評を表明するものであることから、Xの社会的評価を低下させるものと認め、Y₂の記事についても、意図的に事実と異なる内容の記事を書いたのと事実を摘示するものであり、Xの社会的評価を低下させるものと認めた。その上で、Yらによる各表現は、公共性、公益目的性、真実性または真実相当性に照らし、意見ないし論評の域を逸脱しているものとはいえないとして、Yらの免責を認めた。

Xの平穏な生活を営む法的利益については、大学教員としての適格性等について問題提起をする目的で執筆されたものであり、その内容からしても、Xの平穏な生活を営む法的利益等を侵害する不法行為とは認められないとした（なお、本件は、控訴審において、Yらの名誉毀損が認められている）。[16] 東京高判令元・11・27判時2478号45頁は、Y社の運営するウェブサイト上に虚偽の事実が記載された記事を公開され、Xの社会的評価が低下したと主張して、民法723条に基づく名誉回復措置として、記事の削除、同ウェブサイト、日経新聞および読売新聞への謝罪広告の掲載を求めるとともに、Xの被った無形損害として1000万円等の賠償を求めた事案である。原審（東京地判平31・2・13判時2437号40頁）は、Y社らに対し、本件サイト上の記載の削除を命ずるとともに、Y社に対し、謝罪広告文の本件サイトへの掲載を命じたところ、本判決は、原判決の謝罪広告文の掲載を変更し、「訂正記事掲要領」記載の掲載要領で掲載することを命じたほか、その余については、原審の判断を維持した（請求認容額330万円）。[17] 千葉地決令元・12・3判時2470号53頁は、Yの運営するウェブサイト検索サービスにおいてXに氏名により検索を行うと、Xが詐欺等を行っているかのような検索結果記事が表示されることから、XがYに対し、その削除を求めたものである。原決定は、本件検索結果はXの社会的評価を低下させるものであるばかりでなく、真実に反するものであることの疎明があり、権利侵害の明白性が疎明されたものとして削除を命じた。これを不服としたYが意義を申し立て、検索結果削除の仮処分命令申立をした。本判決も、本件検索結果はXの社会的評価を低下させるものであることを認め、原決定を維持し、上記仮処分命令申立を却下した。[18] 大阪地堺支決令元・12・27判時2465=2466号67頁も前掲[15]と同様にウェブサイト上の記事の削除を求めたものである。歯科医師Xは、Yが運営するウェブサイト上の口コミ投稿サイトの投稿記事がXの社会的評価を低下させるものであるとして、Yに対し、口コミ投稿サイトの投稿記事の削除を求めた。本判決は、口コミ投稿サイトの投稿は、一患者の体験・認識に基づくものであることや、Xの医院について受診した患者が発信する体験談等には公共性があり、批評を受けることもある程度やむを得ないものといえることから、本件投稿がXの受忍限度を超えてその社会的評価を低下させるものとは認められず、違法性阻却事由ないことから、Xの申立を却下した。

　ソーシャルメディアが社会的に普及した現在で

は、ソーシャルメディアでの投稿等の行為が問題となるものが多発している。[19] 東京地判令2・8・17 判タ1480 号 246 頁は、令和元年8月に発生したあおり運転に伴う暴行傷害事件に関連し、助手席に同乗していた女性の行動を非難する記事を不特定多数の者がツイッター等で投稿しており、その後、Xは、本件女性でないにもかかわらず、ツイッターにおいて、Xが本件女性であるとの記事が投稿され、Yは、当該元ツイートを引用した記事をフェイスブック上に「同乗の女も見つけたようです」「早く逮捕されるよう拡散お願いします」等のコメントを付して投稿したという事案である。Xが、Yの上記行為が名誉毀損に当たるとして、慰謝料および弁護士費用の合計 110 万円の支払を求めた。本判決は、本件記事はXが本件女性であるとの誤った事実を摘示すると通常理解されるものと認められることから、Xの社会的評価を低下させるものと認め、請求額 110 万円のうち 33 万円を認容した。

7　その他の人格的利益

[20] 東京高判令2・3・4 判時 2473 号 47 頁は、Xが、Xと同性婚の関係にあった Y_1 および後に Y_1 と婚姻した Y_2 に対し、Yらが不貞行為を行った結果、Xと Y_1 の同性の事実婚（内縁関係）が破綻したとして、共同不法行為に基づき、婚姻関係の解消に伴う費用等相当額 337 万円余および慰謝料 300 万円の合計 637 万円余の支払を求めた事案である。原審（宇都宮地判真岡支令元・9月 18 判時 2473 号 51 頁）は、Xと Y_1 との関係は、内縁関係と同視できる生活関係にあったと認めた上で、本件では不貞行為があったものと認め、共同不法行為が成立したものと判断し、慰謝料 100 万円と弁護士費用相当額 10 万円の限度で請求を認容した。Yらが控訴およびXがさらに慰謝料 200 万円の支払を求めて附帯控訴した。本判決は、原審の判断を維持し、Yらの控訴をおよびXの附帯控訴を棄却した。日本ではいまだ同性婚は認められていないところであるが、本判決では、外国で行った同性婚につき、日本においては内縁関係と同視することができるものと認められている点が興味深い。

8　交通事故

交通事故事件では、主に過失割合が争われている。[21] 東京地判令元・11・28 判時 2467 号 61 頁。Y社が所有しYの従業員が運転するトラックが、X

所有のビルの地下駐車場に進入する際、同駐車場の出入口に設置されたシャッターと接触した交通事故が発生した。本件は、本件トラックが外部から荷物を搬入するために本件出入口に至った際、その直前に別の車両が出庫したためにシャッターは開扉状態となっており、トラックが入庫するまでにシャッターが降下を開始して、運転手がこれに気づかないままトラックを入庫させたために接触が生じたものである。本判決は、双方に過失があったと認定し、双方の過失割合をY70%、X30% とした。[22] 福岡地判令2・1・16 判タ 1482 号 249 頁は、中央線の設けられていない道路において、Xの所有および運転に係る普通乗用自動車が、本件道路に面した屋外駐車場の駐車区画に向けて後退した際、本件道路にいた Y_1 の所有および Y_2 の運転に係る普通貨物自動車と接触したという事案において、Xが Y_2 に対し、Y_1 がXに対し、それぞれ民法 709 条に基づき、各車両の修理費用等の賠償を請求したものである。本判決は、Xおよび Y_2 の双方に過失があったとし、双方の過失割合をXが8割、Y_2 が2割とした。

9　学校関連事件

学校関連事件としては、市の国賠法1条1項責任が問題となった前掲 [5] を参照されたい（責任否定）。

10　安全配慮義務

後掲 [35] は、学内における先輩教員から後輩教員に対するパワハラが行われた事案において、校長らの安全配慮義務違反が認められたものである。

11　債権侵害・契約侵害

[23] 東京地判令2・3・30 判タ 1482 号 223 頁。Xは、漫画等の著作権を管理するとともに電子書籍を配信することを主たる業とする有限会社である。Yは、日本向けに「Kindle」という形式の電子書籍を配信する事業を営む法人である。株式会社B機構は、電子出版物の制作、保管、アーカイビング等を目的とする株式会社であり、Yの提供する電子書籍配信サービスについて、出版物の著作権を有する者等が同サービスに参加する際の取次ぎを行っている（なお、平成 31 年3月1日以降の称号は、株式会社C同社は、平成 25 年 10 月1日に株式会社Dを吸収合併しているところ、当時以前の株式会社Dも含めて、以下「機構」という）。本件は、Xが、Yの提供する

電子書籍定額配信サービスにおけるXの電子書籍の配信をYから一方的に停止され、あるいは、機構を通じてした同サービスにおけるXの電子書籍の配信の申請をYから拒絶されたことにより、電子書籍の配信に関するXの機構に対する債権を侵害されたとして、Yに対し、不法行為に基づく損害賠償金2億629万円余の支払を求めた事案である。本件において、Xが、Xと機構との間の契約内容として、機構は、Xに対し、Xから配信するよう申請されたコンテンツについては、YにKUプログラム（Kindle Unlimited。定額料金で一定の電子書籍を何冊でも読むことができるサービス）で配信させる義務等を負っていたと主張したところ、本判決は、機構がXに対し、Xのコンテンツを同サービスに提供するためのYへの申請手続をすることは格別、Xの求めたとおりに同サービスでXのコンテンツが配信されるという結果を実現させる債務（Xの求めたとおりに同サービスでXのコンテンツを配信することをYに合意させる債務）を機構に負わせる旨の規定ないしはそのような債務の存在をうかがわせるような規定は見当たらず、また、機構は、コンテンツの原提供者との契約内容如何にかかわらず、Yとの関係で、一定のコンテンツをKUプログラムで配信するようYに請求できる立場にはないといえるところ、そのような立場にある機構が、本件案内文書の交付にあたって、Xの求めたとおりにKUプログラムでXのコンテンツが配信される結果を実現させる債務を負うことを、新たにXに約束したとはおよそ考え難いとして、XがYにより侵害されたと主張するXの機構に対する債権は存在しないため、YのXに対する不法行為は成立しないと判示した。

12　取引的不法行為

[24] 東京高判平31・3・28判タ1483号111頁は、投資取引における消費者被害の事案である。XがY₁社との間で行った金および白金の商品先物取引について、適合性原則違反、断定的判断の提供、説明義務違反、新規委託者保護義務違反、無意味な特定売買・過当な反復売買等があったなどと主張して、Y₁およびY₁の従業員で登録外務員であったY₂に対し、民法709条、715条1項に基づく損害賠償として878万円余を請求した。なお、Xは国際や投資信託の経験があったほか、株式取引の経験が10年あり、現物取引および信用取引双方の経験を有していた。原審は、適合性原則違反、断定的判断の提供、説明義務違反、新規委託者保護義務違反は

なかったと判断したものの、指導助言義務を怠った過失があると認め、Y₂には不法行為が成立し、Y₁は使用者責任を負うと判示した。その上で、Xにも過失があったとして、3割の過失相殺を行った（請求認容額570万円余）。XおよびYらの双方が控訴。本判決は、原審の判断を維持した上で、指導助言義務につき、原判決を一部修正の上、同義務を怠った過失があると判示して、双方の控訴を棄却した。その他、取引的不法行為に該当するものとして、前掲[6]、前掲[7]、前掲[10]がある。

13　国家賠償法（公立学校関連事件を除く）

本類型に該当する裁判例は枚挙にいとまがない。
[25] 東京地判平31・4・19判タ1478号222頁は、承諾のないGPS捜査によるプライバシーの侵害が問題となったものである。本件は、覚せい剤取締法違反等の罪により起訴され懲役4年（一部無罪）の判決を受けたXが、警視庁所属の警察官らが(1) Xが使用する車両にXの承諾なく密かにGPS端末を取り付けて位置情報を把握する操作を無令状で行いXのプライバシーを違法に侵害するなどした、(2) Xを逮捕する際、必要がないのにXにけん銃を向けた、(3) 刑事裁判において、けん銃をXに向けていないという虚偽の内容の証言をしたと主張して、警視庁を所管するY（東京都）に対し、国賠法1条1項に基づき、慰謝料1050万円、弁護士費用100万円等の賠償を求めた事案である。本判決は、本件無令状でのGPS捜査につき、本件GPS捜査の当時（平成25年12月8日から平成26年6月16日にかけてGPS捜査を行っている）、GPS捜査が強制処分であるとの認識が警察官の職務行為の基準として確立されていたとは到底いえず、本件警察官らにおいて、本件GPS捜査を無令状で行うことが違法であることについて認識し、または認識し得たということはできないとし、国賠法上違法ではないとした。また、必要がないのにけん銃を向けたことについては、けん銃の銃口がXに向けられていたと評価し、本件ではけん銃をXに向けて構える必要があったと認められないから、国賠法上違法であるとした。刑事裁判での虚偽の内容の証言については、その証言行為は、国賠法1条1項の「その職務を行うについて」されたものとはいえないため、Yは国家賠償責任を負わないと判断した。なお、被告人らの承諾のない、かつ令状のないGPS捜査については、最大判平29・3・15刑集71巻3号279頁において強制処分にあたると判断されているところであり、国賠法における違

法性が争われた本件においては、平成25年頃では違法であると認識を持ち得なかったとの判断は妥当なものであろう。

[26] 東京地判令元・8・21判タ1478号210頁。宗教法人であるXは、平成30年6月5日、Y町の公民館の職員に対し、使用目的をビデオ放映を行うこととして、本件公民館の使用許可を申請したところ、宗教法人であるXに本件公民館を利用させることは社会教育法23条2項に抵触するためできないとして、本件申請の許可申請書の受取を拒否した。Xは、平成30年6月8日、教育委員会に対し、本件申請と同じ条件で、改めて本件公民館の使用許可と申請したところ、Yは、ビデオ放映当日に放映予定の放映物と配布物を送付することを求めた。これに対し、Xが、Yに対し、ビデオ放映の内容と類似したXの集会の様子が録画されたDVDと出席票を参考資料として送付したところ、Yは、Xに対し、本件ビデオ放映による本件公民館の使用は社会教育法23条2項に抵触するとして、本件申請について許可しなかった。そこで、Xが、Yによる本件申請の拒否は、地方自治法244条2項に反し違法であるとして、Yに対し、国賠法1条1項に基づき、損害賠償として10万円余の支払を求めた。本判決は、地方自治法242条2項は、普通地方公共団体は、正当な理由がない限り、住民が公の施設を利用することを拒んではならない旨規定しており、また、社会教育法23条2項は、「市町村の設置する公民館は、特定の宗教を支持し、又は特定の教派、宗派若しくは教団を支援してはならない。」と定めているところ、本件ビデオの内容等からすると、Yが本件ビデオ放映について本件公民館の使用を許可したとしても社会教育法23条2項には抵触しないため、Yは、Xに対し、本件公民館の使用を拒んではならない義務を負っていたというべきであり、これを拒んだ行為は、国賠法1条1項上違法となると判示し、6716円の限度でXの請求を認容した。

夫婦同氏制については、最大判平27・12・16民集69巻8号2586頁（以下、「夫婦同氏制国賠訴訟大法廷判決」という）において違憲ではない旨の判断がなされているところであるが、[27] 東京地判令元・9・30判タ1479号200頁、夫婦同氏制国賠訴訟大法廷判決とは事情が異なるとして、再度提起された夫婦同氏制国賠訴訟である。本件は、夫婦であるXらが、夫婦同氏制を定める民法750条の規定が憲法14条1項および24条1項に違反すると主張して、夫婦同氏制に加えて夫婦別氏制という選択肢を新たに設けない国会の立法府作為について国賠

法1条1項に基づく損害賠償請としてそれぞれ慰謝料5円の支払を求めた事案である。民法750条の規定については、本件に先駆けて、夫婦同氏制国賠訴訟大法廷判決が、同規定は憲法14条1項および24条に違反しないと判断していたことから、Xらは、以下の点を主張している。(1)X₁が連れ子を伴ってX₂と再婚し氏を改めたことにより連れ子の氏との不一致が生じてしまったという事情を考慮して、民法750条の憲法24条1項への適合性について判断がされるべきである、(2)日本人同士の婚姻について夫婦別氏を一切認めない民法750条は、外国人と日本人の婚姻について夫婦別氏が認められていることとの比較において、取扱いの不平等を生じさせており、また選択的夫婦別氏制の導入というより制限的な手段が存在し、さらに、民法750条は、夫婦同氏を希望する者か夫婦別氏を希望する者かで法的な差別的取り扱いをするものである、(3)民法750条は、連れ子のいる者が再婚することによりその者と連れ子との間に氏の不一致が生じるという類型であるXらの婚姻について適用される限りにおいて、憲法24条1項および14条1項に違反し、Xらの婚姻について民法750条を適用したことは、国賠法上違法である。本判決は、上記(1)ないし(3)について、夫婦同氏制国賠訴訟大法廷判決を引用した上で、次のとおり判示した。(1)夫婦同氏制国賠訴訟大法廷判決には、〈1〉嫡出子であることを示すために子が両親双方と同氏である仕組みを確保することに一定の意義がある、〈2〉子の立場として、いずれの親とも等しく氏を同じくすることによる利益を享受しやすいといった説示があるものの、民法750条の規定が憲法24条に違反するものではないという判断が、初婚が維持されている夫婦およびその間の子という、上記説示が直接妥当する者の利益だけを考慮することによって導かれたものでないことは明らかである。すなわち、夫婦同氏制国賠訴訟大法廷判決は、氏が、親子関係など一定の身分関係を反映し、婚姻を含めた身分関係の変動に伴って改められることがあり得ることがその性質上予定されていることを前提として、婚姻および家族に関する法制度を定めた法律の規定が憲法24条に適合するものとして是認されるか否かは、当該法制度の趣旨や同制度を採用することにより生ずる影響につき検討し、当該規定が個人の尊厳と両性の本質的平等の要請に照らして合理性を欠き、国会の立法裁量の範囲を超えるものとみざるを得ないような場合に当たるか否かという観点から判断すべきものであるという判断枠組みを示しているのであって、人は、出生の際に、

嫡出である子については父母の氏を、嫡出でない子については母の氏を称することによって氏を取得し（民法790条）、婚姻の際に、夫婦の一方は、他方の氏を称することによって氏が改められ（同法750条）、離婚や婚姻の取消しの際に、婚姻によって氏を定めた者は婚姻前の氏に復する（同法767条1項・771条・749条）といった規定により、子が両親と同じ氏を称することによる利益を享受しない場面もあることは、当然に考慮の対象とされているものというべきである。したがって、夫婦同氏制国賠訴訟大法廷判決において、連れ子のいる者が再婚した場合が考慮されていないということはできず、民法750条の規定の憲法24条への適合性に関する判断は左右されないものである。(2)外国人と婚姻した日本人の氏が当然には変わらないのは、民法750条が適用されないからであるが、これは、外国人と日本人の婚姻による氏の問題が、法の適用に関する通則法25条の定める準拠法によるのではなく、当事者の本国法によるものとされ、日本人と婚姻した外国人には民法上の氏がないものと解されていることの帰結と考えられるのであり、渉外婚姻の性質に応じた合理的な根拠に基づき、外国人と日本人の婚姻について日本人同士の婚姻と異なる取扱いをするものであるから、合理的な根拠に基づかない法的な差別的取扱いとはいえない。また、民法750条は、個人の尊厳と両性の本質的平等の要請に照らして合理性を欠くものではなく、合理的根拠に基づき、夫婦同氏を希望する者および夫婦別氏を希望する者のいずれに対しても、婚姻をする場合には夫婦同氏とすることを求めるものにすぎないから、夫婦同氏を希望する者か夫婦別氏を希望する者かで法的な差別的取扱いをするものとは認められない。(3)民法750条の規定が憲法24条1項または14条1項に違反するとはいえないことは、上記1(1)および(2)で説示したとおりであるところ、Xらの婚姻は、民法750条の適用が当然に予定されている場面というべきであって、同条について、原告らの婚姻に適用される限りにおいて憲法24条1項および14条1項に違反すると解する余地はないというべきである。本判決は、以上のとおり判示して、Xらの請求を棄却した。

[28] 神戸地判令元・10・8判時2477号65頁。本件は、兵庫県三木市内に住所を有する住民であるXらが、三木市長等倫理条例（平成18年12月25日条例48号、以下、「市長等倫理条例」という）4条1項に基づき当時の市長に審査請求をしたところ、同市長が(1)同条例4条2項に反して、直ちに審査請求書および添付書類の写しを三木倫理審査会に提出

してその審査を求めず、(2)これらの書類を審査請求者代表者のX₁に返却したことが、国賠法上違法であり、これによりXらが精神的苦痛を被ったと主張して、Y（三木市）に対し、国賠法1条1項に基づき、損害賠償としてそれぞれ慰謝料として100万円の支払を請求した事案である。本判決は、国賠法1条1項にいう違法性が認められるためには、国民が公務員の行為により侵害されたと主張する権利利益が、国賠法上保護に値する権利利益であると認められ、当該公務員が、個別の国民に対しそのような権利利益を保護する職務上の法的義務を負うにもかかわらず、これに違背したものと認められることが必要であるとした上で、Xらの権利利益については、倫理審査請求の意義や趣旨に鑑みれば、市長等倫理条例が行使要件として定めた連署を集めて倫理審査請求を行った市民には、当該倫理審査請求について、市長等倫理条例および同施行規則に従った適正な手続を受けられることに対する合理的な期待が生じており、このような合理的期待は、法律上の権利ないし法的利益として客観的に把握し得るような明確性を有していることに鑑み、国家賠償法上も保護されるべき権利利益に当たるものというべきであるとした。そして、市長の職務上の法的義務につき、市長は、行使要件として求めた一定数の連署を集めた市民から、形式的要件を満たした適法な倫理審査請求があった場合には、審査請求者である個別の市民との関係においても、同条例に基づく適正な手続を行うべき職務上の法的義務を負うというべきであるとして、本件では、市長は同義務に違反し、国賠法1条1項にいう違法な行為であると判断した。また、本件市長の行為について、同市長は、その職務を行うについて、故意または過失によって違法に損害を加えたものであるとして、Xらの請求を一部認容した（請求認容額それぞれ10万円）。

[29] さいたま地判令元・12・11判時2461号20頁。X₁は、中型貨物自動車を運転中、死亡事故を起こし、これにより運転免許の取消しの処分を受けた。これに対して、X₁が本件処分の取消しを求める訴えを提起したところ、X₁の請求を認容する判決が言い渡され、Y（埼玉県）が控訴したが、控訴が棄却され、判決が確定した。そこで、X₁およびX₁が経営する運送会社であるX₂が、違法な処分により損害を受けたと主張して、Yに対し、国賠法1条1項に基づき、損害賠償を請求した（X₁が412万円余、X₂が1560万円余を請求）。本判決は、本件処分が違法であるとして、本件処分の国賠法1条1項の違法を認め、X₁につき203万円余の限度で請求を認容し

たものの、X₂については、本件処分によりX₂に損害が生じたと認めることができないとして請求を棄却した。

[30] 熊本地判令2・2・26判時2476号44頁。本件は、ハンセン病病歴者であるXらが、昭和27年に熊本県菊池郡（当時）で発生した殺人事件（いわゆる菊池事件）に関し、同事件の被告人がハンセン病患者であることを理由に裁判所法69条2項に基づき裁判所以外のハンセン病療養所等の施設内で審理が行われたことなどについて、ハンセン病患者であることを理由とする差別であり本件被告人の人格権を侵害するものとして憲法14条1項、13条に違反し、裁判の公開原則を定めた同法37条1項、82条1項にも違反しているほか、本件被告人に無罪を言い渡すべき証拠があり、これらはいずれも刑事訴訟上の再審事由に当たるところ、検察官が再審請求権限を行使しなかったことがハンセン病病歴者に対する被害回復義務を怠ったものとしてXらとの関係で国賠法上違法であると主張して、Y（熊本県）に対し、国賠法1条1項に基づき、損害賠償としてそれぞれ10万円の支払を求めた事案である。（本判決では、菊池事件につき再審事由の有無が審理されているが、本稿では割愛する）。本判決は、菊池事件について、検察官の再審請求権限不行使がXらとの関係で国賠法上違法であるかにつき、国賠法1条1項の違法性を肯定するためには、国民の権利または法律上保護される利益が侵害されたことが必要であって、賠償を求める国民の事実上の利益が侵害されたというだけでは不十分であるが、もっとも、当該国民の主張する利益がいかなる場合に国民の権利または法律上保護される利益といえるかについては、国または公共団体が行使する公権力の趣旨および目的と関連するから、これを踏まえて個別具体的に判断されるべきものであり、本件においては、検察官の再審請求権限の趣旨および目的を踏まえて検討する必要があるとした上で、本件では、検察官が再審請求権限を行使しなかったことが、Xらとの関係においては、ハンセン病問題解決促進法を根拠とする被害回復請求権に基づいて、検察官に再審請求権限の行使を求めることはできず、Xらハンセン病病歴者すべてとの関係で検察官が菊池事件について再審請求権限を行使する義務があると認めることはできないと判示し、Xらの請求を棄却した。

[31] 奈良地判令2・3・10判時2467号99頁。本件は、奈良少年刑務所に懲役受刑者として収容されていたXが、同刑務所職員がXを金属製のバールおよび玄能（ハンマー）を用いた抜釘作業に従事さ せた際、保護眼鏡を着用させ、安全に作業を行うことができるような器具を貸与し、安全に作業を行うことができるよう適切に指導するべき職務上の注意義務を負っていたにもかかわらず、これらの注意義務を怠ったことにより、Xの左目に鉄の破片が飛散して負傷し、その結果、後遺障害を負ったと主張して、Y（奈良県）に対し、国賠法1条1項に基づき、損害賠償として5758万円余の支払を求めた事案である。本判決は、刑務官らは、Xを含む受刑者らが本件作業を行う際には、保護眼鏡を着用させるべき職務上の注意義務を負っていたにもかかわらず、これを怠った過失があると認めた。そのうえで、X自身の適切とはいえない行為も本件事故の原因となっているとして、3割の過失相殺を行い、1831万円余の限度で請求を認容した。

[32] 熊本地判令2・3・18判時2468＝2469号142頁。平成24年7月12日の熊本県A地方を中心に発生した大雨のため河川が増水し、やがて川沿いの道路が冠水した。この冠水により、Xが経営していたゴルフ場も冠水するに至った。そこで、Xが、本件ゴルフ場に発生した被害は、Y（熊本県）が管理する水路からの流入水が原因であって、Yの管理する水路および同水路上に設置された転倒堰に設置または保存の瑕疵が認められると主張して、Yに対し、国賠法2条1項に基づき、修理費用等4087万円余の損害賠償を求めた。本判決は、流末水路等の構造上の問題があり、流末水路が満水となった状況で本件転倒堰が倒伏した場合、排水を管理できずに排水が一気に溢れ出す構造となっていた点について、同種同規模の河川の管理の一般的水準および社会通念に照らして是認しうる安全性を備えていなかったとして、本件水路等の設置または保存の瑕疵に当たると判断した（請求認容額42万円余）。

[33] 横浜地横須賀支判令2・5・25判時2467号67頁。Xは、Y₁市から家庭保育福祉員の認定を受けたY₂との間で、Y₁が運営する家庭的保育事業につき、Xの子であるAに係る保育委託契約を締結した。Xが、平成22年9月27日、本件保育委託契約に基づき、AをY₂の自宅につれていきY₂に預けたところ、同日、Y₂による本件委託契約に基づく保育中に死亡した。Xが、Yらに対し、Y₂につき、保育中に午睡していたAの呼吸確認等を怠った注意義務違反があるなどと主張して、本件保育委託契約上の債務不履行または不法行為に基づき、Y₁につき、家庭的保育事業の運営者として、家庭保育福祉員であるY₂に対する指導等が不適切であったなどと主張して、国賠法1条1項に基づき、連帯し

て、損害賠償として、死亡逸失利益、死亡慰謝料等合計7148万円余の支払を求めた事案である。本判決は、まず、Aの死因は、吐乳吸引による窒息死であるとした。Y₂に求められる注意義務については、15分間隔で、Aの顔色、呼吸状況を確認する方法で睡眠時チェックを行う義務、寝かせるときはAを仰向けにするものであったとした上で、本件においては、Y₂は、漫然と約15分間隔で自宅のリビングから隣室の和室で寝ているAのところに行って睡眠時チェックを行うにとどまり、Aが吐乳吸引に起因する気道狭窄により呼吸状態が悪化したことに気付かず、同日の午後2時頃、Aを窒息死させたから、同注意義務に違反してAを死亡させたと認められるとして、Y₂の債務不履行責任または不法行為責任の成立を認めた。また、Y₁につき、Y₁は、XないしAに対し、Y₂がAの呼吸の異常を見逃して、これによりAが窒息死に至るのを防止するために、乳児の吐乳ないし窒息に係る医学的知見に即して、Y₂に乳児の睡眠時チェックを行うよう指導研修を実施すべき義務を負い、Y₁が同指導研修を行わず、そのために、Y₂による家庭的保育中のAが吐乳吸引により窒息死した場合には、Y₁について、上記指導研修を実施すべき義務に違反する国賠法上の違法な公権力の行使があるというべきであると述べ、Y₁は同義務に違反したと認定し、Y₁の国賠法1条1項の責任を認めた。なお、Yらにつき、Y₂の不法行為とY₁の違法な公権力の行使とが客観的に関連共同していたとして、共同不法行為が成立するとした。以上により、5256万円余の限度で請求が認容された。本件からは、地方公共団体にはかなり高度の注意義務が課せられているものと解される。

前掲[33]と同様に保育中の子が死亡した事件として、**[34] 宇都宮地判令2・6・3判時2463号11頁**がある。Y₁社は、Y₇市において、認可外保育施設Eを開設しており、Eにおいて、Y₂（Y₁の取締役。保育士兼園長）、Y₃（Y₂の父。代表者）、Y₄（Y₂の母。保育士）、Y₅（Y₂の子。保育士）、Y₆（Y₂の子。手伝い）が保育業務に従事していた。X₁およびX₂は、Y₁との間で、Xらの子Aにつき、Y₁が経営するEにおいて、保育を行う旨の保育委託契約を締結した。Xらは、平成26年7月23日から同月26日までの間、本件保育委託契約に基づき、宿泊保育を目的として、EにAを預けたところ、Aは同月26日未明、E内において、脱水症状により死亡した。そこで、Xらが、(1) 本件死亡事件について、ア)Y₁に対しては、保育委託契約上の債務不履行または不法行為（民法715条または会社法350条）に基づき、

イ)Y₂、Y₅、Y₆、Y₄およびY₃に対しては、民法709条（またはY₃につき会社法429条）の不法行為に基づき、ウ)Y₁に対しては、Y₁の市長が認可外保育施設に対する規制権限等の適正な行使を怠ったなどとして国賠法1条1項に基づき、連帯して、それぞれ、損害賠償として5601万円余の支払を求め、(2)Y₂に対し、Y₂は、本件死亡事故後、複数人の者に対して、Xらについての虚偽の事実を述べ、Xらの名誉を毀損し、社会的評価を低下させたとして、それぞれ不法行為に基づく損害賠償として110万円の支払を求めた。本判決は、まず、Aの死亡原因について、Eは、Aを預かったが、摂氏25度を超える熱帯夜が続いていたにもかかわらず、室内に設置されたエアコンを作動させずに託児業務を行っていたこと、託児保育初日の同月23日から24日にかけ記録があるものだけでも14回下痢症状が認められ、同月25日の午後0時頃には38度を超える発熱があったにもかかわらず、適時適切な医師の診療を受けていなかったことなどからみて、Aの死亡原因は、暑熱環境下の脱水による熱中症であるとみるのが自然かつ合理的であるから、乳幼児突然死症候群（SIDS）の発症が原因である可能性は極めて低く、上記認定に合理的な疑いを生じさせるものではないと認定した。そして、Y₂につき、Y₂は上記の状態を認識していたのであるから、遅くとも、その頃までに、Aに対し、水分の補給等の熱中症の緩和措置を講じるとともに、医師の診断、治療を受けさせる義務を負っていたにもかかわらず、これを怠った過失があるとして、Y₂の不法行為責任およびY₁の民法715条または会社法350条の責任を認め、Y₁およびY₂の共同不法行為責任を認めたが、Y₃ないしY₆についての責任は否定した。Y₇については、本件死亡事故以前から、Eは虐待保育状態にあったところ、平成26年5月28日に電話でEの保育状況について通報を受けていたことなどから、Y₇には、当該施設に対する指導監督権限を行使すべき義務を負っていたところ、これを懈怠した過失があり、同義務を尽くしていたならば、本件死亡事故が発生しなかった蓋然性が高かったと認め、Y₇の国賠法1条1項責任を認めた。また、Y₂による名誉毀損の不法行為責任も是認した。なお、本件の事実認定からすると、保育施設の保育体制は相当ずさんであったようであり、また市としてもその状況を容易に知りうべき状況にあったようであるから、市の責任は免れないとする本件判断は妥当なものである。

[35] 仙台地判令2・7・1判時2465=2466号52頁は、上司の安全配慮義務が問題となった事案であ

る。X₁およびX₂の子Aは、B高等学校において定時制課程の英語担当教員として勤務していたが、業務が加重化したことや先輩教諭からパワー・ハラスメントを受けたことなどから、うつ状態となり、自殺した。そこで、Xらが、同校の校長および教頭は労働環境を整備するという信義則上の安全配慮義務に違反したと主張して、国賠法1条1項に基づく亡Aの損害賠償請求権を相続したとして、その賠償を求めた（X₁が3665万円余、X₂が3404万円余を請求）。本判決は、業務が加重になっていたとは認められないとし、また、先輩教諭のパワー・ハラスメントについても、不法行為法上違法ではあるが、故意または過失が認められないとして、不法行為は成立しないとした。他方、校長らの安全配慮義務違反の成否については、教頭は、亡Aから度々相談を受けていたことや、亡Aから心療内科を受診しようと思っている旨伝えられ、後に心療内科においてうつ状態であると診断を受けたと報告されており、また校長はそのことを教頭から伝えられていることなどから、校長らは、少なくとも、亡Aがうつ状態であると診断された旨報告を受けた日以降は、同校の教諭に従事させる業務を定めてこれを管理するに際し、業務の遂行に伴う疲労や心理的負荷等が過度に蓄積して亡Aの心身の健康を損なうことがないよう注意する義務を負っていたところ、これを怠った過失があり、同義務違反と亡Aの死亡との間の相当因果関係も認められると判示した。なお、亡Aにつき、過失相殺事由はないとされたものの、自殺については、亡Aの不安を感じやすい性格が寄与していたとして、素因減額がなされて、X₁につき1300万円余、X₂につき1234万円余の限度で請求が認容されている。

アスベスト被害については、因果関係の証明が大きな障害となる。[36] 東京高判令2・8・28判時2468＝2469号15頁は、傍論ではあるが、因果関係の証明について判断したものである。本件は、石綿含有建材を加工・使用または解体する業務過程において、同建材から発生する石綿粉じんにばく露し、これにより石綿関連疾患に罹患したと主張するXら44名が、Y₁（国）に対しては、石綿関連疾患の発症またはその増悪を防止するための各法規に基づく規制権限を適時かつ適切に行使しなかったことが違法であるなどと主張して、国賠法1条1項に基づき、Y₂ないしY₄ら企業に対しては、Yら企業が、その

製造・販売する建材が石綿を含有すること、その危険性、危険回避措置を講ずべき等の警告をすべき義務を怠ったなどと主張して、不法行為または製造物責任に基づく損害の賠償を求めた。原審は、Y₁に対する請求について、32名に関して請求を一部認容し、その余を棄却し、12名に関して請求を全部棄却した。また、Yら企業については、一部請求が認容された者もあったものの、ほとんどが請求を全部棄却された。Xらが控訴。本判決は、基本的には原審の判断を維持している。なお、本件では、予備的主張として、民法719条1項後段の類推適用が主張されているところ、石綿粉じんばく露の蓄積に寄与した者全員を特定することやその寄与の程度を証明することの困難性を考慮して、当該行為者の行為が石綿粉じんばく露の蓄積に寄与したと認められるのであれば、その意味で、石綿粉じんばく露の蓄積との間に部分的因果関係はあるといえることから、民法719条1項後段を類推適用して、当該行為と結果（石綿関連疾患の発症）との間の因果関係を推定し、他方、行為者の行為が結果の全部または一部との間に因果関係がないことの証明があれば、寄与度に基づく責任の減免が認められることとすべきであると判示部分が注目される。

なお、前掲 [12] は、市会議員の問責決議に関する国賠法1条1項責任が問題となったものであり、参照されたい。

14 過失相殺・過失相殺類推適用

過失相殺および同類推適用が問題となったものとしては、前掲 [3]、前掲 [6]、前掲 [31]、前掲 [35] がある。

（ながした・やすゆき）

家族裁判例の動向

青竹美佳　大阪大学教授

現代民事判例研究会家族法部会

　今期は法改正の契機となりうる裁判例が目立っている。未成年者を事実上監護する祖母が自身を監護者に指定するよう求めた [10]、同性カップルの関係の解消による慰謝料請求が争われた [6]、夫婦同氏を規定する民法および戸籍法の規定の合憲性が問題とされた [1] である。夫婦同氏の諸規定を問題とする下級審裁判例は近時多く公表されているが、令和3年6月23日の最高裁大法廷決定は [1] とは別の事件の特別抗告事件でこれを合憲とする判断を示した。

　唯一の最高裁判例の [8] は財産制と財産分与の基本的な捉え方について議論を促す重要な判決である。

　ハーグ条約実施法に関する事案は前回までと同様に多く新規に [27] 〜 [29] の3件公表されている。

　相続事件に関しては、特別縁故者による財産分与についての [21]、[22] の2事案が公表されている。少子高齢化や家族の多様化により、死者に身寄りのない事案が増加し同事例の審判件数が今後も多くなることを示唆する。

1　婚姻

(1)　夫婦の氏

　[1] 東京地判令元・9・30判タ1479号200頁では、X_1・X_2 は夫婦の氏を X_2 の氏として婚姻届をしたが、X_1 は前夫との間の2子の親権者であったところ、Xらは、夫婦同氏の原則を定める民法750条が憲法24条1及び14条に反するとし、夫婦別氏の選択肢を設けない立法不作為を主張して国家賠償法1条1項により国Yに対して慰謝料を請求した。その理由としてXらは、本件は連れ子の氏も問題となった事案であり、X_1 が X_2 との再婚によって氏を変更した

ために、連れ子と同氏を称することができなくなったが（この点につきYは民法791条1項により子らと X_1 が同氏を称することができると主張）、このような連れ子の氏が問題となる本件は、民法750条を合憲とした最大判平27・12・16民集69巻8号2586頁の射程外であること等を主張した。本判決は、前掲最大判平27・12・16では本件のような連れ子のいる者が再婚した場合が考慮されていないとはいえない等として、同判決に従ってXらの請求を棄却した。本件とは別の家事審判事件についての特別抗告事件について、最大決令3・6・23裁時1770号3頁は、民法750条および戸籍法74条1号の諸規定を合憲とする判断を示した。

(2)　婚姻費用の分担

　[2] 東京家審平31・1・11判時2471号68頁は、別居先の家賃および子の習い事費用を婚姻費用の分担においてどのように評価するかが問題となった事案である。X・Y夫婦は、Yの不貞行為により不仲となりXは近隣に住居を借りて2人の子と暮らすようになった。婚姻費用の分担において、Xの年収約93万円、Yの年収約1400万円に基づいて、標準算定方式により家賃は約2万8千円として考慮されるところ、現実の家賃が10万円余であった。本審判は、Xが別居した経緯、別居先の住宅を借りた理由等を考慮して、標準算定方式に基づく家賃を超える部分についても、Yが収入に応じて分担するべきであるとの判断を示した。

　[3]、[4]、[5] は、婚姻費用分担金の減額が問題とされた事案である。[3] 東京高決令元・12・19判タ1482号102頁では、年金の受給資格を持ちながら現に受給していない者の婚姻費用の分担額の算定が問題になった。別居する夫X・妻Yの婚姻費用分

担調停が成立した年に、Xは、減収による婚姻費用の減額を求める調停を申し立て審判に移行した。翌年Xは退職したが、年金を70才まで受給しない選択をした。本決定は、年金を受給しないこととするXの独自の判断を考慮するべきではなく、Xが本来得ることができる年金収入を給与収入に換算した額を基礎に算定した婚姻費用の分担額をXが支払うべきであるとの判断を示した。本件のように年金受給の時期を遅らせる選択をすれば年金額が増えるが、その増加額が婚姻費用の分担額に与える影響については明らかにされていないという問題が本研究会において指摘された。

[4] 大阪高決令2・2・20判時2477号50頁は、夫Xが、勤務していた会社を自主退職し再就職が難しいとして、別居する妻Yに対する婚姻費用分担金の減額を求めた事案について、Xが自らの意思で退職したこと、退職直前の給与収入が婚姻費用分担金を命じる審判当時と大差なかったこと、Xの退職後の行動から就労困難とはいえないことから、減額すべき事情の変更がないとして申立てを却下した。

[5] 東京高決元・11・12家判29号70頁は、幼児教育・保育の無償化という公的支援は婚姻費用分担額の減額事由とならないとした事案である。本誌22号[5]で紹介済みである。

(3) 事実婚・婚約

[6] 東京高判令2・3・4判時2473号47頁は、同性の事実婚関係の解消に伴う損害賠償請求が問題とされた事案である。同性であるX・Yは、同居してアメリカ合衆国ニューヨーク州で婚姻登録をして結婚式を挙げた。しかし、X・Yは、YのZとの不貞行為をきっかけとして不仲となりニューヨーク州でされた婚姻を解消した。Xは、Y・Zに対し、不貞行為によりX・Yの事実婚が破綻したとして、共同不法行為に基づく損害賠償を請求した。原審は、同性のカップルであっても、その実態から内縁関係と同視できるものには、内縁関係に準じた法的保護に値する利益が認められるとしつつ、X・Yの内縁は男女間の内縁とは法的保護に値する利益の程度が異なるとして、慰謝料100万円を認めるのが相当であるとした。これに対して本判決は、慰謝料の額については原審と同様の判断を示したが、その理由について、性別によって差異を設けたのではなく、婚姻に準ずる程度とその保護の程度は、それぞれの関係の実態によって違うためであると補足している。本判決は、同性間の事実婚と異性間の事実婚について保護すべき利益の程度に差は存在しないとする判断を示した点に意義がある。本判決の評釈としては、小川恵・法セミ788号121頁、森山浩江・ジュリ1557号62頁がある。

[7] 東京高決令2・9・11金法2163号72頁は、民事執行法153条1項の債務者の生活の状況を考慮した差押禁止債権の範囲変更の判断に当たっては、債務者が同居している婚約者と認識する者が生活費を負担することを考慮して判断するべきであるとし、債務者の差押範囲の縮減を求める申立てを却下した原審に対する抗告を棄却した。

2 離婚

[8] 最一決令2・8・6民集74巻5号1529頁は、財産分与審判で分与しないとされた不動産について明渡しを命じることができるとした事案である。X・Yが離婚した後、元夫Xが元妻Yに対して財産分与の調停を申し立て審判に移行した。本件不動産は、X・Yが婚姻中の協力によって得た財産であり、X名義であったが、Yが占有していた。

第一審が、Yに本件不動産のXへの明渡しを命じたのに対し、原審はYに明渡しを命じなかった。その理由について、財産分与の審判において、X名義の不動産をYに分与しないものとされたが、この場合にはXのYに対する明渡し請求は所有権に基づく請求として民事訴訟手続によるべきであるとされた。

これに対して、本決定は、家事事件手続法154条2項4号の趣旨について、財産分与の審判の後に、審判によって形成された権利の実現を求めるために別に民事訴訟を提起しなければならないとする手続の迂遠を避けるために、家庭裁判所は必要な給付を命じることができるとされ、その上で、「家庭裁判所は、財産分与の審判において、当事者双方がその協力によって得た一方当事者の所有名義の不動産であって他方当事者が占有するものにつき、当該他方当事者に分与しないものと判断した場合、その判断に沿った権利関係を実現するため必要と認めるときは、家事事件手続法154条2項4号に基づき、当該他方当事者に対し、当該一方当事者にこれを明け渡すよう命ずることができる」とし、本件を原審に差

し戻すとの判断を示した。

本決定は、財産分与審判によって形成されたのではない法律関係に基づいて給付命令をすることを認めるという新たな解釈基準を示したものと評価される（羽生香織・上智法学 64 巻 3＝4 号 303 頁、濱﨑録・法教 483 号 166 頁、松久和彦・新判例解説 Watch 民法（家族法）No.112）。これに対して、本件不動産が X 名義の特有財産であるとしても、Y の潜在的な持分を考慮して、本件財産分与の審判により、Y から X への新たな法律関係の形成があるとみれば（今津綾子・新判例解説 Watch（民事訴訟法）No.119）、本決定は、財産分与によって形成された権利関係を実現させる家事事件手続法 154 条 2 項 4 号の従来の解釈に変更を加えたものとはいえないと解される。本件のその他の評釈としては、安西明子・民商 152 巻 2 号 77 頁等がある。

3 子の監護・面会交流

(1) 子の監護

[9] 東京高決令 2・2・18 判時 2473 号 88 頁は、別居中の夫婦相互が監護者の指定および子の引渡しを求めた事案である。X（父）・Y（母）は、平成 30 年に Y が 3 人の未成年の子 A（平成 20 年生）、B（平成 23 年生）、C（平成 26 年生）を連れて転居する形で別居した。しかし、A はすぐに自らの意思で X の住む自宅に戻った。原審は、A・B・C の監護者を X とし、B・C を X に引き渡すよう命じた。これに対して本決定は、A・B・C に同じ監護者を指定した点について、兄弟姉妹を同一監護者の下で養育するのは一般的には望ましいが、この点は 1 つの考慮要素に過ぎないとして、本件では、子の福祉の観点から、A の監護者を X とし、B・C の監護者を Y と指定する判断を示した。「きょうだい不分離」は他の考慮要素に優先するものではないとの判断を示した点に本決定の特徴がある。

[10] 大阪高決令 2・1・16 判時 2465＝2466 号 46 頁は、未成年者の祖母が、未成年者の実母と養父を相手方として、監護者を祖母と指定することを求めた事案である。Y_1 と前夫は、子 A（平成 21 年生）をもうけたが、A が生まれた年に、Y_1 は実母である X のもとに A を連れて転居し、平成 22 年 2 月には、親権者を Y_1 として前夫と離婚した。Y_1 は X と共に A を監護していたが、平成 29 年には、Y_1 が A

を X 宅から連れ出して Y_2 と共に過ごすことが増えた。このころ、A は Y らとの関係に対する不安や恐怖から心身症を発症し、小学校も休みがちになっていた。同年 3 月に Y_1・Y_2 は婚姻し、Y_2 は、Y_1 の代諾により A と養子縁組をした。平成 31 年、X が A の監護者を X に指定する審判を申し立てた。原審は民法 766 条 1 項の法意から、事実上の監護者である祖父母等も子の監護者指定の申立てをすることができるとし、祖父母等を監護者に定めるためには、親権者の監護により子の健全な成長を阻害するおそれが認められることを要するとした上で、本件では、A の監護者を X と定めるのが相当であるとして抗告を棄却した。Y らが許可抗告した。最一決令 3・3・29 裁時 1765 号 3 頁は、民法 766 条は父母の申立てを予定しているところ X は A の父母ではないから子の監護者の指定の審判を申し立てることはできないとして X の申立てを却下した。本研究会では、子の福祉を最も重視する観点から祖母を監護者に指定することを認める原審が妥当であり（子の福祉の観点から第三者の申立てを認める家裁実務を支持する学説として二宮周平・判タ 1284 号 153 頁、羽生香織・法教 489 号 168 頁）、最高裁の決定は硬直的な条文解釈を示すものであるとの批判的な意見が多数示された。類似の事案として、未成年者の祖父母による未成年者との面会交流を定める審判の申立てを認めないとの判断を示した最一決令 3・3・29 裁時 1765 号 4 頁がある。

(2) 親権者変更

[11] 水戸家土浦支審平 31・1・18 家判 31 号 106 頁は、親権者変更を本案とする審判前の保全処分として親権者の職務執行停止、職務代行者の選任が申し立てられた事案である。X・Y が協議離婚し、未成年子 A・B の親権者が Y と定められた。A・B は、Y およびその母と同居していたが、B は中学生の時に不登校になり、Y 宅を出て X の下で養育されるようになった。B の県立高校進学のための担任教師との三者面談について、Y は、自分が親権者として出席すること、B が Y 宅に戻るべきであることを述べて、X が三者面談に出席することを拒否した。X が Y に対して B の親権者の変更を本案として、審判前の保全処分として親権者の職務執行停止、職務代行者の選任を申し立てたのに対し、本案審判が効力を生ずるまでの間、Y の B の親権者としての職務の執

行を停止し、代行者にXを選任する判断が示された。

(3) 面会交流

[12] 福岡家審令2・1・10家判30号88頁は、具体的な内容を当事者の協議に委ねた面会交流の審判について、給付の内容を特定すべきとして、審判の主文を変更した事例である。Xは、離婚した元妻Yが監護養育している子Aとの面会交流を求めて調停を申し立てたところ、前件審判手続に移行し、同審判においては、直接的な面会交流について、年に3回（3月、7月、12月）、各2時間とし、その具体的な日時、場所及び方法については事前に協議して定めることとされた。しかし、Yは面会交流義務を履行せず、Xが再び面会交流調停の申立てをし、審判手続に移行した。本審判は、XとAとの面会交流を拒否するYの姿勢が強固であること、Yが面会交流について協議することを拒否していることから、給付内容を特定するべきであるとして、面会交流の時間等を定め、前件審判の主文のうち必要な部分を変更した。

[13] 名古屋高決令2・3・18判タ1482号91頁は、子が面会交流を拒む意向を示している場合における間接強制の可否が問題となった事案である。X（父）・Y（母）が、長男Aの親権者をYと定めて離婚した。Aが小学校6年生の時、XのAとの面会交流についての審判において、2月に1度、土曜日か日曜日の3時間程度とする判断（本件決定）が示され、これにしたがった面会交流が1年半ほど行われていた。しかし、その後面会交流が実施されなくなり、Xが、Yに対する間接強制執行の申立てをした。本決定は、本件決定から3年以上が経過し、Aが高校へ進学する直前の15歳に到達し、「独立した人格として自らの意向を表明することができる能力を有する段階に達し」、面会交流を拒む意思を表明している等の事情から、面会交流をさせる債務はYの意思のみによって履行することができない債務になっているとして、間接強制の申立てを認めない判断を示した。なお、本決定の理由において子が満15歳以上の場合における子の陳述の聴取義務を規定した家事事件手続法152条2項が根拠として示されている。子、とりわけ15歳以上の子が面会交流を拒む意向を示していることが間接強制の認否の判断において考慮されている点で本決定は子の意向を尊重する実務の傾向を示す。

(4) 子の引渡し

[14] 大阪高決元・6・21判タ1478号94頁は、未成年者が監護者である母との同居を拒み父との同居を強く望んでいること等を理由として、父を監護者に指定し、母による子の引渡しの申立てを却下した事案である。本誌22号[11]で紹介済みである。

4 後見

[15][16]は任意後見と法定後見の関係が問題とされた事案である。[15] 高松高決令元・12・13判時2478号70頁では、Aの二女Xが、Aについて後見開始の審判を申し立て、後に保佐開始の審判及び代理権付与の審判の申立てに変更したところ、法定後見の開始に反対したB（Aの孫）がAと任意後見契約を締結して登記が経由された。任意後見法10条1項によると、任意後見契約が登記されている場合には、「本人の利益のため特に必要があると認めるときに限り」保佐開始の審判をすることができるとされるところ、本決定は、この要件が認められないとして原審判を取り消し、保佐開始の審判の申立てを却下した。本件については合田篤子会員による本誌本号の評釈がある。[16] 水戸家審令2・3・9判タ1480号253頁では、Aは弁護士であるBとの間で任意後見契約を締結し、登記が経由された。甲事件においては、Aにつき、その養子Cが成年後見開始の審判を申し立てた。その後、乙事件においては、Bは任意後見契約監督人の選任を申し立てた。Bは、Aの妻Dの成年後見人として、Cの離縁の訴えを提起するなどして、Cと敵対関係にあった。離縁の訴えは認容されている。また、Aは、弟EおよびAの甥かつ養子であるFとの間で寄託契約を締結して、Aの口座から金員が引き出されていたが、BはE・Fと知人であった。本審判は、Bが任意後見人となることにより、権限が濫用される具体的なおそれまでは認められないとしつつ、同意権・取消権のない任意後見制度では本人の保護につき問題があることから、任意後見契約が登記されている場合における後見開始の審判の要件である、任意後見法10条1項の「本人の利益のため特に必要があると認められる」場合に本件があたるとして、甲事件の申立てを認容し、成年後見人として中立的な第三者である弁護士を選任し、乙事件の申立てを却下した。本研究会では、親族間に争いのある事例で最

終的に本人の利益をどのように守るかという点が任意後見法10条1項の解釈において重要であるところ、本事案では特にこの点を重視した判断がされていることが指摘された。

5 相続

[17] 大阪高決令2・2・27判時2480号16頁は、相続人が配偶者である場合における廃除の基準について判断を示した事案である。原審は被相続人Aの配偶者Yの廃除を認める決定をしたが、本決定は、民法892条の相続人の廃除は、被相続人との「人的信頼関係を破壊」し、推定相続人から遺留分を奪うことが正当と評価できる程度の重大な行為がなければならないとし、これは配偶者が推定相続人である場合には、離婚原因である「婚姻を継続し難い重大な事由」（民770条1項5号）に匹敵する程度であるとした。そして、本件では、たしかにA・Yは不和であり離婚訴訟が係属していたが、離婚の請求は棄却されており、また、A・Yが不和であった期間は約5年間であり、約44年間の婚姻期間に比して短く、Aの遺産の形成にYが寄与したとみられるため、Yの行為はYの遺留分を奪うことが正当と評価できるほど重大とはいえず廃除事由に該当しないとして、原審判を取り消し、本件申立てを却下した。本研究会においては、本決定では被相続人と長期にわたって婚姻関係にあった生存配偶者の潜在的持分の清算を確保するという点が廃除の可否の判断枠組みに取り入れられていることが指摘された。

[18] 東京地判令元・9・5判時2461号14頁は、再転相続における熟慮期間の起算点が争われた事案である。金融機関Aは、Bに対して住宅ローン債権を有していたが、同債権につきBの妻Cが連帯保証をしていた。平成15年にCが死亡し、BおよびD・E（Cの父母）がCを相続した後、翌年にDが死亡し、EおよびY（Dの子、Cの弟）がDを相続した。平成30年にはEが死亡し、子YがEを相続した。同年、本件貸金債権の譲受人Xによる譲渡の通知がYに到達した。YはCを被相続人とする相続について放棄をした。Xは、Cの連帯保証債務を、第1にCの死亡によりD・Eが承継し、第2にD・Eの死亡によりYが相続したとして、Cの保証債務に基づきYに対して302万円余の支払を求めた。熟慮期間の起算点については、①Cを相続したD・E、および②D・

Eを相続したYについて問題となった。本判決は、①について、D・EがCに相続財産がないと信じていたために相続放棄をせず、かつ信じたことに相当の理由があるとして、熟慮期間が経過しておらず、D・EはCの相続につき放棄しうる状態で死亡したとし、②について、Cを被相続人とする相続について放棄しうるD・Eの地位を承継したY（再転相続人）にとっての放棄の熟慮期間の起算点は、D・Eのそのような地位をYが承継した事実を知った時であるとした（最二判令元・8・9民集73巻3号293頁）。さらに、②では、この事実を知った場合でも、①と同様にYが被相続人に相続財産が全く存在しないと信じ、信じたことに相当の事由があるときは、熟慮期間は進行しないとし、本件では、Yにこのような事由があるため、Yの相続放棄は熟慮期間内になされたと認められるとし、Cの保証債務に基づく支払についてのXの請求を棄却した。

[19] 東京地判平31・4・26判タ1478号214頁は、預金債権の共同相続において金融期間が共同相続人の1人に払戻しをした事案である。被相続人Aを、Yら3名（持分合計1/3）、B（持分1/3）、Z（持分1/3）が相続した。ZはBから相続分の譲渡を受け、その結果、Yらは1/3、Zは2/3の相続分を有することなった。Aの相続財産であるX金融機関に対する普通預金債権について、Zは、Xの担当者Cに対し、相続人はZ・Bのみであると説明し、戸籍謄本等の書類の一部を提出した。Xは、Aの相続関係を確認できる書類が完全には提示されていないにもかかわらず、本件預金債権の全額についてZに払戻しを行った。Xは、Yら及びZに対して、本件払戻しは債権の準占有者に対する弁済（平成29年債権法改正前民478条）として有効であるとし、預金債権の払戻債務の不存在の確認を求めた。本判決は、Xは、Aの相続に必要な全ての戸籍謄本を確認する必要があり、金融機関として高度の注意義務を負っているところ、このような注意義務を怠ったため過失が認められ、本件払戻しのうち2/3を超過する部分の弁済は無効であるとしてXの請求を棄却した。

[20] 東京高決平30・11・30家判31号90頁は、特別受益における持戻し免除の意思表示についての事案である。Xは被相続人A・Bの二男であり、Yは長女である。A・Bの相続について併合された遺産分割審判において、XがAから受けた200万円の生前贈与について、原審は、相続人間の公平性を考

慮して特別受益に当たるとしながら、100万円については、孫の誕生の祝い金であり親としての通常の扶養義務の範囲に入るため、持戻し免除の意思表示を推認しうるとの判断を示した。Yが抗告したが、本決定は、原審判の判断を妥当とし、抗告を棄却した。本決定の詳細については、松尾知子会員による本誌本号の評釈を参照されたい。

次の [21][22] は特別縁故者による財産分与の請求の事案である。[21] 大阪家審令元・10・21 家判30号94頁は、報酬を受けた被相続人の親族後見人が特別縁故者として財産分与を申し立てた事案である。被相続人Aは、夫Bの死後、認知症を患い、Bの兄であるCの世話を受けるようになった。CはAの世話に加えて、Aの母Dの財産管理および身上監護事務を行った。Cは、Aについて成年後見の開始の審判を申し立て、同年Cが後見人に選任され、後見が開始した。Cは、Aの財産から計983万円（17年間分）を後見人の報酬として受けた。Aの死後、Cの申立てにより相続財産管理人としてEが選任された。Cは、特別縁故者としての財産分与の申立てをした後死亡し、Cの相続人Xら3名が手続を承継した。本審判は、第1に、CによるAの援助は、親族としての通常の交際の範囲を超え、同時に成年後見人の通常の職務の程度をも超えるとしてCの特別縁故者への該当性を認めた。第2に、分与額について、後見人在任中のCの行為は、報酬を受けているために重視しえないが、後見人選任前におけるAへの援助等は相応に重視するべきであるとし、Aの全財産の10%を超える1200万円を分与するのを相当とする判断を示した。[22] 東京家審令2・6・26 家判31号100頁は、被相続人と長年親しく交流を続けてきた従兄弟が特別縁故者としての財産分与を申し立てた事案である。被相続人Aの従兄弟であるXら2名は、幼少の頃から祖父母のもとに集まってAと親しく交流し、社会人となった後も、親睦会に集まるなどして交流を続けた。Aの死亡時には、XらはAの遺体の身元確認をし、遺体を引き取って喪主として葬儀をするなどした。本審判は、AとXらの関係は、通常の親族としての交際の範囲を超え、相続財産をXらに分与することがAの意思に合致するとみられる程に親密であったとし、民法958条の3第1項の「その他被相続人と特別の縁故があった者」として特別縁故者に該当するとし、分与額については、XらがAの財産の増加に寄与したことを示す明

確で具体的な事実はないとして、相続財産全体の低い割合による各5000万円の分与を相当とする判断を示した。

[23] 東京高決令元・11・25 判時 2450=2451 号 5頁は、相続放棄において熟慮期間が問題となった事案で、放棄をしようとする者の手続についての誤解や相続財産についての情報不足等についてやむを得ない事由があったとして、熟慮期間の進行の開始を遅らせる判断を示した。本誌 22 号 [28] で紹介済みである。

6　遺言・遺言執行

(1)　危急時遺言

[24] 東京高決令2・6・26 判時 2477 号 46 頁は、民法976条4項の家庭裁判所による危急時遺言の確認における、民法976条5項の遺言者の真意に出たものであるとの心証の程度が問題とされた事案である。原審は、本件遺言は、遺言者が遺言の趣旨や効果を理解した上で口授したことに疑義が残り、遺言者の真意に出たものと認められないとして、証人 X_1 による遺言確認の申立てを却下した。X_1 および遺言者の長男である X_2（原審利害関係人）がこれを不服として即時抗告した。本決定は、遺言の確認を得なければ遺言が効力を生じないことが確定することから、遺言者の真意についての心証は、確信の程度にまで及ぶ必要はなく、一応遺言者の真意に適うと判断される程度で足りるとの判断基準を提示し、原審判を取り消して本件遺言を確認した。

(2)　遺言執行者

[25] 広島高判平31・3・14 判時 2474 号 106 頁は遺言執行者の職務について判断を示した。被相続人Aは、Xに全財産を包括遺贈し、遺言執行者をYと指定する遺言をして死亡した。Aの唯一の相続人であるB（Aの養子）がYに対して遺留分減殺請求権を行使する意思表示をした。Yは、Aの遺産に属する本件不動産について、Xが留保するよう求めたのにも拘わらず、移転登記手続をした。そこでXは、Yによる移転登記は、BおよびXの利益を害するとし、Yに対して不法行為に基づく損害賠償を請求した（Bの賠償請求権はXに譲渡された）。本判決は、遺言執行者は、遺留分権利者と受遺者の利害に反して遺言を執行しても、直ちに違法な職務執行を

したとはいえないとしつつ、遺留分権利者や受遺者の利益を不当に侵害する社会的相当性を逸脱した執行をしたときは、善管注意義務（1012条2項、644条）に反し不法行為が成立するとし、Xについてはその意思に反して登記手続をしたこと等から不法行為が成立するとした。これに対してBに対しては、遺留分権利者であるBに対する直接の所有権移転登記をすることができない可能性があること等から（2018年の相続法改正後の遺留分制度では、Xは、遺留分侵害額請求権を行使することにより（1046条）金銭債権を取得するのみであり所有権を取得しないため、所有権移転登記は問題とならない）、Yによる不法行為は成立しないとした。

7　戸籍

[26] 東京家審令元・7・26 家判32号83頁は、有罪判決を受けた者がインターネット上に流布した犯罪記事により、就職が不可能な状態になっているとして、名の変更の審判を求める申立てをしたところ、犯罪歴を企業に知られることで採用を拒否される不利益は社会生活上やむを得ないものである等として戸籍法107条の2による名の変更を認める「正当な事由」は存在しないとして申立てを却下した。本誌21号 [26] で紹介済みである。

8　渉外

ハーグ条約実施法に基づく返還請求の事例として3件の裁判例が公刊された。[27] 大阪高決令元・10・16 家判32号62頁は、子がスリランカと日本とを行き来していた場合における子の常居所地が問題となった事案である。子は、スリランカの学校に通学していたものの、日本にも3、4か月に一度は帰国して小学校に通学していた。本決定は、社会的結び付きはスリランカよりも日本の方が強かったとし、子の常居所地は日本であるとして、父からのスリランカへの子の返還の申立てを却下した原決定を相当であるとして抗告を棄却した。[28] 東京高決令2・6・12 家判32号52頁は、子がアメリカ合衆国（以下「米国」とする）と日本とを行き来していた場合における子の常居所地が問題となった事案である。本決定は、幼い子（本件では子は5才）の常居所の獲得については、両親の意図を考慮して判

断するべきとした。本件では、両親が米国に相当長期わたり滞在する意図があったと認められること、米国に1年7か月滞在して安定した生活環境の下で養育されていたことから、子の常居所地国は米国であったとの判断を示した。また、同法28条1項4号（重大な危険）の返還許否事由があると認められないことから、本決定は、母からの米国への子の返還の申立てを認容した原決定は相当であるとして抗告を棄却した。[29] 東京高決令2・1・21 家判31号70頁は、子の父が、子を留置して日本に住む母に対して、常居所地国である米国に子を返還するよう求めた事案である。同法28条1項4号所定の返還許否事由が問題となった。同決定は、父の大麻の使用が子の心身に有害な影響を及ぼす言動に該当するとまではいえないこと、父の母に対する暴力については、最後に暴力を受けてから2年間暴力がなく、子に心理的外傷を与える暴力を母が父から受けるおそれがあるとはいえないこと、子の米国への返還が命じられたとしても母が自殺をする可能性が高いとはいえないこと等から、子を米国に返還するよう命じた。[30] 東京高決平31・3・27 判時2444号13頁は、ハーグ条約実施法28条の子の返還許否事由に関して重大な危険があるとは認められない等として子の返還を命じた事案であり、本誌22号 [41] に紹介済みである。[31] 東京家審令元・12・6 判時2456号123頁は、ハーグ条約実施法に関して「子の返還を命じる終局決定」の変更を定めるハーグ条約実施法117条1項を、「子を返還する旨の調停条項」に類推適用することができるとされた事案である。本誌22号 [37] で紹介済みである。

[32] 東京家判令2・3・23 判タ1483号251頁は、離婚の準拠法および方式の違法性が問題となった事案である。Xおよび亡Aは日本人として日本国内で生まれたが、後に渡米して昭和54年からはカリフォルニア州で婚姻生活を送るようになり、平成10年にはXが、平成11年にはAが、米国籍を取得して日本国籍を喪失した。その後、平成11年の秋にX・Aは離婚届（離婚の種別は協議離婚とされた）を日本国総領事宛てに提出し、Xは日本に入国した。Aは、平成12年にB（被告補助参加人）と婚姻し平成29年に死亡した。Xは検察官Yを被告としX・Aの離婚の無効の確認を求めて訴えを提起した。第一審は却下し、控訴審判決は第一審判決を取り消して本件を家庭裁判所に差し戻した。本判決は、離婚

の「方式」について、カリフォルニア州家族法の離婚では協議離婚が認められず裁判による判決が必要であるため、本件離婚は「方式」において違法であり無効であるとした。国によって離婚の方法についての規律が大きく異なるために、準拠法が重要な意義を有することを示す事案である。

[33] 最三判令2・7・7民集74巻4号1152頁は、嫡出でない子と母との親子関係の成立についての準拠法が問題となった事案である。本誌22号 [35] で紹介済みである。

[34] 千葉家松戸支判令2・5・14判時2465＝2466号117頁は渉外的な親子関係の成立の場面で民法773条の類推適用を認めた事案である。日本国籍を有するAは、ナイジェリア国籍を有するYと婚姻し、離婚した同じ年にナイジェリア国籍を有するXと婚姻した。AはYと離婚してから245日後に日本でBを産んだが、Xは、Bが自らの子であることの確定を求めて訴えを提起した。本判決は、嫡出性取得について、通則法28条1項により、子の出生当時における夫婦の一方の本国法によることとなり、本件では母Aが再婚後に子Bを出産しているから、前婚と後婚の双方につきBの出生当時における夫婦の一方の本国法を適用することになるとした。そして、前婚については、Aの本国法である日本法によれば、民法772条によりBはYの子と推定され、後婚に

ついては、Xの本国法であるナイジェリア法によると、AはBを出産した時点でXと婚姻関係にあったため、BはXの子と推定され、嫡出推定が重複する事態が生じているところ、条理に従って民法773条を類推適用しBの父をXと定める判断が示された。

9　その他

[35] 東京高判平29・5・31家判32号72頁は、家庭裁判所の調停において、当事者の1人が、調停が拘束力を有するものではないとの錯誤に陥っていたとして、調停の無効の確認を求める訴えを地方裁判所に提起した事案である。本判決は、「家庭裁判所と地方裁判所は、職分管轄を異にする一審裁判所であり、その間に優劣はなく」、家庭裁判所で成立した調停の無効確認を求めて地方裁判所に訴えを提起することはできないとして、訴えを却下した。

（あおたけ・みか）

環境裁判例の動向

越智敏裕 上智大学教授

桑原勇進 上智大学教授

環境判例研究会

　本稿では判時 2461 号〜 2478 号、判タ 1478 号〜 1483 号、判例自治 466 号〜 471 号及び 2021 年前期に裁判所のウェブサイトに掲載された環境分野の裁判例を紹介する。1 〜 3 は越智が、4 〜 5 は桑原が担当した。

1　公害・生活妨害〜気候変動

　[1] 仙台地判令 2・10・28 判時 2467 号 86 頁（島村健・新判例解説 Watch 28 号 321 頁）は、石炭火力発電所の周辺住民 X らが、発電所の運転により、X らの平穏生活権が侵害されていると主張して、Y（仙台パワーステーション株式会社）を被告として、平穏生活権に基づき運転差止めを求めた事案で、次のように判示して請求を棄却した。

　環境汚染による不安を抱くことなく日常生活を送る権利（平穏生活権）は、憲法 13 条・25 条の法意に照らし、人格権に由来するものとして保障される。他方、環境の保全とこれに伴う規制は、第一次的には民主的手続により定められた行政法規、刑罰法規等によることが予定されているから、社会公共の利益に鑑み、上記不安を受忍すべき場合もある。したがって、環境汚染行為は、①行政法規、刑罰法規等に違反し、②公序良俗違反や権利の濫用に該当し、③環境汚染の態様や程度が特別顕著なものであるなど、環境汚染の態様や程度の面において社会的に容認された行為としての相当性を欠くといえる場合に、平穏生活権を侵害するものとして、違法となる。少なくとも現時点では、排出される大気汚染物質の実測値は環境基準等をいずれも下回り、周辺地域における実測値も運転前と比較しても通常の変動の範囲内で推移していること等の事情を総合考慮すれば、Y が環境コミュニケーションの積極的推進の点で公害防止協定の規定に違反している事情を考慮しても、環境汚染の態様や程度が特別顕著とは認められないから、環境汚染の態様や程度の面で社会的相当性を欠くとはいえない（なお、X らは気候変動対策として本件訴訟を提起したが、本判決では議論されなかった）。本件では争点整理の結果、X らは個別健康被害に基づく身体的人格権侵害を主張しないこととしたため、この点については判断されていない。X らは本件発電所のばい煙による直接の個別的な健康被害ではなく、汚染物質の大気拡散シミュレーションを行い、疫学的知見と曝露人口データを照合して、X らが早期死亡等の健康被害を受ける蓋然性の立証をしようとしたが、本判決は認めなかった（上記島村解説参照）。

　控訴審である [2] 仙台高判令 3・4・27 LEX/DB 25569627 は、原判決の判断枠組みを採用せず、次のように判示した。本件発電所の運転により、大気汚染の原因となる有害物質が相当程度排出され、その拡散により X らを始めとする周辺住民の健康被害をもたらす抽象的危険は否定し難いものの、現実に排出される大気汚染物質は環境対策により公害防止協定に定めた排出基準を大幅に下回り、発電所の運転後も周辺地域における PM2.5 又は二酸化窒素の測定値が環境基準を下回る状態で推移し、発電所の運転により大気汚染状況が悪化したことを具体的に裏付ける事情はなく、現段階で X らに健康被害が発生する具体的危険性は認められない。したがって、X らが受ける健康被害の危険性は、社会生活上受忍すべき限度を超える身体的人格権ないし平穏生活権の侵害とまでは認められない。

　[3] 大阪地判令 3・3・15 LEX/DB 25571425 は、A が石炭火力発電所の設置を計画している地域の周辺住民 X らが、<1> A が環境影響評価法 21 条 2 項の規定により作成した環境影響評価書を経済産業大臣に届け出たところ（電気事業法 46 条の 16）、経済産業大臣が同法 46 条の 17 第 2 項に基づき、A に対して、同条 1 項の規定による評価書の変更命令をする必要がない旨の通知をした確定通知が違法であるとして、その取消しを求め、<2> 行訴法 4 条の当事者訴訟として、経済産業大臣が電気事業法 39 条

1項に基づく主務省令において、火力発電所からの二酸化炭素の排出規制に係るパリ協定に整合する規定を定めていないことの違法確認を求めた事案である。

本判決は、<1>につき、①対象事業実施区域の周辺住民のうち大気汚染による健康・生活環境に係る著しい被害を直接的に受けるおそれのある者は、確定通知取消訴訟の原告適格を有するが、②二酸化炭素の排出に起因する地球温暖化によって健康等に係る被害を受けると主張する者は、原告適格を有しないとしたうえで、③本件確定通知をした経済産業大臣の判断は重要な事実の基礎を欠くか、又は社会通念に照らし著しく妥当性を欠くものと認められず、また、④二酸化炭素の排出に関する環境影響評価の誤り及び環境保全についての適正配慮欠如の主張は、自己の法律上の利益に関係のない違法を主張するもので、行訴法10条1項の制限を受けるとし、さらに<2>につき、確認の対象としての適格を欠き、即時確定の利益も認められないとして、訴えを却下した（詳しくは本誌・島村健解説参照）。

[4] 札幌地判令2・11・30LEX/DB25571557は、Yの建築した建物により、北側の隣接土地建物を所有し、居住するXが日照権や人格権を侵害されていると主張して、2階東部分の切除及び撤去と、不法行為に基づく損害賠償を求めた事案で、次のように述べて、請求をいずれも棄却した。

Xの建物に、冬至において1階のうち60%の部分に6時間中4時間以上の日影を生じさせるものの、①Yの建物は日影規制（第1種低層住居専用地域、高度地区・北側斜線高度地区）を満たし、法令上建築が許容されていること、②この地域の周辺建物の状況に照らして、北側に寄せて隣接する2階建て建物が建築されることを想定し得るし、Yの建物は想定の範囲を逸脱していないこと、③仮にY土地上にあった旧建物による日影形成状況が異なるものであっても、従前の状況を将来も固定的に享受し得るとみるべきでないこと、④Xの建物の最も日影時間が長い場所を普段使いする者がおらず、その限度で居住者の感じる日影の影響は限定的ともいえること、⑤Yの行動は法令の制限内で建物を建築する者の通常の行動を逸脱しておらず、権利濫用やXの生活利益を侵害する意図もないことからすれば、Xの日照に係る生活利益が社会生活上受忍すべき程度を超える侵害はない。また、X建物の居室からの眺望が変化し、これによって視野が阻害され、圧迫される感覚に至るとしても、受忍限度を超えたとは言えないとした。

2　化学物質・有害物質

いわゆる建設アスベストにかかる最高裁判決が同日に4つ出された。

[5] 最一判令3・5・17（平30（受）1447等）裁時1768号2頁は、<1>旧労働大臣が建設現場における石綿関連疾患の発生防止のために労働安全衛生法（安衛法）に基づく規制権限を行使しなかったことが、屋内建設作業に従事して石綿粉じんにばく露した労働者及び労働者に該当しない者（被災大工）との関係で、国賠法1条の違法があるとし、<2>石綿含有建材を製造販売した建材メーカーらも、民法719条1項後段の類推適用により、各損害の3分の1について連帯して責任を負うとした。主な概要は次の通り。

まず<1>国の責任について、旧労働大臣は、石綿規制を強化する昭和50年の改正後特化則が一部を除き施行された同年10月1日には、<A>安衛法に基づく規制権限を行使して、通達を発出するなどして、①石綿含有建材の表示及び石綿含有建材を取り扱う建設現場における掲示として、石綿含有建材から生ずる粉じんを吸入すると重篤な石綿関連疾患発症の危険があること、②石綿含有建材の切断等の石綿粉じんを発散させる作業及びその周囲における作業をする際には必ず適切な防じんマスクを着用する必要があることを示すように指導監督するとともに、<B>安衛法に基づく省令制定権限を行使して、事業者に対し、屋内建設現場で上記各作業に労働者を従事させる場合に呼吸用保護具の使用を義務付けるべきであったとし、同日以降の安衛法に基づく上記の各権限の不行使は、屋内建設現場の建設作業に従事して石綿粉じんにばく露した労働者との関係で、違法であるとした。

この点、原審・東京高判平29・10・27判タ1444号137頁（大塚直・Law&Technology79号1頁）は、①昭和55年12月31日以前、及び②平成7年4月1日以降の規制権限の不行使は違法でないとし、また、③安衛法22条、57条及び59条に基づく規制権限の保護対象者は、安衛法2条2号の「労働者」であり、当該労働者と認められないいわゆる一人親方及び個人事業主等との関係では違法でないとしていたが、本判決はこの点を変更した。

次に<2>建材メーカーらは、石綿含有建材を製造販売する際に、当該建材が石綿を含有しており、当該建材から生ずる粉じんを吸入すると石綿肺、肺がん、中皮腫等の重篤な石綿関連疾患を発症する危険があること等を当該建材に表示する義務を負って

いたのに、これを履行していなかったとした。そして、①民法719条1項後段の解釈につき、原審のように損害をそれのみで惹起し得る行為をした者が他に存在する場合にまで適用すれば、実際には被害者に損害を加えていない者らのみに損害賠償責任を負わせることとなりかねず相当ではないとして、「被害者によって特定された複数の行為者のほかに被害者の損害をそれのみで惹起し得る行為をした者が存在しないことは、民法719条1項後段の適用の要件である」としたうえで、被害者保護の見地から同項後段が適用される場合との均衡を図って、同項後段の類推適用により、因果関係の立証責任が転換されるとし、建材メーカーらは、民法719条1項後段の類推適用により、各損害の3分の1について、連帯して責任を負うとした。

この点、原審は、石綿粉じんの少量のばく露によっても発症し得る中皮腫とそれ以外の石綿関連疾患を区別し、後者につきマーケットシェアを考慮し、発症への寄与度を認定して賠償額を算定していた。これは、被害者の損害をそれのみで惹起し得る行為をした者（単独惹起力を持つ者）の不存在の主張立証がなくても法719条1項後段適用を認めた判断であったが、本判決はマーケットシェアが労働者らの石綿関連疾患の発症に与えた影響の程度にそのまま反映されるものとはいい難く、個別にどの程度の影響を与えたのかは明らかでないとして、これを採用しなかった。

また、建物工事現場で重篤な石綿関連疾患を発症の危険があることは、石綿含有建材に付された表示を契機として、当該工事の監督者等を通じて、一旦使用された石綿含有建材に後から作業をする者にも伝達されるべきものであるから、建材メーカーは、当該建材を最初に使用する際の作業従事者のみならず、当該建材が一旦使用された後に配線や配管のため穴を開ける作業等をする者に対する関係でも表示義務を負担するものとして、原審を変更した。

これに対し、**[6]** 最一判令3・5・17（平31（受）290等）裁時1768号17頁は、屋外の建設現場における石綿含有建材の切断、設置等の作業に従事する者が石綿粉じんにばく露したことにより中皮腫にり患したとしても、<1> 国が（日本産業衛生学会による勧告のあった）平成13年から平成16年9月30日までの期間に、上記作業に従事する者に石綿関連疾患にり患する危険が生じていることを認識できたとはいえず、厚生労働大臣が、平成14年1月1日から（厚労省が告示により規制を強化する前日である）平成16年9月30日までの期間に、安衛法に基づく

規制権限を行使して、石綿含有建材の表示及び石綿含有建材を取り扱う建設現場における掲示として、石綿含有建材から生ずる粉じんにばく露すると石綿肺、肺がん、中皮腫等の重篤な石綿関連疾患にり患する危険がある旨を示すこと等を義務付けなかったことは違法とはいえないとし、<2> 建材メーカーとの関係でも、同様の時期に認識はできなかったとして、それぞれ原判決・大阪高判平30・8・31判時2404号4頁（大塚直・リマークス60号58頁、島村健・新・判例解説Watch25号287頁）を破棄して、一審原告らの請求を棄却した。

[7] 最一判令3・5・17（平31（受）491等）裁時1768号20頁は、上記 **[5]** 判決を引用し、原審である大阪高判平30・9・20判時2404号240頁（大塚直・リマークス60号58頁）が、<1> 国との関係で、建設作業従事者であったX₁につき、いわゆる一人親方及び個人事業主等との関係でも違法になりえないとした部分を破棄し、差し戻した。また、上記 **[6]** 判決と同様に、<2> 建材メーカーとの関係で屋外建設作業従事者であったX₂らにつき、建材メーカーが、自らの製造販売する石綿含有建材を使用する屋外の建設作業に従事して石綿粉じんにばく露した者に対し、重篤な石綿関連疾患にり患する危険があること等の表示をすべき義務を負っていたとはいえないとして、建材メーカー敗訴部分を破棄して、控訴を棄却した。

[8] 最一判令3・5・17（平31（受）596）裁時1768号23頁は、原告側の採る立証手法を一律に否定した原審・東京高判平30・3・14LEX/DB25560269の判断には、経験則又は採証法則に反する違法があるとした。具体的には、次の(1)から(5)までの手順による立証手法により、特定の建材メーカーの製造販売した石綿含有建材が特定の建設作業従事者の作業する建設現場に相当回数にわたり到達していたとの事実が立証され得るとして原判決を破棄し、差し戻した。

(1)国交省及び経産省の公表データベースに掲載されるなどした石綿含有建材を複数の種別に分類し、建設作業従事者らの職種ごとに、直接取り扱う頻度が高く、取り扱う時間も長く、取り扱う際に多量の石綿粉じんにばく露するといえる種別を選定する。

(2)建設作業に従事していた地域での販売量が僅かであるもの等を除外し、さらに、従事者ごとに、従事した期間とその建材の製造期間との重なりが1年未満である可能性のあるもの等を除外する。

(3)同種の建材の中での市場占有率がおおむね

10% 以上であるものは、その市場占有率を用いた確率計算を考慮して、建設作業従事者の建設現場に到達した蓋然性が高いものとする。

（4）建設作業従事者がその取り扱った石綿含有建材の名称、製造者等につき具体的な記憶に基づいて供述等をする場合には、その供述等により建設現場に到達した石綿含有建材を特定することを検討する。

（5）建材メーカーらから、自社の石綿含有建材につき販売量が少なかったこと等が具体的な根拠に基づいて指摘された場合には、その建材を除外することを検討する。

[9] 東京高判令2・8・28判時2468＝2469号15頁は、<1>国が、昭和50年10月1日以降、呼吸用保護具の使用の義務付け、建築作業場における石綿取扱い上の注意事項等の掲示の義務付け、石綿含有建材の包装等への警告表示等の義務付けをしなかったことは違法であるとして、労働者及び一人親方等に対して国賠法1条1項に基づく責任を負うとし、<2>建材メーカーは、石綿含有建材の製造販売行為が石綿粉じんばく露の蓄積への寄与が認められる場合には、他に寄与者がいないことの証明がなく、また、その寄与の程度が不明であっても、民法719条1項後段を類推適用して、石綿関連疾患発症との間の因果関係を推定し、他方、行為者の行為が結果の全部又は一部との間に因果関係がないことの証明があれば、寄与度に基づく責任の減免が認められるものとして、原判決を変更の上、それぞれ請求の一部を認容した。上告中であるが、上記最判と概ね整合する判示と言えようか。なお、本件では専ら屋外作業にのみ従事したと認められる者は存在しないとして、屋外作業従事者との関係における規制権限不行使の違法は検討されていない。

3　原子力施設

(1)　運転差止

[10] 広島高決令3・3・18LEX/DB25571455は、債務者Y（四国電力）の伊方原発3号機の周辺住民Xらが、人格権に基づいてその運転差止めを命ずる仮処分命令を申し立てた事案で、次のように述べて、差止めを命じた抗告審決定を取り消し、Xらの抗告を棄却した。

①現在の科学的知見からして、本件原子炉の運転期間中にその安全性に影響を及ぼす大規模自然災害の発生する可能性が具体的に高く、Xらの生命・身体・健康が侵害される具体的危険が認められなければ、運転差止めは命じられない。この疎明責任は

Xらが負うべきであり、福島事故による影響の甚大性等を考慮しても、独自の科学的知見を有しない裁判所において、本件原子炉の存在及びXらの居住状況から、直ちにXらの生命等が侵害される具体的危険があると事実上推認することは相当でない。②Yが行った海上音波探査の結果、本件発電所敷地の2km以内に活断層はないとしたYの評価に不合理な点はないし、Xらが指摘するモデルを将来発生する地震動の予測に用いることの当否は明らかでなく、Yによる基準地震動の算定が不合理とは認められない。③阿蘇が本件原子炉の運転期間中その安全性に影響を及ぼすような規模の噴火を引き起こす具体的危険の有無については、専門家の間でもそれぞれの分析結果等に基づいて意見が分かれており、現在の科学的知見からして、阿蘇が噴火を引き起こす可能性が具体的に高いとは認められず、上記具体的危険の疎明はない。

本決定は、Xらの申立てを却下した山口地岩国支決平31・3・15LEX/DB25562705につき即時抗告がされ、広島高決令2・1・17LEX/DB25565335がこれを認容して運転を差し止めたため、Yがした保全異議の申立てを認容して、差止めの仮処分を取り消したものである。この判断の変更には、上記①のとおり、疎明責任は、民事保全事件の原則のとおり債権者らが負うべきであり、取消訴訟についての判断である伊方判決の審理判断基準を「持ち込む」べきでないと明言する審理方法の影響も考えられる。

[11] 大阪地決令3・3・17LEX/DB25571445は、高浜発電所、大飯発電所及び美浜発電所から約15〜120km圏に居住する債権者Xらが、本件各原発を設置する債務者Y（関西電力）に対し、新型コロナウイルス感染症の感染拡大状況の下では、本件各原発において事故が発生した際に円滑に避難できないために放射線に被曝することによりXらの人格権が侵害される具体的危険があるとして、人格権に基づく妨害排除請求権に基づき、本件各原子炉の運転差止めを求める仮処分を求めた事案で、次のように述べて申立てを却下した。

国際原子力機関や原子力規制委員会の新規制基準における深層防護の概念ないし同概念に基づく安全設計は、あくまでも予防的な観点から防護を確実にするために求められるものであって、第5層の防護（放射性物質が原子力施設外に放出されることを前提とした避難計画）に不備があれば即座に地域住民に放射線被害が及ぶ危険が生じることを意味するものではなく、本件各原発の稼働によりXらが安全に避難できず放射線被害が発生するといった人格権侵

害に対する具体的危険があるといえるためには、避難計画の不備のみでは足りず、その前提として、Xらが避難を要するような、本件各原発の外に放射性物質が放出される事故が発生する具体的危険を主張し、個別具体的に疎明する必要があるところ、本件ではこれがないから、本件申立ては理由がない。

これに対し、**[12] 水戸地判令3・3・18LEX/DB 25569650** は、茨城県を含む1都1府8県に居住するXらが、Y（日本原電）を被告として、Yの東海第二発電所の運転により、Xらの人格権が侵害される具体的危険性があるとして原子炉運転の差止めを求めた事案で、深層防護の第1から第4の防護レベルに係る事項については、新規制基準に不合理な点があるとは認められず、原子力規制委員会の適合性判断について看過し難い過誤、欠落はないから、これらの防護レベルの安全対策について欠けるところは認められないが、本件発電所のPAZ（予防的防護措置を準備する区域で、施設から半径5kmを目安とする）及びUPZ（緊急時防護措置を準備する区域で、半径30kmを目安とする。予防的な防護措置を含め、段階的に屋内待避、避難、一時移転を行う）内の住民であるXらとの関係において、原子力災害指針に定める段階的避難等の防護措置が実現可能な避難計画及びこれを実行し得る体制が講じられておらず、深層防護の第5の防護レベルの安全対策に欠けるところがあり、人格権侵害の具体的危険が認められるとして、運転の差止請求を認容した。本判決は、深層防護の考え方による安全確保では、ある防護レベルの安全対策を講ずるに当たって、その前に存在する防護レベルの対策を前提としないこと（前段否定）が求められるとし、深層防護の第1から第4までの防護レベルが達成されているからといって、避難計画等の深層防護の第5の防護レベルが不十分であっても、発電用原子炉施設が安全であるとはいえないとしており、[11]と対照的な立場である。

なお、本誌22号で取り上げた大阪地判令2・12・4が判タ1480号153頁に登載された。

(2) 損害賠償等

福島原発事故にかかる損害賠償請求等の集団訴訟の判決が次々と出されている。特に規制権限の不行使の違法を理由とする国の賠償責任については判断が分かれているが、地裁レベルで否定例と肯定例がひとつずつ追加された。

[13] 仙台地判令2・8・11LEX/DB25566769 は、Xらが、福島第一原発から放射性物質が周辺環境へ放出される事故の発生により包括的生活利益として

の平穏生活権を侵害されたと主張して、<1> 東京電力に対し、原賠法3条1項に基づき、<2> 国に対し、国賠法1条1項に基づき、損害賠償を請求した事案で、<1> 東電に対する請求を一部認容する一方、<2> 国については、経産大臣が、平成22年3月頃時点までに、Xらの主張する結果回避措置を内容とする命令を発令しなかったことは、許容される限度を逸脱して著しく合理性を欠くとはいえないとして、請求を棄却した。

本判決は、平成21年9月、保安院が東電から、貞観津波の知見等に基づいて試算した波高の数値にかかる説明を受けて、福島第一原発にO.P.+10mを超える津波が到来する可能性を現実に認識しえたとし、経産大臣が東電に対して電事法40条に基づく技術基準適合命令を発令する義務は発生していたとした。しかし、①本件事故発生まで、防災関係者一般の認識として、原子炉施設における津波防護は、主要機器のある地盤高を設計想定津波の高さより高くすることで必要十分であるとのドライサイトコンセプトがあり、原子力発電所の水密化は研究途上の段階にあったとして、平成22年3月頃時点までに、タービン建屋等内の重要機器が設置された部屋の水密化措置を講じる命令の発令は現実的に考えにくく、また、発令したとしても、部屋の水密化は本件事故発生までには完成しなかったとし、また、②東電の保安規定にはシビアアクシデント対策（津波により全電源喪失状態になった場合に備えての対策）がなかったところ、保安院は、上記平成21年説明を受けて、福島第一原発が全電源喪失状態になる可能性を認識できたから、経産大臣は、平成22年3月頃時点までに、電事法40条に基づく技術基準適合命令、炉規法36条1項に基づく保安措置命令又は同法37条3項に基づく保安規定変更命令を発令すべきだったともいえるが、本件事故発生前の我が国の津波防護に対する考え方では、上記の結果回避措置を内容とする命令を発令することは現実的に考えにくく、発令したとしても、施設に対する大規模な改善が必要であり、最新の可搬式設備と手順書の遵守だけで対応することは極めて困難であって、それだけでは本件事故の発生は防げなかった等とした。

これに対し、**[14] 福島地いわき支判令3・3・26 LEX/DB25569784** は、東電及び国に対する損害賠償請求をいずれも一部認容した。規制権限の不行使については、平成21年8月頃以降、即時に、本件試算津波（明治三陸地震の波源モデルを福島県沖の日本海溝寄りに置いた場合における想定津波）に対する本件原発の安全性確保のため、経済産業大臣は技術

基準適合命令を発令する作為義務を負っていたのにこれを怠っており、規制権限の不行使には裁量権の逸脱濫用があるとした。

本判決は平成21年8月頃には直ちに技術基準適合命令の発令の有無を検討する義務があったことを前提に、本件事故の回避可能性の存否に関しては、その不存在に関する、被告らの主張、立証（反証）が尽くされていない限り、当該結果回避可能性の存在が事実上推認されるとしたうえで、①防潮堤等の設置については、本件事故の発生までに上記対策工事が完成しないことは明らかであって本件事故を回避できなかったが、②建屋の水密化については少なくとも、限定的な水密化に絞り、それ以外にも実施できた安全対策を講じれば、本件原発の1～3号機などの電源を確保し、冷温停止に至った可能性、すなわち本件事故を回避できた可能性があると認められ、それを覆すに足る主張、立証はない等とした。

[15] 仙台高判令3・1・26 LEX/DB25571290 は、福島県中通り地域に居住していたXら50名が、原賠法に基づく損害賠償を東電に求めた事案で（本件では、国は被告とされなかった）、福島第一原発からほど近い福島県中通りの自主的避難等対象区域に居住していたXらが、安全であるはずの原子炉が炉心溶融を起こして原子力発電所が爆発し、突然大量の放射性物質が放出され、居住地域の環境放射能が急激に上昇するという未曽有の大事故に直面したことからすれば、事故当初の十分な情報がない中で、放射線被曝に対する強い恐怖や不安を抱くことはやむを得ないものと考えられ、本件事故によってXらがこのような強い恐怖や不安という精神的苦痛を受けたことは、民法709条にいう法律上保護される利益の侵害にあたり、原子炉を運転していた原子力事業者である控訴人が原賠法3条1項に基づき損害賠償すべき原子力損害（原賠法2条2項）にあたるとしたうえで、本件事故の日である平成23年3月11日から同年12月31日までの期間に被った精神的苦痛について、社会生活上の受忍限度を超えて法律上保護される利益が侵害されたものと評価し、上記期間中の生活費の増加費用が生じたことを斟酌した上で、30万円の慰謝料の損害を認め、請求を一部認容した。

[16] 福島地判令3・3・1 LEX/DB25569457 は、大きく行政訴訟と国賠訴訟に分かれる。

行政訴訟では、福島県内の学校（公立中学校）に現に通学するXらが、当該学校の教育環境は、福島第一原発事故後の現在の状況では、健康の維持に悪影響を及ぼす程度の放射線に被ばくする具体的な危険がある旨主張し、「公法上の人格権」（その内容は判決文からは明らかでない）に基づき、又は各自治体（福島市、川俣町、郡山市、田村市、いわき市）らがXらに負う安全配慮義務に反するためその履行として、公法上の実質的当事者訴訟（行訴法4条）として、安全な場所で教育を受ける権利の確認等の多岐にわたる請求をした事案で、訴えを却下または棄却した。

本判決は、<1> Xらが定義する安全な地域における教育の実施を求める作為請求は、請求の趣旨で例示されている他施設利用及び分校の設置に限定しても、具体的にいかなる場所に分校を設置し、又はいかなる場所の他施設を利用するのかなどを含め、実現すべき結果が具体的に特定されておらず、Yらがすべき作為も具体的に特定され得ないから訴訟物の特定性を欠き、<2> 同じく安全な地域において教育を受ける権利があることの確認請求も、<1>の給付請求を確認請求に構成し直したものに過ぎず、確認の利益を欠くから、いずれも不適法な訴えであるとしたが、<3> Xらが現に通学している学校施設において教育をしてはならないことを求める不作為請求については、実現すべき最終的な結果そのものは特定されている等として、適法な訴えであるとした。その上で本判決は、Xらが通う学校施設における教育の実施につき、Yら（教育委員会）の裁量権の逸脱・濫用の違法はなく、また、Xらが当該学校施設における教育の実施により、健康の維持に悪影響を及ぼす程度の放射線に被ばくする具体的な危険も認められないから、Xらの生命、身体に係る人格権に対する違法な侵害があるとはいえず、また、YがXらに負う安全配慮義務に直ちに反するものではないとして、請求を棄却した。

次に国賠訴訟では、本件事故当時に福島県内又は仙台市に居住していたXら159名（うち12名は行訴訟の原告を兼ねる）が、国及び県を被告として、事故後の国及び県の違法な事故対応等により無用な被ばくをさせられ、将来健康被害を生じる不安を抱くなどの精神的苦痛を被ったとして、SPEEDI（緊急時迅速放射能影響予測ネットワークシステム）等の情報を隠匿したこと、子ども原告らに安定ヨウ素剤を服用させることを怠ったこと、20mSv/年までの被ばくを強要したことなど多岐にわたる7つの違法事由を主張したが、いずれも認められなかった。

4 景観・まちづくり

[17] 奈良地判令2・3・24 判例自治468号34頁の事案は、奈良公園内にリゾートホテルを設置す

ることが許可されたところ、公園近隣の住民がその取消を求めたものである。判決は、都市公園には防火、避難等災害の防止をもその目的としていると解した上で、都市公園のこのような機能に資さない公園施設が設置されることにより、災害時に都市公園を避難場所として利用する高度の蓋然性が認められる者は、前記機能が阻害されることにより災害時に身体、生命に著しい損害を受けないという利益を個々人の個別的利益として保護している、として原告適格は認めた。しかし、原告らが違法事由として主張する①都市公園法5条2項違反、②同法4条2項、都市公園法施行令8条4項違反（令8条4項は「都市公園に宿泊施設を設ける場合においては、当該都市公園の効用を全うするため特に必要があると認められる場合のほかこれを設けてはならない。」と定めている）については、いずれの規定も原告らの前記利益を保護する趣旨で設けられたものではないとして、行訴法10条1項により、主張制限を受けると解した。

　しかし、②については、避難等の公園機能を阻害しないことをその趣旨とすると解する余地が全くないかどうか、検討を要するのではないか。もっとも、本判決は、本件ホテルの設置予定地は奈良公園の中でも利用者のいなかったところであり、本件施設は、奈良公園利用者にとって利便性が高いものと評し、本件許可処分に裁量権の逸脱・濫用があったとは言えないと判断しているので、主張制限を受けないと解した場合でも、原告の請求は認められないことになる。なお、研究会では、ホテルの設置により、避難場所としてより利便性が高まるといった事情があるのであれば、原告適格なし、という結論になることも考えられるのではないか、という指摘もあった。

　[18] 東京高判令2・7・2判例自治467号74頁は、第一種市街地再開発事業に関し、都市計画法12条の4第1項1号に基づく地区計画の変更決定、同法8条1項3号に基づく高度利用地区の変更決定、同法12条1項4号に基づく第一種市街地再開発事業決定につき、取消しが求められた事件である。判決は、いずれについても、その法的効果が、新たに法令が定められた場合と同様に、不特定多数者に対する一般的・抽象的なものにとどまり、個人の地位に直接具体的な影響を与えるものではないとして、処分性を否定した。

　上記の他、東京高判令元・9・18判例自治467号54頁（道路新設工事事業認定無効確認）があるが、本誌22号掲載済みである。

5　自然保護

　[19] 札幌地判令2・11・27裁判所HPは、クロマグロの30キログラム未満の小型魚の漁獲可能量を国により大幅に減らされたことから、漁業者が国及び北海道に対し国家賠償請求がされた事案に関する判決である。日本国は、平成17年に中西部太平洋まぐろ類条約に加入したが、同条約に基づいて設置された中世部太平洋まぐろ類委員会（WCPFC）は、平成26年12月、「太平洋クロマグロ複数年回復計画設立のための保存管理措置」を決定し、平成27年以降の小型魚の漁獲上限を過去（平成14～16年）漁獲量の50％まで削減し、超過した場合は超過分を翌年の漁獲上限から差し引くこととされた。日本の場合は、平均の半分は4007トンである。水産庁はこれを踏まえ、第1管理期間（平成27年1月1日～平成28年6月30日）を定め、全国を6つのブロックに分け各ブロックごとに漁獲上限を設け、超過分は次の管理期間の上限から差し引くこととしたが、あくまで行政指導による自主管理の形で行うものとした。第1管理期間における小型魚の漁獲量は3096トンと上限を下回った。2管理期間（平成28年7月1日～7平成29年6月30日）も、第1管理期間と同様の措置がとられたが、北海道については上限が113トンとされた。第2管理期間における漁獲量は4335.1トンと上限を上回り、北海道も114.2トンと上限を若干上回った。第3管理期間（平成29年7月1日～平成30年6月30日）は、上限3423.5トン、北海道の上限は111.8トンとされたが、実際には、北海道の漁獲量は769.5トンと大幅に上限を上回った（全国では3406.8トン）。第4管理期間（平成30年7月1日～平成31年3月31日）は、行政指導ではなく、海洋生物資源の保存及び管理に関する法律（資源管理法）に基づく数量管理措置がとられ、北海道の上限は8.3トンと定められた。そこで、原告らは、第4管理期間以降のクロマグロ漁が事実上できなくなったとして、国及び北海道を訴えた。以上が本事案の概要である。原告らの主張は、①法律に基づく強制力のある数量管理や採捕制限措置をとるべきだったのにそうせず、これが第3管理期間の漁獲上限超過を招いた、②第4管理期間において、第3管理期間における超過分をそのまま漁獲可能量から差し引いており、零細漁業者への配慮を怠った、といったものである。

　①について、裁判所は、全国一律の数量管理を行ったことがなかったこと、数量管理を実施しようとする場合その対象が全国の沿岸漁業者すべてに及ぶこ

と、日本の漁業には各地の地域性を踏まえて歴史的に形成されてきた慣習やルールが多く存在し、地域の特性に応じた多様な手法が採られてきたこと、資源管理法の他に漁業法や水産資源保護法等に基づく規制手段が存し、その選択に検討を要すること等の事情から、第1管理期間について、数量管理を直ちに実施することは困難だったとして、資源管理法に基づく数量管理を実施しなかったことについて著しく不合理だったとまではいえないとし、第3管理期間についても、同様の事情から同様の判断をした。漁業法、水産資源保護法に基づく採捕制限等の措置をとらなかったことについても、著しく不合理とまではいえないとしている。②については、資源管理に伴い漁業収入が減少する場合に、基準収入（直近5年間の収入の平均）の8割を補填することから、零細漁業者への配慮が何ら行われなかったとは言えないとして、これも否定した。この他、上限超過量を次の管理期間の上限から差し引くこととしたのは、その旨の明文の法律の規定がないから違法であるなどとの主張も原告からされたが、超過差し引きは法解釈上認められる旨述べ、この主張も否定した。

①については、漁獲上限の設定と超過差し引きは国による権利制限であるので、原告以外の他の漁業者による漁獲が上限を超えないように厳格に国が管理すべきだったと考えれば、この主張を認める余地もあったようにも思われる（島村健・判批・新判例解説Watch、web版（2021年7月21日掲載）参照）。

[20] **東京地判令2・12・1**裁判所HPは、リニア新幹線がらみの事件である。全国新幹線鉄道整備法9条1項に基づく基本計画認可の取消が求められたケースで、原告適格の有無が問題となった。認可に先立ち、環境影響評価法による環境影響評価が実施されている。原告らは、①乗客として安全な輸送役務を受ける利益、②南アルプス及び原告ら居住の都県の良好な自然環境を享受する利益、同自然環境の保全を求める権利並びに自然と触れ合う権利、③工事予定地内に所在する土地、建物、立ち木に係る所有権、借地権、居住の利益、④工事の進行に伴う発生土運搬車両の運行に起因する騒音・振動・大気汚染・交通混雑、高架橋・駅舎等の設置に起因する景観阻害による、健康または生活環境に係る被害を受けない利益を主張したが、①については、判決は個別保護要件を満たしていないと判断した。②についても、環境影響評価法を全幹法9条1項の関連法令として位置付けた上で、保護範囲要件の充足性を認めたが、個別保護要件を満たしていないものと判断した。③については、全幹法9条1項に認可の法的

効果は、適法に建設線の建設工事をすることができないという制限を解除するにとどまり、工事予定地内に所在する土地建物等に係る所有権等に制約を加えるものではない、として原告の主張を退けている。④については、交通混雑や景観に関しては広い意味での生活利益であるとし公益に属するものと解する一方で、健康・生活環境に係る利益につき保護範囲要件、個別保護要件ともに認めたが、原告らが車両の運行に起因する騒音・振動・大気汚染により著しい被害を直接的に受けるおそれのある地域に居住していると言えるかを認定するための重要な目安や手掛かりが欠けているとして、結論的に原告適格を否定した。建設線の建設の事業に関しては、環境影響評価法に基づく調査対象地域が選定されていたが、発生土運搬車両の運行に関しては、環境影響評価書に運行経路、車両の種類、運行頻度等が明らかにされておらず、認可の時点においてこれらに関する具体的な決定がされていなかったこと、そのため車両の運行等に起因する騒音等が環境影響評価法33条1項に基づく環境配慮評価の審査対象となっていなかったことから、上記のような判断がなされたものである。

本来なら、発生土運搬車両に関する環境影響事項もある程度決定した上で環境影響評価の対象とすべきであって、それをしなかったために被害を受けるおそれのある地域に居住しているか否かの目安がないとして原告適格を否定するという論理には、違和感を覚えないわけではないが、運搬に関する具体的なことが何も決まっていない以上、原告らが被害を受けるおそれがあるかどうかが分からないという点は、致し方ない。なお、詳細は不明なものの、弁論が分離された別の原告については原告適格が認められているようであり、当該原告が、本案において、発生土車両に係る環境影響評価の不備を主張することは可能であるとの示唆がされている。また、本件の原告に関しても、車両の運行経路等が具体的に決定された後に、当該経路周辺の住民が騒音等の被害を受けるおそれがあることを理由として民事訴訟を提起することの可能性にも言及がされている。

[21] **福岡高那覇支判令3・2・3**裁判所HPは、辺野古埋立てがらみの事案で、防衛省沖縄防衛局が沖縄県漁業調整規則41条2項に基づきサンゴの採捕許可申請をしたが、沖縄県知事が応答処分をしないので、農林水産大臣が地方自治法245条の7第1項に基づき許可処分をすることを求める是正の指示をところ、この是正の指示が違法であるとして、沖縄県が、国地方係争処理委員会の審査を経た上で、

指示の取消を求めて出訴した、というものである。採捕許可申請は、普天間飛行場代替施設を設置するために公有水面埋立の承認がされていたが、埋立予定海域にあるサンゴを他の海域に避難させることを目的としてなされている。沖縄県が採捕許可申請に対し応答処分をしないことの背景には、埋立予定地に軟弱地盤の存することが判明し、当該地盤の改良工事を実施しないと安全性を確保できないのであるが、改良工事に係る事情の成り行きによっては埋立事業全体が取りやめにせざるを得なくなる可能性があり、その場合サンゴの採捕・移植が無駄になってしまうという事情がある。

本件では、サンゴの移植の必要性や移植計画の妥当性などが争点となった。必要性について、裁判所は、移植しないと埋立てによりサンゴが死滅するので、水産資源の保続培養を図るためにサンゴの移植が必要であるとして、これを認めた。妥当性についても、移植の内容・方法等が、サンゴ類の移植に関する専門的・技術的知見に照らし不合理といえない場合には、本件サンゴ類の避難措置という目的に照らして適切なものであると判断すべきである、として、──許可申請者側の専門的・技術的裁量判断とは言わないものの、事実上それを認めるような形で──これを認めた。また、行訴法３条５項所定の「相当の期間」を超過していることについても認定している。

コメントすべき点は多岐にわたるが、ここでは次の一点のみに言及しておく。すなわち、本件において採捕許可を沖縄県が出した場合、それは適法なのか、という点である。本件埋立て事業に際しては沖縄県環境影響評価条例に基づき環境影響評価が実施され、サンゴの移植は環境保全上の措置として位置付けられている。サンゴを移植するには採捕しなければならないので、採捕許可が必要となる。ところが、沖縄県漁業調整規則では、採捕許可がされるのは、「試験研究、教育実習又は増養殖用の種苗（種卵を含む）の供給」という目的に限定されている。本件における採捕の目的は環境保全措置（代償措置）であり、採捕許可が得られない道理のはずである。本件での採捕許可申請書には、「普天間飛行場代替施設建設事業に係る環境影響評価書に基づく環境保全措置を目的とした造礁サンゴ類の移植技術に関する試験研究」を目的とすることが記載されているが、意味不明である。試験研究目的ではなく、代償措置実施目的であることは明らかであろう。つまり、仮に沖縄県が採捕許可をするとしたら、それは、法目的外の事項を考慮した違法な行為であるということ

になる。本判決は、「採捕それ自体が当該水産動植物の保護培養を図るために必要なものである場合等には、『試験研究等』のための採捕でなくても、これに準じるものとして、必要性基準における公益的な必要性を肯定することができ、特別採捕許可の対象にもなり得るものと解するべきである」などと述べるが（51-52頁）、法が限定列挙する目的以外の目的でもって行政処分をなしうることを認めるような判断には疑問を禁じ得ない。端的に言えば、間違った法解釈である。本判決も、この点は気になっているようで、本件におけるサンゴの移植が試験研究目的にも役立つ旨述べている個所があるが、逆に、判決の論理の不自然さを浮かび上がらせている（試験研究に役立つ部分はもちろんあるだろうが、それが採捕・移植の本来の目的ではない。そもそも、サンゴの移植技術に関する試験研究を──農林水産省ならともかく──防衛省の機関が行うことの意味が分からない）。そうすると、許可をせよという農林水産大臣の指示は、違法なことをせよという指示だったということになる。本来、サンゴの移植は、環境保全措置として実施することは法的に不可能なことであった。にも拘わらす沖縄防衛局は、サンゴの移植を環境保全措置として位置付けて、（環境影響評価制度では回避、低減、代償措置という環境保全措置が求められるため）環境影響評価の手続を乗り切ろうとしたのであり、本判決はそれを追認し、違法な行為（採捕許可）をせよという農林水産大臣の指示を適法視する、驚愕ものの判決であると評せざるを得ない。なお、本件については、最高裁判決が出ているようであるが、これは次の期で扱われる。

都市の自然に関するものとして [22] 横浜地判令元・12・25 判例自治 467 号 30 頁がある。これは、風致地区内での風致地区内許可処分（建築物の新築、土地の形質変更、木竹の伐採）の取消が求められた事案に係る判決である。判決は、風致地区に関する法令（自治体の風致条例を含む）の規定の趣旨を、あくまで風致の維持を目的とするものであって個々人の個別的利益を保護するものではないなどとして、原告適格を否定し、請求を却下した。生命、身体について、都市計画法の開発許可及び建築基準法の建築確認の制度により保護されており、風致地区に関する法令の制度では保護されていない、としている。

長崎地判令２・３・10 も判タ 1483 号 168 頁に登載されたが、本誌 21 号に掲載済みなので省略する。

（おち・としひろ）
（くわはら・ゆうしん）

医事裁判例の動向

石橋秀起　立命館大学教授

医事判例研究会

1　はじめに

(1)　裁判例の選定について

今期本欄は、①判時2461号〜2480号および判タ1478号〜1483号に掲載された裁判例、ならびに、②裁判所HPおよびLEX/DBインターネットにおいて裁判年月日を「令和3年1月1日〜6月30日」と指定して抽出される裁判例の中から、医事裁判例（刑事事件を除く。以下同じ）として重要と思われるものを取り上げる。このうち、②に関しては、指定する期間が同じでも、検索する時期によって抽出される裁判例の件数に違いが生じ得るところ、今期本欄は、最終の検索日を令和3年7月1日とした。なお、民集、金法、金判の今期の対象範囲に属する各号には、医事裁判例といえるものは掲載されなかった。

(2)　今期の全体的な傾向

すでに過去号の本欄冒頭でも指摘されているように、ここ最近の傾向として、判例雑誌に掲載される医事裁判例の件数が少なくなっており、今期もその例外ではなかった。以下本欄で取り上げる裁判例は19件と、決して少なくないが、そのうちの14件は判例データベース（上記②）のみに掲載されたものである。また、全19件のうち、医療過誤に関するものは13件となっており、医事裁判例全体に占める医療過誤裁判例の割合は必ずしも高くはない。

ところで、今期本欄が取り上げる医療過誤裁判例（下記2〜5）は、そのほとんどが過失（以下本欄では、債務不履行法上の義務違反も不法行為法上の過失と同様のものとして扱う）に関するものであり、「相当程度の可能性」法理（最二判平12・9・22民集54巻7号2574頁等）を含めた因果関係に関する裁判例は、全13件中2件（うち1件は過失に関するものとしても取り上げる）にとどまった。また、過失に

関するものでは、手術や患者管理に関する医師の過失によって患者が死亡し、または重篤な後遺障害を負ったという事案が比較的多く、説明義務違反に関する事案は3件にとどまった。

一方、医療過誤以外の医事裁判例（下記6）に関しては、要指導医薬品につき対面販売等を義務づける薬機法の各規定の合憲性や、集団予防接種等によるB型肝炎の発症に対する救済の可否などに関して、最高裁の判断が示された。

2　検査・診断に関する過失

[1] 千葉地判令2・3・27判時2474号122頁は、妊娠23週であったAが平成27年4月21日に死亡したのは、同月16日にAを診察した甲病院のB医師がAに対して適切な治療を受けさせなかったためであると主張して、Aの相続人Xらが、甲病院を開設する国立大学法人Yに対し損害賠償を請求した事案である。本件において裁判所は、Aの死因につき、肺血栓塞栓症と肺動脈性肺高血圧症のいずれかであるとした上で、Aにつき肺血栓塞栓症と心不全を疑っていたB医師としては、肺血栓塞栓症の確定診断のための更なる検査や、心不全が疑われた場合の基本的な検査を実施すべきであったとして、これを怠ったことによる過失を肯定した。

認定事実によれば、B医師は、Aにつき肺血栓塞栓症と心不全を疑っており、自分1人の判断でAを帰宅させることに不安を覚えていたとされるが、結局のところ、Aに耳鼻科受診を勧めている。こうしたB医師の対応を踏まえるならば、裁判所の上記判断は妥当である。

[2] 金沢地判令3・1・14LEX/DB 25568931は、Y_1市が設置する甲病院において尿路上皮がんと診断され、その後、同病院からの紹介で受診した国立大学法人Y_2が設置する乙病院においても同様の診断を受け、膀胱等全摘および回腸導管術を受けたX

が、上記の各診断は誤診であり、必要のない手術を受けた結果、重大な後遺障害を負ったとして、Yらに対し損害賠償を請求した事案である。本件において裁判所は、鑑定人による鑑定結果を踏まえ、甲病院で切除された前立腺部尿道の膨隆病変の検体につき、良性の病変であり、一般的な医学的知見に照らして尿路上皮がんとは鑑別できるものであったとした。その上で、両病院の各医師につき病理診断等に関する過失を肯定し、これらの過失のいずれもが、Xを尿路上皮がんであると誤診して本件手術を実施するという1個の結果を招来したとして、Yらに対し、民法719条に基づく連帯責任を課した。

3 手術、処置、患者管理等に関する過失

[3] 甲府地判令元・11・26判時2472号25頁は、特別養護老人ホーム甲に入所中に死亡したA（死亡当時94歳）の子であるXら4名が、Aが死亡したのは往診した被告Y_1法人が経営する乙病院のY_2医師がAに適切な医療行為をすべき注意義務を怠ったことが原因であると主張し、Yらに対して損害賠償を請求した事案である。本件において裁判所は、医学的知見を踏まえつつAの症状を総合的に評価し、Aは、老衰によって全身の状態が不可逆的に著しく悪化し、Y_2医師の診察を受けた時点（死亡当日）においては、死亡直前の状態であったと認めるのが相当であるとした。そして、そのような状態に至ったAに対して酸素療法等を行っても改善が見込まれることは基本的にはないとして、Y_2医師の過失を否定し、Xらの請求を棄却した。

[4] 東京地判令2・1・23判時2468=2469号120頁（本誌21号[14]）は、Yが開設する病院においてA医師によりエコーガイド下での経皮的肝生検を受けたXが、肺を誤穿刺され、左片麻痺の後遺障害を負ったという事案である。本件誤穿刺の原因につき、Yは、穿刺にあたって、A医師ないしB臨床検査技師が二度にわたって息を止めるよう指示したにもかかわらず、Xが深く息を吸ったため、肺が下方に移動したことを主張した。これに対し、裁判所は、仮に穿刺針の発射と同時にXが息を吸ったとしても、肺が、穿刺針を押しのけるのではなく、その手前の位置まで下がったとは考えにくいことなどを指摘し、Yの主張をしりぞけた。その上で、エコー画像でXの肝臓等を十分に確認できる状態ではなかったにもかかわらず本件肝生検を強行した点にA医師の過失を認め、Yに対し、1億3000万円余りの損害賠償を命じた。

[5] 大阪地判令3・2・10LEX/DB 25569300は、診療所が併設され、24時間医療サービスを受けることのできる高齢者対象の賃貸借住宅であることが謳われた施設甲の入所者4名が、劣悪な環境に置かれたなどとして、診療所を運営する医療法人、甲の運営会社等に対し、損害賠償等を求めた事案である。なお、上記入所者4名は、いずれも本件訴訟係属中に死亡しており、原告の地位はその遺族等が承継している。本件における争点は多岐にわたるが、医事法に関連する論点として、裁判所は、入所者の1人が鍵付きのつなぎ服を着せられていたことにつき、介護保険指定基準上許容される身体拘束にはあたらないとして、被告医療法人の担当者の過失を肯定し、人格権侵害による慰謝料として100万円が相当であると判示した。

[6] 京都地判令3・2・17裁判所HP（平29（ワ）2052号）は、発作性夜間ヘモグロビン尿症（PNH）のため、甲病院（国立大学医学部附属病院）においてエクリズマブ（商品名：ソリリス）の継続的な投与を受けていたAが、平成28年8月22日の午前に行われた投与の後、悪寒がするなどの症状を訴え、同日午後11時過ぎに同病院の血液内科を受診したところ、翌23日午前4時25分に全身に紫斑が出現してショック状態となり、同日午前10時43分に死亡したという事案である。添付文書によれば、ソリリスは、PNHにおける溶血抑制の効能・効果を有する一方、重大な副作用として髄膜炎菌感染症を誘発するとされており、海外ではこれによる死亡例も報告されていた。本件において裁判所は、血液内科の医師で8月22日の当直医であったB医師の対応につき、遅くとも同日午後11時43分に血液培養を依頼した時点で、添付文書に従い速やかに抗菌薬を投与すべき注意義務があったところ、これを怠り、経過観察とした点に過失があるとして、甲病院を開設する国立大学法人Yに対し、1億3500万円余りの損害賠償を命じた。

認定事実によれば、B医師は、Aの全身に紫斑が出現した段階で抗菌薬の投与に踏み切っているが、この対応は、敗血症診療ガイドラインとの関係では必ずしも問題のあるものではなかった。しかし、本件において、Aはソリリスの投与を受けていたため、B医師には、髄膜炎菌感染症の可能性を踏まえた特別な対応が求められていた。なお、本件では、Yの側から医療事故調査・支援センターによる調査報告書が提出されていたところ、裁判所は、同報告書の見解を採用していない。本件は、この点においても興味深いものといえる。

[7] 大阪地判令3・2・17LEX/DB 25569543 は、医療法人Yが開設・運営する甲病院に入院したA（死亡当時71歳）が、経鼻胃管カテーテル（以下「本件チューブ」）の挿入留置を受けたところ、その先端が胃に届いておらず、注入物等が逆流して誤嚥性肺炎を発症し、これが原因疾患となって死亡したという事案である。本件において裁判所は、甲病院の医師につき、Aに咳嗽が生じた日の時点で本件チューブによる栄養剤等の注入を中止し、肺炎の初期治療として抗生剤を投与すべき注意義務を負っていたところ、この義務に違反したとして、Yに対し、総額3700万円余りの損害賠償を命じた。

[8] 佐賀地判令3・2・19LEX/DB 25569218 は、Aが甲病院（精神保健福祉法19条の8の「指定病院」）の精神科に入院中、Y県知事による精神保健福祉法に基づく入院措置により同病院に入院していたBにボールペンで頸部を刺されて死亡した事件につき、Aの相続人であるXらが、Bの主治医であるC医師の行為に過失があったとして、Y県に対し、損害賠償を請求した事案である。本件では、本件死亡事件の約1年前に、Bが、被害妄想に基づき、当時同じ病室に入院していた患者に対して暴行を加える事件を起こしており、この事件の後のBに対する対応のあり方が問題となった。そうした中、裁判所は、Bが上記暴行事件から約1年間、他の患者に暴力を振るうことはなかったことなどから、本件事件当時、C医師において、Bが他の患者に暴行を加える具体的危険を把握することはできなかったとして、Xらの請求を棄却した。

[9] 広島高判令3・2・24 裁判所HP（平31（ネ）83号）は、破裂脳動脈瘤に対する血管内治療であるコイル塞栓術を受けたAが、術中の動脈瘤の再破裂によって死亡したことにつき、Aの遺族であるXらが医師の義務違反を主張して、病院設置者であるYに対し、損害賠償を請求した事案である。本件において裁判所は、医師の説明義務違反、および、フレーミング（動脈瘤にコイルを充填するための外枠を形成する処置）についての注意義務違反を肯定した。このうち、後者に関しては、Aのもののように動脈瘤が2つの葉状の構成成分を有する場合、ダブルカテーテルを用いて2つのカテーテルを各構成成分に挿入し、各カテーテルから各構成成分の全体にバランスよくコイルを行き渡らせ、ネック部分までカバーした立体的なフレームを形成するのが当時の医療水準であったところ、担当したB医師は、本件左側構成成分のネック部分までカバーする立体的なフレームを形成することができなかったとして、これ

を肯定した。その上で、裁判所は、フレームの形成が不十分であった本件左側構成成分のネック部分をコイルが穿孔することで本件再破裂が起こったものと推認し、上記注意義務違反がなければAが死亡することはなかったとして、Yに対し、Aの死亡についての損害賠償を命じた（説明義務違反については、下記4で扱う）。

[10] 京都地判令3・3・26 裁判所HP（平28（ワ）4031号）は、Xが、医療法人Yの開設する甲診療所において、無痛分娩のための腰椎麻酔を受けた後、心肺停止状態となり、心肺停止後脳症等の障害を負ったところ、出生したAも、新生児低酸素性虚血性脳症等の障害を負ったという事案である。なお、Aは、本件訴訟係属中の平成30年12月に6歳で死亡している。Xは、担当医師の行為につき、カテーテルを硬膜外腔に留めた上で麻酔薬を分割投入する義務に違反し、硬膜外針をくも膜下腔まで刺入させ、同所に留置したカテーテルから麻酔薬を一度に注入したことなどを主張したが、Yは同医師の義務違反については争わなかった。

本件において裁判所は、Xによる請求につき、Yに対して2億7000万円余りの損害賠償を命じているが、本件では義務違反の有無は争点となっていない。本件は、社会的に注目された事案であるため、ここに紹介した次第である。

4 説明義務違反

前掲 [9] において、裁判所は、主治医であるC医師につき、本件動脈瘤の術中破裂があった場合に開頭手術では救命することができないことを説明すべき義務の違反と、本件動脈瘤の形状・存在部位およびそれに伴う手術の困難さについて説明すべき義務の違反を肯定した。もっとも、いずれの説明義務に関しても、それが遵守された場合に、Aが、コイル塞栓術ではなく、クリッピング手術を選択した可能性は相当程度にとどまるとして、その違反とAの死亡との間の相当因果関係は否定され、自己決定権の侵害による慰謝料が認められるにとどまるとされた。なお、フレーミングについての注意義務違反につき死亡損害の賠償が認められた本件において、この慰謝料の支払は命じられていない。

[11] 福岡地小倉支判令3・3・4LEX/DB 25569216 は、先天的に骨異形成に基づく下肢麻痺等の障害を有するXが、独立行政法人Yの設置する総合せき損センターにおいて頸椎後方固定術（Brooks法）を受けた際、脊髄を損傷し、四肢麻痺および呼吸筋

麻痺が生じたという事案であるが、裁判所は、担当医師において、本件手術により人工呼吸器が必要となる可能性があることにつき説明すべき義務があったとして、Yに対し、自己決定権侵害による慰謝料として300万円の支払を命じた。

[12] 高松高判令3・3・12LEX/DB 25569475は、統合失調症の治療のためY県が設置・運営する甲病院に入院していたAが、無断離院をし、近隣のマンションから飛び降り自殺を図って死亡したという事案である。本件において裁判所は、ＡＹ間の診療契約において、無断離院防止策の有無・内容は契約上の重大な関心事項になっていたとした上で、甲病院の医師としては、甲病院は、平日の昼間は門扉が開放されており、患者自身で注意しなければ無断離院をして自殺する危険性があることを説明し、Aにおいて入院すべき病院を選択できる機会を保障する義務を負っていたと判示した。そして、この義務の違反による自己決定権侵害に基づく慰謝料として、200万円が相当であるとした。

5　因果関係、相当程度の可能性

前掲 [1] において、裁判所は、Aの死因が肺血栓塞栓症であった場合と肺動脈性肺高血圧症であった場合のそれぞれについて検討を行い、いずれの場合においても、B医師の過失がなければAが4月21日の時点で死亡することは回避できたとして、B医師の過失とAの死亡との間の因果関係を肯定した。その上で、B医師の過失がない場合に想定されるAの生存期間については、前者の場合、就労可能年齢まで生存した高度の蓋然性が認められ、後者の場合、控えめに見積もって7年間であれば生存できた高度の蓋然性が認められるとして、逸失利益の算定における就労可能期間を7年とした。

上述のとおり、本件において、Aの死因は、肺血栓塞栓症と肺動脈性肺高血圧症のいずれかであるとされており、特定されていない。しかし、裁判所によれば、Aにつき肺血栓塞栓症と心不全を疑っていたB医師が適切に検査を行っていれば、それぞれにつき治療が実施されることによって、いずれの疾患を発症していた場合でも、4月21日時点でのAの死亡は回避できたということである。一般に、不作為を起点とする因果関係においては、結果発生へと至る事実経過が十分に明らかにされていないことが少なくない。本判決は、まさにそのような状況において、最一判平11・2・25民集53巻2号235頁が提示する判例ルールに依拠しつつ、因果関係の認

定を行ったものである。

[13] 東京高判令2・8・19判時2472号18頁は、前掲 [3] の控訴審判決である。当審において裁判所は、Y_2医師につき、死亡当日に診察した際、Aが重篤な容態にあることを認識したのであるから、少なくともAのカルテを閲覧して従前の診断および治療の経過を確認するとともに、バイタルサインの数値等に基づき、必要に応じて酸素吸入等の応急処置を行うなど、適切な医療処置を施すべき義務があったと判示した。その上で、Y_2医師が適切な医療処置を行った場合にAを救命し得た高度の蓋然性を認めることはできないが、Aがその死亡の時点においてなお生存していた相当程度の可能性は認められるとして、慰謝料各40万円、弁護士費用各4万円および遅延損害金の限度でXらの請求を認容した。なお、本号第3部に本判決の裁判例研究がある。

6　その他の裁判例

[14] 札幌地判令3・1・15判時2480号62頁は、旧優生保護法に基づいて優生手術を強制されたと主張する男性Xが、国に対して損害賠償を請求した事案である。本件において裁判所は、Xの両側鼠径部に精管切除結さつ法による手術痕と符合する創傷が残存していることなどから、Xが優生手術を受けたものと推認した。その上で、旧優生保護法4条〜13条の各規定は、憲法13条、14条1項および24条2項に違反しており、国会議員において旧優生保護法を制定し、これに上記の各規定を設けたことは、国家賠償法1条1項の適用上、違法の評価を受けると判示した。ただし、事案の解決としては、除斥期間（改正前民法724条後段）が経過しているとして、Xの請求は棄却されている。なお、類似の事案として、[15] 札幌地判令3・2・4裁判所HP（平30（ワ）1235号）があるが、こちらは原告が優生手術を受けた事実を認定していない。

[16] 最一判令3・3・18裁判所HP（令元（行ツ）179号。原審：本誌22号 [20]）は、店舗以外の場所にいる者に対する郵便その他の方法による医薬品の販売をインターネットを通じて行う X_1 社が、要指導医薬品につき薬剤師による対面販売等を義務づける薬機法の各規定は憲法22条1項に違反すると主張して、上記方法による要指導医薬品の販売ができる権利ないし地位の確認等を求めた事案である。なお、X_1 社は、原判決の言渡し後に X_2 社に吸収合併されており、当審において、X_1 社の権利義務は X_2 社に承継されている。

本件において最高裁は、①本件各規定の目的は保健衛生上の危害の発生・拡大の防止にあり、公共の福祉に合致すること、②上記の目的を達成するため、要指導医薬品の販売等の際、使用者に関する最大限の情報を収集した上で適切な指導を行うと共に、指導内容の理解を確実に確認する必要があるとすることには相応の合理性があること、③本件各規定は、対面以外の方法による情報提供および指導は、理解を確実に確認する点で直接の対面に劣るという評価を前提とするところ、当該評価が不合理であるとはいえないこと、④要指導医薬品の市場規模は僅かであり、規制の期間も限定されていること、をそれぞれ指摘し、本件各規定による規制に必要性と合理性があるとした判断は立法府の合理的裁量の範囲を超えるものではなく、本件各規定は憲法22条1項に違反するものではないと判示した。

[17] **最二判令3・4・26**裁判所HP（令元（受）1287号。一審：本誌19号[6]、原審：本誌19号[7]、21号[20]）は、Xらが、乳幼児期に集団ツベルクリン反応検査または集団予防接種を受けたことによってB型肝炎ウイルスに感染し、成人した後、HBe抗原陽性慢性肝炎の発症を経て、HBe抗原陰性慢性肝炎を発症したことについて、国に対し損害賠償を請求した事案である。原審は、XらのHBe抗原陰性慢性肝炎について、HBe抗原陽性慢性肝炎が長期の経過をたどった結果、肝硬変や肝細胞がんへの進行リスクのある年齢で慢性肝炎が再燃したものにすぎないとして、HBe抗原陽性慢性肝炎の発症の時をもって除斥期間（改正前民法724条後段）の起算点とし、その経過によって損害賠償請求権が消滅したとして、Xらの請求を棄却した。

これに対し、最高裁は、本件において除斥期間の起算点が「損害の全部又は一部が発生した時」（最三判平16・4・27民集58巻4号1032頁等）となることを確認した上で、「セロコンバージョンにより非活動性キャリアとなった後に発症するHBe抗原陰性慢性肝炎は、慢性B型肝炎の病態の中でもより進行した特異なもの」であるとの理解の下、「XらがHBe抗原陰性慢性肝炎を発症したことによる損害については、HBe抗原陽性慢性肝炎の発症の時ではなく、HBe抗原陰性慢性肝炎の発症の時が民法724条後段所定の除斥期間の起算点となる」と判示した。そして、本件においてはXらのいずれについても除斥期間が経過していないことは明らかであるとした上で、原判決を破棄し、損害額について審

理を尽くさせるため、事件を原審に差し戻した。

集団予防接種等の際の注射器の連続使用によって多数の者にB型肝炎ウイルスの感染被害が生じた問題については、現在、その迅速かつ全体的な解決を図るため、特措法の下での被害者救済が進められているが、本判決が、この特措法に基づく給付金の支給実務に影響を与えることは言うまでもない。本判決により、HBe抗原陽性慢性肝炎の発症後、セロコンバージョンによる非活動性キャリアを経てHBe抗原陰性慢性肝炎を発症し、その発症の時から20年を経過する前に訴えを提起した者の特措法における位置づけが明確となろう（同法6条1項6号に該当するというべきである）。

[18] **最三決令3・6・9**裁判所HP（令3（医へ）5号）は、医療観察法70条1項の再抗告事件である。本件において最高裁は、抗告の趣意のうち、同法による処遇制度に関して憲法14条、31条、34条違反をいう点につき、先例（最三決平29・12・18刑集71巻10号570頁）を引用して理由がないものとし、抗告棄却の決定を言い渡した。

[19] **最三判令3・6・15**裁判所HP（令2（行ヒ）102号）は、刑事施設に収容されている者が収容中に受けた診療に関する保有個人情報につき、行政機関個人情報保護法45条1項所定の保有個人情報にあたるかどうかが問題となった事案である。本件において最高裁は、医療行為に関するインフォームド・コンセントの理念等の浸透を背景として、同法には診療関係事項に係る保有個人情報を開示請求の対象から除外する旨の規定は設けられなかったことなどを指摘し、上告人が収容中に受けた診療に関する保有個人情報について、同法45条1項所定の保有個人情報にはあたらず、同法12条1項による開示請求の対象となると判示した。

このほか、最一決令3・6・28裁判所HP（平30（あ）1846号）がある。重要な決定であるが、刑事事件であるため、冒頭に掲げた方針に従い、今期本欄では取り上げないこととする。

（いしばし・ひでき）

労働裁判例の動向

平越　格　弁護士

労働判例研究会

はじめに──今期の労働裁判例の概観

　今期の最高裁判決（前回掲載済みのものを除く）には、一審二審で判断が分かれていた市立中学校教諭に対する停職6月の懲戒処分を適法とした[59]がある（一審は適法、二審は違法と判断）。

　下級審裁判例では、労基法・労契法の労働者性が争われた訴訟（[1]〜[6]）や労災事案（[24]〜[34]）が多く、業務災害の業務起因性ないし公務災害の公務起因性を否定した一審判決を控訴審が覆した事案が3件（[24][26][27]）ある。

　非典型雇用については、労契法18条に基づく無期転換申込権が生じる直前の雇止めが争われたものが2件（前回掲載済みのものを除く。[68]は無効、[69]は有効）あるほか、派遣労働者の直接雇用申込みみなしの適用を否定した[78]がある。また、均衡均等待遇に関し、自動車学校の定年後再雇用者の基本給、賞与につき、定年退職時の60%を下回る限度で労契法20条違反を認めた[73]については、このような割合的認定が上級審で維持されるのかが注目される。

　その他、注目される裁判例として、性同一性障害のタクシー乗務員の就労拒否期間中の賃金支払を命じた[13]、高度専門職とはいえない運行管理者の配転命令につき、資格を生かし運行管理業務及び配車業務に従事することへの期待を肯定した[54]がある。

1　労働法の形成と展開

2　労働関係の特色・労働法の体系・労働条件規制システム

　該当裁判例なし。

3　個別的労働関係法総論

　[1] エアースタジオ事件・東京高判令2・9・3労経速2441号3頁は、劇団員が未払賃金等を求めた事案において、原審（第21回掲載済み）が肯定した大道具、小道具、音響・照明業務だけでなく、公演への出演・演出・稽古についても、諾否の自由がないこと、他劇団の公演に出演できない状況にあったこと、勤務時間・場所・公演を劇団が決定しており劇団の指示に従って業務に従事することとされていたこと等を踏まえ、労基法上の労働者性を肯定し、賃金の支払を命じた。

　他に労基法上の労働者性を肯定した事案として、業務委託契約の英会話講師につき[2]NOVA事件・名古屋高判令2・10・23労判1237号18頁、業務委託契約のホテルのフロント業務従事者につき[3]ブレイントレジャー事件・大阪地判令2・9・3労判1240号70頁がある。

　[4] 国・津山労基署長（住友ゴム工業）事件・大阪地判令2・5・29労判1232号17頁は、タイヤメーカーの開発テストライダーにつき、一定の時間的・場所的な拘束・管理下で業務内容及び方法に関する具体的な指揮命令を受けていたこと、報酬に労務対償性があったこと、業務遂行に不可欠なバイクを会社が用意していたこと等を考慮して、労災保険法上の労働者性を肯定した。

　労働契約上の労働者性を肯定し、労契法16条の適用を認めて解雇を無効とした事案として、取締役として登記されていた者につき[5]鑑定ソリュート大分ほか事件・大分地判令2・3・19労判1231号143頁、コピーライターにつき[6]ワイアクシス事件・東京地判令2・3・25労判1239号50頁がある。

　[2] は、一審の判断を維持して、年休権侵害（慰謝料10万円〜20万円）と健康保険加入義務懈怠（慰

謝料3万円～15万円）の不法行為を認めたが、[5]は、被保険者資格取得に係る届出懈怠の債務不履行につき、特段の事情がない限り、精神的損害を被ったと認めることはできないと判断している。

なお、労働者性が争われた事件ではないが、[7]セブン-イレブンジャパン（仮処分）事件・大阪地決令2・9・23労経速2440号3頁は、セブン-イレブン・イメージ及び本部の信用を低下させるコンビニ加盟店主の言動を理由とするフランチャイズ契約の解除を有効と認めた。

4　労働者の人権保障（労働憲章）

(1)　賠償予定の禁止

[8]キャバクラ運営A社従業員事件・大阪地判令2・10・19労判1233号103頁は、クラブ従業員の私的交際禁止と違約金200万円の支払を内容とする同意書を労基法16条違反及び公序良俗違反で無効と判断し、同意書の違反を理由とする損害賠償請求を棄却した。

後掲[19]も、セミナー受講料の返還合意につき、その実質は労基法16条違反の違約金で無効であるとして、使用者から労働者に対する受講料等の返還請求を退けた。

(2)　パワーハラスメント

[9]ルーチェ事件・東京地判令2・9・17労経速2435号21頁は、美容院を経営する会社代表者の美容師に対するドライヤーの使用方法の指導（耳にドライヤーを近付けて熱風を浴びせる）を違法として慰謝料3万円を認めたほか（債務不履行）、美容師を慰留する際の代表者の発言（「小学生と話をしているようでらちがあかない。」、「辞めるのは恩を仇で返す行為である。」、「辞めることは感謝の気持ちがない。」、「次の人を探せ。」、「自分の要求を一方的に言っている。」、「わがまま。」、「おまえがやっていることは北朝鮮がミサイルを落としているのと一緒だ。」、「100対0で原告が悪い。」、「おまえの母親もおまえも目を見て話せない。」）につき、その一連の発言を全体としてみると侮辱的又は威圧的なものということができ、退職を慰留するための説得の域を超えて違法に人格権を侵害するものとして、慰謝料5万円を認めた（不法行為・会社法350条）。

5　雇用平等、ワーク・ライフ・バランス法制

(1)　障害者の逸失利益

[10]視覚障害者後遺障害逸失利益等損害賠償請求事件・山口地下関支判令2・9・15労判1237号37頁は、全盲の視覚障害者（事故当時17歳）の交通事故による後遺障害逸失利益（併合1級）の基礎収入について、健常者・障害者間に基礎収入の差異がある一方で、今後は今まで以上に潜在的な稼働能力を発揮して健常者と同様の賃金条件で就労することのできる社会の実現が図られていくこと、潜在的な稼働能力を発揮して健常者と同様の賃金条件で就労する可能性があったこと等を考慮して、平成28年賃金センサス第1巻第1表、男女計、学歴計、全年齢の平均賃金の7割（342万9020円）の年収を得られたものと認めた。

(2)　セクシュアルハラスメント

[11]P社ほか（セクハラ）事件・大阪地判令2・2・21労判1233号66頁は、上司である会社創業者の女性従業員に対するローマ出張中のセクシュアルハラスメント（愛人となるよう求める、ホテルで一時的に同室で過ごすことをやむを得ない状況に置く等）について、会社に使用者責任（慰謝料50万円）を認めたほか、使用者として採るべき事実関係の調査や出社確保のための方策を怠ったとして職場環境配慮義務違反を認め、これを理由とする被害者の不就労につき、使用者の責に帰すべき事由に該当するとして民法536条2項の適用を認めて賃金請求を認めるとともに、被害者が退職を余儀なくされたことによる逸失利益（3か月分90万円）を認めた。

[12]甲社事件・東京地判令2・3・27労経速2443号24頁は、心因反応により休職期間満了退職した男性従業員が、会社がセクシュアルハラスメントの加害者として扱うなど職場環境配慮義務違反があったとして損害賠償等を求めた事案で、被害申告を受けて、会社は被害者、加害者双方から必要範囲の確認は施しており、所為に不足はないとして、会社の義務違反を否定した。

(3)　LGBT

[13]Y交通事件・大阪地決令2・7・20労経速2431号9頁は、性同一性障害であるタクシー乗務員（性自認は女性）の化粧を理由とする就労拒否について、性同一性障害の人格にとっては、外見を可能な限り性自認上の性別である女性に近づけ、女性

として社会生活を送ることは、自然かつ当然の欲求であり、女性乗務員と同等に化粧を施すことを認める必要性があり、その結果として、乗客から苦情が多く寄せられ、乗客が減少し、経済的損失などの不利益を被るとも限らないため、化粧の程度が女性乗務員と同等程度であるか否かといった点を問題とすることなく、化粧を施した上での乗務を禁止したこと及び禁止に対する違反を理由として就労を拒否したことについて、必要性も合理性もなく、履行不能は使用者の責めに帰すべき事由によるとして、民法536条2項に基づき、就労拒否期間中の賃金請求を認めた。

なお、身体的に男性であるトランスジェンダーに対して、執務階及びその上下階の女性用トイレの使用を認めない措置を違法と判断した [14] 国・人事院（経産省職員）事件・東京地判令元・12・12判タ1479号121頁（第21回掲載済み）は、東京高判令3・5・27（判例集未掲載）で変更され、高裁では当該措置は適法と判断された。

6 賃金

[15] 有限会社シルバーハート事件・東京地判令2・11・25労経速2443号3頁は、シフト制勤務者に対する勤務日数の大幅な削減が使用者のシフト決定権の濫用に当たるとして、不合理に削減されたシフト分の賃金請求権を肯定した。同事案では、雇用契約書に、始終業時刻と休憩時間60分のほか「シフトによる」との記載があり、勤務時間につき週3日、1日8時間の合意は成立していないと認定されたが、シフト制で勤務する労働者にとって、シフトの大幅な削減は収入の減少に直結するものであり、労働者の不利益が著しいことからすれば、合理的な理由なくシフトを大幅に削減した場合には、シフト決定権限の濫用に当たり違法となり得るとして、不合理に削減された勤務時間に対応する賃金について民法536条2項に基づき、賃金を請求し得ると判断された。その上で、5月～7月は月70時間以上あったシフトが8月は40時間、9月は8時間に削減され、10月は0になったことにつき、少なくとも9月と10月はシフト決定権限の濫用に当たり違法であるとして、賃金平均額（直近3か月）の請求が認められた。

[16] ホームケア事件・横浜地判令2・3・26労判1236号91頁は、使用者が作成する送迎計画表で出勤日が決定されていた所定労働日週4日の労働者につき、使用者が送迎計画表に入れなかった日に就労しなかったことは使用者の責めに帰すべき事由によるとして賃金請求権を認めるとともに、労働者が休みを希望した行為は年次有給休暇の時季指定権の行使をしたものとして賃金請求を認めた。

[17] 社会福祉法人恩賜財団母子愛育会事件・東京高判令元・12・24労判1235号40頁は、管理職手当支給細則の上位規定である給与規則に「管理又は監督の地位にある職員に対し管理職手当を支給する」と規定された管理職手当について、労基法上の管理監督者に該当する者に対して支払われるものと判断した上で、労基署の是正勧告を受けるまで使用者が労基法上の管理監督者であると誤認して非管理監督者に支払っていた管理職手当について、不当利得返還請求を認め、その権利濫用も否定した。

[18] O・S・I事件・東京地判令2・2・4労判1233号92頁（前回掲載済み）は、デイサービスセンターの機能訓練指導員から介護職員への業務変更に伴い、賃金を月額24万円から月額18万円に変更する同意につき、賃金総額を25%も減じる不利益の程度は大きいなどとして、自由な意思に基づいてなされたものと認めるに足りる合理的な理由が客観的に存在するものとは認められないと判断し、無効と判断した。

7 労働時間

(1) 変形労働時間制
[19] ダイレックス事件・長崎地判令3・2・26労判1241号16頁は、1か月の所定労働時間にあらかじめ30時間が加算されて定められた稼働計画表に基づく変形労働時間制につき、労基法32条の2第1項の要件を満たさず無効と判断した。

前掲 [3] も、月180時間を超える変形労働時間制の有効性を否定している。

(2) 割増賃金の定額払い
[20] トールエクスプレスジャパン事件・大阪高判令3・2・25労判1239号5頁は、時間外手当の名目で支払われる手当について、時間外労働に対する対価性及び他の賃金との判別性が認められ、その金額も法定の計算方法に基づく割増賃金額を下回らないとして、時間外労働割増賃金の未払はないと判断した。これに対し、[21] 石田商会事件・大阪地判令2・7・16労判1239号95頁は、統括バイヤーの役職に対する手当も含まれた職務手当につき、仮に固定残業代とする合意があったとしても、通常の労働時間の賃金に当たる部分と割増賃金の部分が明

確に区分されておらず、そのような合意が有効とはいえないとして、職務手当の固定残業代としての効力を否定した。

(3) 労基法上の労働時間

[22] 北九州市事件・福岡高判令2・9・17労経速2435号3頁は、市営バスが一系統の路線の終点に到着した後、次の系統の路線の始点から出発するまでの時間の一部に対して1時間当たり140円の「待機加算」が支給されていたところ、待機加算が支給される待機時間の労基法上の労働時間性が争点となった。一審（福岡地判令元・9・20）は、待機時間の1割は労基法上の労働時間に当たるとして未払賃金の支払を命じたが、[22] は、待機時間中に役務提供が義務付けられて指揮命令下に置かれていたものではないとして労働時間性を否定し、運転手らの賃金請求を退けた。

前掲 [9] は、美容院に勤務する従業員の練習会につき、自主的な自己研鑽の場という側面が強く、練習開始や終了に関する指示等は店舗の施設管理上の指示等であった可能性を否定することができないし、練習不足であるとの指摘を受けたことを契機として練習会に参加したとしても、これをもって練習会への参加を余儀なくされたとはいえないとして、労働時間性を否定した。

[23] 新栄不動産ビジネス事件・東京地判令元・7・24判タ1481号178頁（第21回掲載済み）は、ホテルの設備管理業務等に従事する正社員の仮眠時間について、仮眠時間中も対応を必要とせず、実作業の必要が生じることが皆無に等しいといえるほどに指示が徹底されていたとはいえないこと等を理由に、仮眠時間も労働時間に該当すると判断した。

8 年次有給休暇

前掲 [2] は、年休権を与えなかったことについて損害賠償請求を肯定した。

9 年少者・妊産婦

該当裁判例なし。

10 安全衛生・労働災害

(1) 業務災害・公務災害の認定（行政訴訟）
(a) 脳心臓疾患
[24] 地方公務員災害補償基金熊本県支部長事件・

福岡高判令2・9・25労経速2436号3頁では、市立小学校教諭の脳幹部出血による後遺障害の公務起因性が争われた。原審（熊本地判令2・1・27）は、発症前1か月間の時間外労働時間は最大でも89時間54分（校内49時間59分、自宅39時間55分）で100時間（週当たり25時間）に至っていない等として、公務起因性を否定した。[24] は、個々の業務自体が過重であるとまではいえないものの業務を同時期に並行して処理していたのであるから、業務上の負荷については業務を全体として評価する必要があるとした上で、発症前1か月間の時間外労働時間が93時間01分（校内51時間06分、自宅41時間55分）にのぼること、職場で時間外労働をした後、そこで終了させることのできなかった文書やプリント類の作成の業務を自宅で行うことを余儀なくされ、睡眠時間が減ったこと等を考慮して、公務起因性を肯定した。

[25] 国・鹿屋労基署長事件・東京地判令2・7・10労経速2447号14頁は、スーパーの鮮魚部門の従業員のくも膜下出血につき、時間外労働の時間数自体から直ちに発症と業務との関連性が強いと評価することはできず、作業環境や通勤も大きな業務負荷を基礎付けるものであるとまでは認められず、休日が十分に確保されていたため、過重負荷を受けたとまでいうことはできないとして、業務起因性を否定した。

(b) 精神障害
精神障害の業務起因性を肯定した事案として、[26] 国・京都上労基署長（島津エンジニアリング）事件・大阪高判令2・7・3労判1231号92頁、[27] 国・三田労基署長事件・東京高判令2・10・21労経速2447号3頁、[28] 国・札幌東労基署長（カレスサッポロ）事件・札幌地判令2・10・14労判1240号47頁がある。[26]、[27] はいずれも業務起因性を否定した原審の判断を取り消した事案である。

[26] では、有期契約社員の精神障害にかかる休業補償給付不支給決定の適法性が争われ、原審（京都地判平31・4・16労判1231号109頁）は、原告が希望すれば契約が更新される可能性が高く、業務による心理的負荷の強度は「弱」にとどまるとして業務起因性を否定した。しかし、[26] は、正社員登用試験の受験申請に必要な部署長推薦をしないことや課の3か年計画の構想に入っていないことを告げた課長面談が労務管理上極めて不合理かつ不適切な対応であり、課長面談の内容を裏打ちした社長面談も不適切な対応であったとして、これらの出来事が「非正規社員である自分の契約満了が迫った」に該

当し、負荷の強度は「強」であるとして、業務起因性を肯定した。

[27] では、うつ病自殺の業務起因性が争われ、原審（東京地判令元・10・30）は、業務による強い心理的負荷は認められず、業務起因性は認められないと判断した。しかし、[27] は、上司とのトラブル（心理的負荷の程度「中」）や顧客・取引先からクレームを受けたこと（心理的負荷の程度「中」）により、平成21年1月中旬頃に軽度のうつ病を発症させたが治療により一旦は症状が寛解したものの、当該上司により、同年4月に長年行っていた業務による能力経験を生かすことができず、かつ、苦手なITを駆使しなければならない業務に職務内容を変更されて被災者は不遇感を抱いていたところ、その業務を停滞させて上司から叱責された上に（心理的負荷の程度「中」）、同上司により達成困難なノルマを課せられたことにより（心理的負荷の程度「中」）、同年5月下旬頃には、再びうつ病の症状を発症させてその症状を悪化させ、遂には自殺するに至っていることについて、「具体的出来事」が上司の言動等により相互に関連して生じていると認められるから、その全体を一つの出来事として評価すると、その心理的負荷は「強」に該当するとして、業務起因性を肯定した。

[28] は、きつ音を有する看護師の試用期間延長後の自殺につき、きつ音を理由とした労務軽減が必要な者であったわけではなく、きつ音を有しながらも他の看護師と同様の勤務に就くことが期待できた者であったといえるとして、業務起因性を判断するに当たっては、同種の業務において通常の勤務に就くことが期待される一般的、平均的な労働者を基準とすべきであるとした上で、3か月程度の期間内に、患者からの苦情関係による相応に重い心理的負荷が生じていた状況において、さらに、患者とのコミュニケーション問題を含む課題を提示され、これを改善しなければ病院での勤務を継続できなくなるかもしれず、その時期も迫っているという心理的負荷が加わり、これらの出来事と重なる時期に指導担当者による指導等による心理的負荷があったことを踏まえ、心理的負荷の程度は強度のものであったと認めて業務起因性を肯定した。

[29] 国・大阪中央労基署長（讀賣テレビ放送）事件・大阪地判令2・6・24労判1231号123頁は、放送会社社員の適応障害について、業務によって被った心理的負荷の強度は「強」に当たるとまではいえないとして業務起因性を否定した。

[30] 柏労働基準監督署長事件・東京地判令2・11・27労経速2445号14頁は、ホテル・温泉施設の運営会社の調理師のうつ病自殺につき、ICカードにより出退勤時刻が記録され、これに基づいて残業代が支払われていたものの、その打刻時間が直ちに指揮命令下に置かれた時間であると推認することはできないとして、「1か月に80時間未満の時間外労働を行った」に当たり、その心理的負荷の強度は「弱」にとどまると判断し、発症前おおむね6か月の間における業務による強い心理的負荷が認められないとして、業務起因性を否定した。

(c) その他

[31] 国・名古屋北労基署長事件・東京地判令2・2・14判タ1483号137頁は、長期間にわたり石綿スレートの切断、加工作業等に従事した労働者の死亡につき、石綿関連疾患にり患していたことを認めることはできず、慢性左心不全が急性増悪した蓋然性を排除することができないとして、石綿にさらされる業務と死亡との間に相当因果関係が認められないとした。

(2) 労災民事訴訟

[32] マツヤデンキ事件・大阪高判令2・11・13労経速2437号3頁は、勤務中に他従業員から暴行を受け、心的外傷後ストレス障害（PTSD）の労災認定を受けた被災者が、会社や加害者らに損害賠償を求めた事案である。会社の責任について、原審（大阪地判平30・12・14）は、原告が入社以降、その勤務態度及び業務上のミス等を理由として強く叱責されることが多々あったこと等の具体的事情の下においては、店舗の従業員が原告に対して注意・指導を行うに当たっては、社会通念上許容される業務上の注意・指導の範囲を超えて、これを行わないように注意・指導すべき義務があったとして、精神疾患の損害についても賠償義務を認めた。これに対し、[34] は、打撲の結果を生じたにすぎない程度の暴行を受けることによって、何らかの精神疾患を発症することを予見することは困難というべきであり、暴行も偶発的に行われたものにすぎないとして、被災者に対する指導について特に注意すべき義務があったとは認められず、パワーハラスメント行為を防止するための特段の体制整備をすべき義務があったとも認められないとして、会社の安全配慮義務違反を否定し、暴行による損害（約2万円）について使用者責任を認めた。

[33] サンセイほか事件・東京高判令3・1・21労判1239号28頁では、営業係長の脳出血による死亡につき、長時間の時間外労働によるものであった

として会社の債務不履行責任が肯定されるとともに、会社法429条1項に基づく取締役の責任が争点となった。一審（横浜地判令2・3・27労判1239号38頁）は、被災者の直属の上司であった専務取締役工場長につき、過失は肯定したものの悪意重過失はないとして責任を否定したが、[35] は、過労死のおそれを認識しながら、従前の一般的な対応に終始し、業務量を適切に調整するために実効性のある措置を講じていなかった以上、その職務を行うについて過失があり、かつ、その過失の程度は重大なものであったといわざるを得ないとして、会社法429条1項の責任を肯定した（但し、高血圧・飲酒等による過失相殺の類推適用5割を肯定）。

[34] 地方独立行政法人長崎市立病院機構事件・長崎地判令元・5・27労判1235号67頁は、心臓血管内科医の内因性心臓死について、抄読会、学会への参加及び自主的研さんを非労働時間としつつ、当直業務、看護師勉強会、救命士勉強会及び症例検討会、派遣講義等を含む発症（死亡日）前1か月間ないし6か月間における時間外労働の合計は、発症前1か月間が159時間、発症前2か月間ないし6か月間の期間において最も少ない月で154時間である等として業務と死亡との因果関係を肯定し、安全配慮義務違反に基づく損害賠償や未払賃金の請求を認めた。

(3) 安全配慮義務

[35] 多摩市事件・東京地判令2・10・8労経速2438号20頁は、病気休職の手続等を定めた要綱が産業医面談を受けることを休職者の義務として規定していること等に照らし、被告において休職者に対して月1回の産業医面談を実施すべき義務があると解釈することはできないとした上で、被告は産業医面談以外の方法で原告の体調を一定程度把握していたとして、被告が原告に対して月1回の産業医面談を実施しなかったことに安全配慮義務違反はないと判断し、原告の損害賠償請求を退けた。

[36] アクサ生命保険事件・東京地判令2・6・10労経速2432号3頁（前回掲載済み）は、短時間勤務制度の事実上の適用を受けていた保険会社の営業所育成部長の会社に対する損害賠償請求について、長時間労働を放置した会社の安全配慮義務違反を肯定し、結果的に具体的な疾患を発症するに至らなかったとしても、1年以上にわたって、ひと月当たり30時間ないし50時間以上に及ぶ心身の不調を来す可能性があるような時間外労働に従事させた慰謝料として10万円を認めた。

11　労働契約の基本原理

[37] レジェンド元従業員事件・福岡高判令2・11・11労判1241号70頁では、同業他社に就職した場合に会社（保険代理店）の顧客に営業活動を行わない旨の競業避止特約の有効性やその違反の有無が争点となった。一審（福岡地小倉支判令2・6・17労判1241号79頁）は、退職後2か月間は顧客に対する一切の契約締結に向けた営業活動（顧客からの求めに応じた場合を含む）をしてはならないことを合意する限度で有効であるとして、競業避止義務違反を認めて賠償義務を認めた。しかし、[37] は、元従業員がもともと個人事業として保険代理店業を経営していた時期に獲得した既存顧客に対して行う営業活動のうち、当該顧客から引き合いを受けて行った営業活動であって、元従業員から連絡を取って勧誘をしたとは認められないものについては競業避止義務の対象に含まれないとして、競業避止義務違反を否定した。

[38] Ｚ社事件・名古屋地判令3・1・14労経速2443号15頁は、宇宙・航空関連機器等の輸出入・販売等を営む株式会社の名古屋支店長が在職中に別会社を設立し、主要な取引先3社をして会社との契約関係を終了させると同時に部下従業員とともに一斉に退職届を提出した上で、別会社で競業行為に及んだ事案において、退職前の行為は別会社による競業行為及びその準備行為で就業規則に違反し、退職前後を通じた行為は、会社の地位を利用して、取引上の信義に反する態様で会社の事業活動を積極的に妨害したものというほかなく、これを正当化すべき理由が見当たらない以上、社会通念上自由競争の範囲を逸脱した違法な行為であって、不法行為を構成するとした（中間判決）。

12　雇用保障（労働契約終了の法規制）と雇用システム

(1) 普通解雇

(a)　有効

[39] 東京現代事件・東京地判平31・3・8労判1237号100頁は、ソフト開発営業等に従事していた従業員の解雇につき、兼業禁止違反に該当する事実が認められ、客観的合理的な理由があり、兼業の内容が就業時間に競業他社の業務を行うだけでなく、被告の業務で知り得た情報を利用するという被告への背信的行為であるという内容に照らせば、社

会通念上も相当なものであるとして、有効と認めた。

[40] 前原鎔断事件・大阪地判令2・3・3労経速2432号19頁は、金属の販売・鎔断・加工等を目的とする会社の従業員の解雇につき、入社から12年以上経過した後においても労務提供に際して必須かつ基本的な意識すら欠く勤務態度であり、新入社員がおおむね3か月くらいでマスターする仕上げ作業をマスターできない状況にあったこと、クレーンに関する懲戒処分を受けた後かつ入社から13年以上経過した後も、自身の業務の危険性に頓着しない勤務態度に及んで立て続けに2件のクレーン事故を起こしたこと、これらの事故について懲戒処分を受けた2か月後にもクレーン事故を起こし、工場全体の操業停止という事態を発生させたことを併せ鑑みれば、就業状況が著しく不良で就業に適さない、あるいはこれに準ずるものとしてした解雇は、客観的に合理的な理由があり、かつ、社会通念上相当と認められるとして、有効と認めた。

[41] パタゴニア・インターナショナル・インク事件・東京地判令2・6・10労経速2440号17頁は、米国衣料品会社の日本支社のリーガルカウンセル（ニューヨーク州弁護士）の解雇につき、能力や適格性が不足し、他の従業員らとの協調性も欠き、これらの改善の可能性がないとして、有効と認めた。

　(b)　無効

[42] アニマルホールド事件・名古屋地判令2・2・28労判1231号157頁は、41回の売上金の窃取等を理由とする動物病院のトリマーの解雇について、1回でも原告が行ったものであるとは認めることはできないとして無効と判断するとともに、性急かつ軽率な判断で会社に過失が認められ不法行為を構成するとして、受給できなかった出産手当相当額と慰謝料50万円の損害賠償を認めた。

[43] 太平洋ディエムサービス事件・大阪地判令2・3・27労判1238号93頁は、「睡眠時無呼吸症候群を原因とする居眠り」について、その回数、時間等が「業務に堪えられない」との程度に至っているとの評価を可能とするだけの事実を認定できず、他に解雇に客観的な合理的理由があり、社会通念上相当であるとの評価を基礎付ける事実を認めるに足りる証拠はないとして、解雇を無効とした。

[44]PwC あらた有限責任監査法人事件・東京地判令2・7・2労経速2444号13頁は、原告の被害女性に対する行為に関して諭旨免職処分が行われ、次に、原告の人事評価に基づき降格決定が行われ、その後に、諭旨免職処分及び降格決定で問題とされた事情やそれ以降に生じた事情を踏まえて普通解雇

が行われたという事案において、警告を受けた後も被害女性に対するストーカー行為を継続していたといった事情や、他の女性職員に対してストーカー行為に及ぶ具体的危険性があったといった事情までは認められず、懲戒処分歴はなく、管理職の地位にある者でもないことを考慮して、諭旨免職処分は重きに失するもので無効とし、降格決定は有効としたものの、解雇せざるを得ないほど、職務の遂行に必要な能力を欠いていたとは認めるに足りないなどとして、解雇を無効と判断した。

[45] みずほビジネスパートナー事件・東京地判令2・9・16労判1238号56頁は、被告に転籍して以降、2回の懲戒処分を受けたことに加え、複数の業務上のミスや落ち度と評価される言動があり、セクシュアルハラスメントに該当する非違行為があった従業員の解雇につき、勤務成績及び業務遂行能力の不良及び非違行為については、いずれも直ちに解雇を相当とする事情とは認められず、解雇時点において、原被告間の信頼関係が破壊されていたと認めるには足りず、解雇事由があるとは認められないとして、無効と判断した。

(2)　整理解雇

[46] 学校法人Z大学事件・奈良地判令2・7・21労経速2433号3頁は、大学学部の募集停止に伴う教員らの整理解雇につき、人員削減の必要性は認められるものの、希望退職の募集と転退職の支援、事務職員等への配置転換の希望を募るにとどまり、他学部への異動の可能性の検討を一切せず、団体交渉で協議が尽くされたとはいい得るかは疑問が残るとした上で、整理解雇法理における4要素を総合考慮しても、労契法16条所定の客観的に合理的な理由があり、社会通念上相当であると認めることはできないとして、無効とした。

[47] センバ流通（仮処分）事件・仙台地決令2・8・21労判1236号63頁は、新型コロナウイルス感染症の影響による利用客の減少を理由とする有期契約のタクシー乗務員の整理解雇につき、①人員削減の必要性があり、その必要性が相応に緊急かつ高度のものであったことは疎明があるが、直ちに整理解雇を行わなければ倒産が必至であるほどに緊急かつ高度の必要性であったことの疎明はなく、②雇用調整助成金や臨時休車措置等を利用した解雇回避措置が可能であったにもかかわらずこれを利用していない点において解雇回避措置の相当性は相当に低く、③人員選択の合理性及び④手続の相当性も低いとして、本件解雇が有期労働契約の契約期間中の整

理解雇であることを総合的に考慮すると、解雇は労働契約法17条1項のやむを得ない事由を欠いて無効であるとした。

(3) 解雇期間中の賃金

[48] 新日本建設運輸事件・東京高判令2・1・30労判1239号77頁は、解雇後、同業他社に同職種で転職し、同水準以上の賃金を得ていたトラック運転手について、就労意思の有無が争点となった。一審（東京地判平31・4・25労判1239号86頁）は、遅くとも再就職した後約半年ないし約1年が経過した時点で、客観的にみて被告における就労意思を喪失するとともに、被告との間で原告らが被告を退職することについて黙示の合意が成立したと認めるのが相当であるとして、地位確認請求を棄却した。[48] は、解雇後、代理人弁護士に相談した上、離職の2日後には解雇が無効である旨通知し、労働契約上の権利を有する地位にあることを明示し、賃金の支払を求めているから、同通知が復職を求めるものであることは明らかであり、これに対し、会社は回答書で争っていて、勤務継続を要求しても会社が応じないことも明らかであったから、さらに勤務継続を明示に要求しなかったとしても、そのことから離職時に就労意思がなかったということはできないし、解雇された労働者が、解雇後に生活の維持のため、他の就労先で就労すること自体は復職の意思と矛盾するとはいえず、不当解雇を主張して解雇の有効性を争っている労働者が解雇前と同水準以上の給与を得た事実をもって、解雇された就労先における就労の意思を喪失したと認めることはできないとして、地位確認を認め、解雇期間中の賃金請求を認めた。

(4) 解雇の意思表示

[49] ドリームスタイラー事件・東京地判令2・3・23労判1239号63頁（前回掲載済み）は、飲食店の運営等を目的とする株式会社の従業員が妊娠中に被告を退職したことについて、原告の退職が実質的にみて被告による解雇に該当すると認めることはできないとして、解雇に該当することを前提とする原告の各請求を退けた。

(5) 定年後再雇用

[50] ヤマサン食品工業（仮処分）事件・富山地決令2・11・27労判1236号5頁は、定年翌日を始期とする嘱託雇用契約を締結していた者が、譴責の懲戒処分を受けたことを理由に始期付き嘱託雇用契約を解除する旨の通知を受け、定年後の再雇用を拒否された事案である。[50] は、就業規則に抵触したことを解除条件として合意を破棄する旨の嘱託雇用契約の条項は、解雇事由又は退職事由に該当するような就業規則違反があった場合に限定して、合意を解除し、再雇用の可否や雇用条件を再検討する趣旨であると解釈すべきであるとした上で、解雇事由又は退職事由に該当する事情は認められず、再雇用の期待に合理的な理由がある一方、再雇用しないことは、客観的に合理的な理由を欠き、社会通念上相当とは認められないとして、合意に定められた条件で嘱託雇用契約が存在しているものと認め、本案の一審判決言渡しまでの賃金仮払を認めた。

[51] アルパイン事件・東京地判令元・5・21労判1235号88頁（第21回掲載済み）は、会社が提示した再雇用後の業務内容、処遇条件等に納得せず、自らの判断により、これを拒否して、定年後の雇用契約を締結せず、定年退職したものであるから、定年後の雇用契約の存在を認める余地はないとして、地位確認請求等を棄却した。

13 労働関係の成立・開始

該当裁判例なし。

14 就業規則と労働条件設定・変更

[52] 野村不動産アーバンネット事件・東京地判令2・2・27労判1238号74頁（前回掲載済み）は、就業規則の変更による営業成績給の廃止につき、労働条件変更の必要性、変更後の就業規則の内容の相当性が認められ、従業員に対して必要とされる最低限の説明は行っており、従業員の過半数代表者から異議がない旨の意見を聴取していることが認められ、労働者の受ける不利益の程度を考慮してもなお、就業規則の変更は合理的なものであるとして、就業規則の変更による労働条件の変更を有効とした。

15 人事

(1) 人事考課（査定）

[53] フェデラルエクスプレス事件・千葉地判令2・3・27労判1232号46頁は、航空整備士の賞与の低査定につき、原告は、観察期間内において、同僚や上司から侮辱的、威圧的と受け取られる言動を繰り返し行っており、いずれの評価項目においても低い評価を受ける事実があったこと、これは他の従業員には見られない懲戒を受ける程度の問題のあ

る言動であったこと等から、被告に事実誤認や手続
違反はなく、裁量権の逸脱・濫用があったとも認め
られないとして、不法行為該当性を否定した。

(2) 配転・出向

[54] 安藤運輸事件・名古屋高判令3・1・20労
判1240号5頁は、運行管理業務や配車業務に従事
していた無期契約者の倉庫業務への配置転換命令に
つき、そもそも業務上の必要性がなかったか、仮に
業務上の必要性があったとしても高いものではな
く、かつ、運行管理業務及び配車業務から排除する
までの必要性もない状況の中で、運行管理者の資格
を活かし、運行管理業務や配車業務に当たっていく
ことができるとする被控訴人の期待に大きく反し、
その能力・経験を活かすことのできない倉庫業務に
漫然と配転し、被控訴人に通常甘受すべき程度を著
しく超える不利益を負わせたものであるとして、権
利の濫用に当たり無効と判断した（一審の結論を維
持）。

[55] 学校法人国際医療福祉大学（仮処分）事件・
宇都宮地決令2・12・10労判1240号23頁は、薬
学部教授兼薬剤部長から薬剤師への配転命令につ
き、黙示の職種限定合意の成立を前提に、配転合意
書への署名・押印が自由な意思に基づいてされたも
のと一応認めるに足りる合理的な理由が客観的に存
在するものとはいえず、配転合意の成立は一応も認
められないとして、黙示の職種限定合意に反する配
転命令を無効とし、薬学部教授として就労をするこ
とを求める特別の利益があるとして、地位保全を認
めた。

[56]ELCジャパン事件・東京地判令2・12・18
労経速2442号3頁は、外資系企業の日本法人の製
品企画部マネージャー（M2）が、職務等級制度の
下でETCBチームアシスタントマネージャー（M1）
に降格された事案において、組織変更という業務上
の必要性に基づくものであり、不当な動機又は目的
に基づくものではなく、原告と被告の雇用契約にお
いてキャリア形成に対する期待が法的利益として保
護されるものとされていたと認めるべき事情は見出
し難く、異動に当たっては、原告の製品企画開発の
経験を活かすことができる役職であることが一定程
度考慮されており、降格後も降格前と遜色ない額の
給与が毎月支払われていたこと等により、原告に生
じた不利益も大きなものではないから、被告の使用
者としての人事権を濫用したものとは到底いえない
として、降格を有効と認め、その後の配転も有効と
認めた。

[57] 相鉄ホールディングス事件・東京高判令2・
2・20労判1241号87頁（前回掲載済み）は、バ
ス会社に在籍出向してバス運転業務に従事していた
従業員らが、順次、在籍出向を解除され、バス運転
業務から外されて清掃業務等への従事を命じられた
ことに関し、職務内容の変更を伴う復職命令が権利
の濫用に当たらず有効とした原審（横浜地判平30・
4・19）の判断を維持した。

(3) 休職

[58] 日本漁船保険組合事件・東京地判令2・8・
27労経速2434号20頁は、診断書及び指定医意見
書は、いずれも休職事由が消滅したことを認定する
には足りず、面談時における原告の様子、原告によ
るツイッターへの投稿内容、指定医の診察や会長と
の面談に遅刻した際の状況等を併せ考慮すると、復
職不許可の時点において、原告が事務作業を通常の
程度に行える健康状態、又は、当初軽易作業に就か
せればほどなく事務作業を通常の程度に行える健康
状態に回復していたことを認めることはできないと
して、休職事由の消滅を認めず、休職期間満了を理
由に原告を退職扱いとしたことを適法有効と判断し
た。

16 企業組織の変動と労働関係

該当裁判例なし。

17 懲戒

[59] 公務員に対する懲戒処分取消等請求事件・
最一判令2・7・6判タ1480号123頁は、市立中
学校の教諭が、顧問を務める柔道部における部員間
の暴力行為を伴ういじめの事実を把握しながら、受
傷した被害生徒に対し、受診に際して医師に自招事
故による旨の虚偽の説明をするよう指示したこと等
を理由とする停職6月の懲戒処分の適法性が争点と
なった。一審（神戸地判平30・3・27）は処分を適
法としていたが、二審（大阪高判平30・11・9）は、
非違行為の悪質性の程度や酌むべき事情等を考慮
して処分を違法としていた。これに対し、[59] は、
一連の各非違行為は、その経緯や態様等において強
い非難に値するものというほかなく、これが本件中
学校における学校運営や生徒への教育、指導等に及
ぼす悪影響も軽視できない上、公務への信頼をも損

なわせるものであり、非違行為としての程度は重いといわざるを得ないとする一方で、原審が指摘した酌むべき事情を殊更に重視することは相当でないとした上で、県教委の判断が裁量権の範囲を逸脱し、又はこれを濫用したということはできないとして、懲戒処分を違法としていた原審（大阪高判平30・11・9）を破棄し、教諭の控訴を棄却した。

[60] 学校法人追手門学院（懲戒解雇）事件・大阪地判令2・3・25労判1232号59頁は、懲戒委員会や理事会の審議内容等の漏えいを理由とする元学長らに対する懲戒解雇について、情報漏えいの対象者は被告の関係者又は守秘義務を負う弁護士といった限定された範囲の者であること、懲戒委員会や理事会の自由な議論が阻害された、あるいは、被告に何らかの具体的な損害が生じたことをうかがわせる的確な証拠ないし事情は認められないこと、過去に特段の懲戒処分を受けたこともなかった事情等を踏まえると、懲戒解雇処分を行うのは重きに失するとして無効と判断し、訴訟係属中になされた普通解雇も無効と判断した。

[61] 日成産業事件・札幌地判令2・5・26労判1232号32頁は、①懲戒解雇は存在せず、会社もこれを認識していたにもかかわらず、懲戒解雇が存在するものであるかのように装い退職一時金の受給を妨害したこと、②会社の労働者に対する損害賠償請求及びそれに関する会社の訴訟行為（偽造書証の提出等）、③共済センターに対する掛金の未納付を、一個の不法行為と解し、会社に慰謝料50万円等の損害賠償を命じた。

[62] 福屋不動産販売事件・大阪地判令2・8・6労判1234号5頁は、同業他社に転職するに当たって他の従業員を引き抜く行為等を理由になされた不動産会社の従業員らに対する懲戒解雇について、本部長及び店長という重要な地位にありながら、7名の従業員に同業他社のために転職の勧誘を繰り返したことや、内部通報を契機とする翻意がなければ福屋不動産販売の経営に与える影響は大きかった等の事情に照らせば、単なる転職の勧誘にとどまるものではなく、社会的相当性を欠く態様で行われたものであるとして、有効性を肯定した。

[63] 学校法人國士館ほか（戒告処分等）事件・東京地判令2・11・12労判1238号30頁は、虚偽の公益通報をした等としてなされた大学教員らに対する懲戒戒告処分の無効確認請求につき、原告らの名誉感情という法的に保護に値する利益が侵害されており、名誉教授授与において不利な事情として考慮される不利益があり、かつ、その侵害・不利益を除

去する方法として、現在の権利関係の確認を行うことは一部困難となっているなどの事情があるとして確認の利益を認めた上で、懲戒事由が認められないとして懲戒処分の無効を確認するとともに、短絡的に懲戒事由を認定し懲戒手続に反する公平性を損なう手続により行われた懲戒処分であるとして不法行為の成立を認め、各自50万円の慰謝料を認めた。

[64] 長崎自動車事件・福岡高判令2・11・19労経速2442号27頁は、同一の営業所の異なる労働組合に加入する同僚従業員に対する言動を理由とする5日～7日の出勤停止処分を重きに失するとして無効とし、その後の配転命令も無効とした一審（長崎地判令2・3・27労経速2442号32頁）の判断を維持する一方で、不法行為は成立しないとしていた原審の判断を取り消し、違法無効な処分を行い、その処分内容を全営業所に掲示したことは不法行為を構成するとして、会社に慰謝料5万円等の賠償を命じた。

18　非典型（非正規）雇用

(1)　無期転換

[65] ハマキョウレックス（無期転換）事件・大阪地判令2・11・25労経速2439号3頁は、労契法18条1項に基づき無期転換した原告らが、転換後の労働条件について、正社員就業規則によるべきであると主張して地位確認等を求めた事案において、無期転換後の労働条件に関し、正社員就業規則による旨の合意はなく、正社員就業規則は労契法18条1項第2文の「別段の定め」にも当たらないとして、原告らの請求を棄却した。

(2)　有期契約の派遣労働者の解雇

[66] ヘイズ・スペシャリスト・リクルートメント・ジャパン事件・東京地判令2・7・8労経速2446号20頁は、有期の派遣労働契約者の契約期間中の解雇等が不法行為に該当するとして派遣元に損害賠償を求めた事案において、派遣先の上司や同僚との間のコミュニケーションに業務に支障が出るほどの大きな問題が生じ、少なくとも複数の業務命令違反があったとして解雇事由を認定した上で、他の顧客に対しても原告を派遣することは難しいと判断することも不合理であるとはいえず、解雇前に残期間の給与を補償する内容で退職を勧奨して一定の解雇回避措置はとっていたとして、解雇にはやむを得ない事由（労働契約法17条）があったことは否定できず、また、解雇が無効かつ違法であるとは評価できず、

解雇が不法行為に当たるとは認められないとして、原告の請求を棄却した。

(3) 雇止め

[67] 高知県公立大学法人（第2）事件・高知地判令2・3・17労判1234号23頁（前回掲載済み）は、プロジェクトの遂行のために雇用されたシステムエンジニアに対する無期転換申込権が生じる直前の雇止めについて、プロジェクトが終了するまで雇用が継続されるという期待には合理的な理由があるとして労契法19条2号の適用を認めた上で、6年間のプロジェクトの存在を前提としていた労働契約について、プロジェクトが終了する1年前にあえて雇止めをしなければならない、客観的な理由や社会通念上の相当性があったのかは疑問であり、被告は、労契法18条1項による転換を強く意識していたものと推認できるというべきであり、原告に雇用契約が更新されるとの合理的な期待が認められるにもかかわらず、同条同項が適用される直前に雇止めをするという、法を潜脱するかのような雇止めを是認することはできないとして無効と判断し、無期雇用への転換を認めて地位確認請求等を認めた。

[68] 公益財団法人グリーントラストうつのみや事件・宇都宮地判令2・6・10労判1240号83頁は、有期労働契約を締結する非常勤嘱託員の無期転換申込権の発生を回避する雇止めにつき、かなり早い段階から基幹的業務に関する常用的なものへと変容していたなどとして労契法19条2号の適用を認めた上で、労契法18条所定の通算契約期間が経過し、労働者に無期労働契約の締結申込権が発生するまでは、使用者には労働契約を更新しない自由が認められているのであって、使用者が上記無期労働契約の締結申込権の発生を回避するため、通算契約期間内に当該有期労働契約の更新を拒絶したとしても、それ自体は格別不合理な行為ではないとしつつ、雇止めの決定過程で雇止め回避努力、被雇止め者選定やその手続の妥当性の検討が行われておらず、客観的に合理的な理由を欠き、社会通念上相当であると認められないとして、無効と判断した。

[69] 日本通運事件・東京地判令2・10・1労経速2438号3頁は、平成24年6月1日以降、途切れることなく（労働契約1〜7）被告で就労していた有期労働契約者が、平成29年8月31日に、期間を同年9月1日から平成30年3月31日までとして不更新条項付きの労働契約を締結した後（労働契約8）、同契約を更新されず雇止めされた事案において、雇止めを有効と判断した。[69]は、契約

書に不更新条項等が記載され、これに対する同意が更新の条件となっている場合には、契約書の署名押印が労働者の自由な意思に基づいてされたものと認めるに足りる合理的な理由が客観的に存在する場合に限り、労働者により更新に対する合理的な期待の放棄がされたと認めるべきであるとした上で、原告が過去に不更新条項等について異議を留めるメールを送っていること等を考慮して、自由意思に基づくと認めるに足りる客観的合理的理由の存在を否定した。他方で、[69]は、被告が商品配送業務を失注し事業所を閉鎖する見込みとなり、次期契約期間満了後の雇用継続がないことについて、個人面談を含めた複数回の説明を受け、被告に代わり業務を受注した後継業者への移籍ができることなどを説明され、契約書にも不更新条項が設けられたことにより、労働契約7の締結の時点においては、それまでの契約期間通算5年1か月、5回の更新がされたことによって生じるべき更新の合理的期待は、打ち消されてしまったとした。そして、労働契約8締結時も、契約書に不更新条項が設けられ、管理職が、原告に対し、契約期間満了後は更新がないことについて説明書面を交付して改めて説明を行ったことにより、合理的な期待が生じる余地はなかったとして、労働契約8の期間満了時において、原告が、被告との有期労働契約が更新されるものと期待したとしても、その期待について合理的な理由があるとは認められないとして、労契法19条2号の適用を否定し、雇止めを有効と認めた。

[70] 共同交通事件・札幌高判令2・2・27判時2461号53頁は、有期のタクシー乗務員が、会社に対し、組合の執行委員長を辞めて嘱託契約更新の申込みをする方向での意向を伝えたものの、その後、申込みをしなかった事案で、有期労働契約の更新の申込みがあったとは認められず、組合の執行委員長として新賃金体系に応じない意向を表明していたことをもって嘱託契約更新の申込みがあったということもできないとして、労契法19条2号の適用を否定し、雇止めを有効とした（一審札幌地判平30・10・23の判断を維持）。

[71] 東京都就労支援事業者機構事件・東京地判令2・12・4労経速2446号3頁は、セクシュアルハラスメントなどを理由として事務局長から事務局職員に降格した後の雇止めにつき、原告の言動や業務内容に照らして降格は有効であるとした上で、有期雇用契約が更新されることにつき、原告の更新に対する期待とは事務局長として更新されることであり、事務局職員の立場で更新されることは期待して

いないものと推察されるなどとして、労契法19条2号の適用を否定し、雇止めを有効と判断した。

(4) 均衡均等待遇

[72] トーカロ事件・東京高判令3・2・25労経速2445号3頁は、嘱託社員の基本給及び賞与の差異について、責任の程度・配置変更範囲の相違や正社員登用制度が機能していること等を考慮して労契法20条の不合理性を否定し、地域手当の不支給についても、初任給の額が全国一律であるという正社員固有の賃金制度に由来する問題を解消するための手当であること、嘱託社員には、初任給額が全国一律であることから生じた関東地区における正社員の安定的確保という地域手当の支給に係る事情は妥当しないこと等を考慮して、労契法20条の不合理性を否定した（一審東京地判令2・5・20の判断を維持）。

[73] 名古屋自動車学校事件・名古屋地判令2・10・28労経速2434号3頁は、定年前後で職務内容及び変更範囲に相違がない自動車学校の定年後再雇用の教習指導員（嘱託職員）の正職員との待遇差のうち、基本給、賞与、皆精勤手当及び敢闘賞（精励手当）の相違を不合理として労契法20条違反を肯定し、家族手当の不支給の不合理性を否定した。[73] は、基本給の不合理性判断で、①定年退職時の賃金が賃金センサス上の平均賃金を下回る水準であった中で、嘱託職員時の基本給は定年時の基本給を大きく下回り、若年正職員の基本給をも下回るばかりか、賃金総額が定年時の労働条件を適用した場合の60％をやや上回るかそれ以下にとどまる帰結をもたらすこと、②このような帰結は労使自治が反映された結果でもなく、労働者の生活保障の観点からも看過し難い水準に達していることを指摘して、嘱託職員時の基本給が正職員定年退職時の基本給の60％を下回る限度で不合理とした。賞与についても、同様の事情を考慮して不合理性を肯定している。皆精勤手当及び敢闘賞（精励手当）についても、支給の趣旨は所定労働時間を欠略なく出勤すること及び多くの指導業務に就くことを奨励することであり、その必要性は定年前後で相違はないとして、正職員との差異を不合理と認めた。他方、家族手当については、福利厚生及び生活保障の趣旨であり、嘱託職員は正職員として勤続した後に定年退職した者であり、老齢厚生年金の支給を受けること等を考慮して、不合理性を否定した。

[74] 学校法人A事件・大阪高判令2・1・31労経速2431号35頁は、大学嘱託講師に対する大学夜間担当手当の不支給について、当該手当は専任教員が日中に広範で責任の重い職務を担当しながら、更に6講時以降の授業を担当することの時間的拘束や負担を考慮した趣旨及び性質の手当であるとした上で、職務内容の相違、当該手当として支給される月額も著しく多額になるものではないこと、嘱託講師の担当授業数の増加に伴う時間的拘束や負担に対しては本俸への加算という形で相当の配慮がされているといえること等を考慮して、労契法20条の不合理性を否定した（一審京都地判平31・2・28の判断を維持）。

[75] 学校法人中央学院（非常勤講師）事件・東京地判令元・5・30判タ1481号197頁（第21回掲載済み）は、大学の非常勤講師の本俸額の差異、賞与、年度末手当、家族手当及び住宅手当の不支給について、専任教員と職務内容に大きな違いがあることに加え、労使交渉の経緯、私立大学等経常費補助金に関する定め、他大学における非常勤講師の賃金水準と同水準であること等を考慮して、労契法20条の不合理性を否定した（東京高判令2・6・24労経速2429号17頁も同判断を維持）。

なお、いずれも前回掲載済みの最高裁判例として、有期契約者に対する退職金の不支給の不合理性を否定した [76] メトロコマース事件・最三判令2・10・13判タ1483号70頁、夏期冬期休暇、年末年始勤務手当、病気休暇、祝日給、扶養手当に関する待遇差を不合理と認めた [77] 日本郵便事件・最一判令2・10・15判タ1483号54頁がある。

(5) 労働者派遣法の直接雇用申込みみなし

[78]AQソリューションズ事件・東京地判令2・6・11労経速2431号18頁は、A社からソフトウェア開発業務の委託を受ける旨の契約書に基づき、B社の事業所で業務に従事していた原告が、B社に対し、労働者派遣法40条の6第1項5号に基づきB社と原告との間で労働契約が成立したと主張して賃金等を請求した事案である。[78] は、B社は、原告を、A社との雇用関係の下に、B社の指揮命令を受けて、B社のために労働に従事させ、労働者派遣の役務提供を受けたため、B社は、請負その他労働者派遣以外の名目で契約を締結し、労働者派遣法26条1項各号に掲げる事項を定めず、労働者派遣の役務の提供を受ける者（同法40条の6第1項本文、5号）に当たるとする一方で、労働者派遣法等の適用を免れる目的は認められないとして、B社との労働契約の成立を否定し、B社に対する請求を棄却した。

19 個別労働紛争処理システム

[79] 国（口外禁止条項）事件・長崎地判令２・12・1労判1240号35頁は、労働審判委員会が口外禁止条項を含む労働審判を行ったことにつき国賠法１条に基づく損害賠償がなされた事案において、審判で口外禁止条項を定めても、消極的な合意に至ることは期待できず、受容可能性はないため、相当性を欠き労働審判法20条１項及び２項に違反するとしつつ、審判に違法又は不当な目的があったとはいえないとして、国賠法１条の違法性を否定し、原告の請求を棄却した（詳細は和田一郎弁護士の裁判例研究参照）。

20 労働組合

[80] 谷川電機製作所労組ほか事件・さいたま地判令２・６・12労判1237号73頁は、産業別労働組合の支部の組合員である原告が、支部組合の執行委員長らに対し、原告を不当に組合から排除するために除名処分を行ったと主張し、損害賠償請求権を求めた事件について、除名処分は多数派に反対する意見を表明した組合員を支部組合から排除する目的でなされたものであり、原告の言動は何ら組合規約に反するものでなく、かかる除名処分は統制権の濫用に当たり、違法無効であるとしつつ、除名処分は臨時大会における出席組合員による無記名投票の結果、賛成多数によって処分議案が可決され、その議決に基づいて行われたものであり、団体の意思決定によるものであるから、直ちに被告ら個人が不法行為責任を負うことはないとして、損害賠償請求を棄却した。また、[80]は、組合支部が、組合支部から脱退した組合員によって新たに設立された被告労組に対し、組合財産（預金通帳等）の引渡しを求めた事件について、支部組合を脱退した多数の組合員によって構成される被告労組において、動産の所有権を承継することができるかにつき、組織脱退ではなく、組合員各人が産業別労働組合から個々に脱退しただけであり、集団脱退後に結成された被告労組は、従前の支部組合とは全く別の労働組合と評価せざるを得ず、原告支部に組合財産の所有権が帰属するとして、引渡し請求を肯定した。

[81] 北海道協同組合通信社労働組合事件・札幌地判令２・８・６労判1232号５頁は、合同大会の無断欠席などを理由とする組合員の除名処分について、統制事由に該当しないか、該当するとしても、

除名処分とするのは著しく均衡を失したものであることや、弁明の機会の付与に瑕疵があること等を考慮して、統制権の範囲を逸脱し又は濫用した違法があり無効として、組合員としての地位確認を認めた。

[82] 国際自動車（占有妨害禁止等仮処分・対資産保有会社）事件、[83] 国際自動車（占有妨害禁止等仮処分・対会社）事件・東京地決令３・１・８労判1241号56頁は、タクシー会社の従業員の一部を構成員とする労働組合が、同社から組合事務所として使用する目的で建物の一部の無償供与を受け、これを組合事務所として使用していたところ、同社を吸収合併した資産保有会社から組合事務所の明渡しを請求されたことなどから、占有使用の妨害禁止等の仮処分を申し立てた事案において、組合事務所の無償貸与は、使用者による恩恵的な便宜供与の性格を有することも否定することができないから、使用者がその返還を請求するに足りる正当な事由がある場合には、使用者との間の使用貸借契約が終了するものと解するべきであるとした上で、正当な理由があることの疎明があったとはいえず、組合事務所に係る使用貸借契約は終了していないとして、占有使用妨害禁止等の仮処分を認めた。

21 団体交渉

[84] 国・中労委（長澤運輸・団交）事件・東京高判令３・１・28労判1241号35頁は、都労委における別件救済申立事件の和解協定に違反して団体交渉に代表取締役を出席させず、資料を提示して説明をしなかったことにつき、都労委が救済命令を発し、中労委も団体交渉に代表取締役又は代表取締役に準ずる実質的な交渉権限を付与した者を出席させ、自らの主張の裏付けとなる資料を提示して具体的な説明を行うなどして誠実に応じること等を命じたため、会社がその取消しを求めた事案である。一審（東京地判令２・６・４）は、会社の対応は和解条項に反する不誠実なものであり、中労委命令は正当であるとして会社の請求を棄却したが、[84]も、団交における所長及び弁護士の対応は実質的な交渉権限を有する者としての対応を行ったものということはできず、和解条項の趣旨及び内容に則した団体交渉における誠実交渉義務を尽くしたものとは認められないとして、控訴を棄却した。

[85] 山形県・県労委（国立大学法人山形大学）事件・仙台高判令３・３・23労判1241号５頁は、55歳超の教職員の昇給抑制及び給与制度の見直しによる賃金引下げに係る団体交渉における大学の交渉態度

が不誠実であるとして、山形県労委が発した救済命令の適法性が争われた控訴審である。一審（山形地判令2・5・26労判1241号11頁）は、各交渉事項に係る規定の改正はいずれも既に施行されており、これについて改めて合意を達成するなどということはあり得ないから、各交渉事項について団体交渉に応ずるよう大学に命ずることは、不可能を強いるものというほかなく、処分行政庁の裁量権の範囲を超えるとして、救済命令を取り消した。[85]も、①昇給抑制又は賃金引下げの実施から4年前後を経過した時点で団体交渉をしても組合にとって有意な合意を成立させることは事実上不可能であった、②団体交渉が最終的には労使間の一定の合意の成立を目的とするものであることからすると、使用者に対し、事実上、労働組合にとって有意な合意の成立が不可能となった事項に関して労働組合との団体交渉を命ずることは、目的を達成する可能性がない団体交渉を強いるもので行き過ぎといわざるを得ないし、このような命令によらなくとも、いわゆるポスト・ノーティス命令によって正常な集団的労使秩序の回復を図ることも考えられ、それが効果として不十分であるともいい難いとして、原審の判断を相当として控訴を棄却した。

22　労働協約

該当裁判例なし。

23　団体行動

[86] 学校法人甲大学事件・大阪高判令3・1・22労経速2444号3頁では、争議行為（授業担当科目週2コマの実施拒否、委員会業務の拒否）を伴う業務命令違反を理由とする大学教員に対する懲戒処分（けん責）の有効性が争点となった。一審の [87] 学校法人関西外国語大学事件・大阪地判令2・1・29労判1234号52頁（第21回掲載済み）は、争議行為は正当性を有しないとして懲戒処分を有効と判断し原告らの請求を棄却した。[86] も、争議行為は、要求を実現する目的に出たものといわざるを得ず、態様においても、大学の人事権を行使するものないし人事管理権を侵害するものであり、その目的及び態様に照らして正当なものではないとして、業務命令違反に対する懲戒処分を有効とした一審の判断を維持して控訴を棄却した。

24　不当労働行為

[88] 国・中労委（関西宇部）事件・東京地判令2・3・23労判1237号88頁は、生コン会社が労働組合からの申入れにもかかわらず日々雇用労働者の供給依頼を再開しなかったことについて、組合が違法な抗議活動を行う可能性は相当程度あり、コンプライアンスの観点からも組合との間で新たに労働者供給契約を締結することについて懸念を抱くこともももっともであったとして、会社が従前の業務妨害行為等に関する組合の認識等について意見交換をしたい旨の意向を伝えることが支配介入に当たるということはできないし、当該意向伝達に回答することもなかった組合に対して日々雇用労働者の供給依頼を再開しなかったことが不当な差別として支配介入に当たるということもできないとした。

[89] 国・中労委（学校法人神奈川歯科大学）事件・東京地判令2・6・26労判1237号53頁は、合同労組に加入した保健師の復職拒否につき、労組法7条1号（不利益取扱い）及び3号の不当労働行為（支配介入）に当たるとするとともに、最初から合意達成の意思がないことを明確にし、団体交渉で実質的な合意はしないとの対応は、誠実交渉義務に反し、実質的な団体交渉拒否に当たり、また、労使間の対立が深まる中で、復職拒否と一連のものとして行われたものであり、復職に向けた組合の活動を妨害するものであるから支配介入に当たるとして、労組法7条2号及び3号の不当労働行為に該当するとした。

25　労働市場法総論

26　労働市場法各論

27　雇用システムの変化と雇用・労働政策の課題

28　その他（いずれにも分類できないもの）

いずれも、該当裁判例なし。

（ひらこし・いたる）

知財裁判例の動向

城山康文 弁護士

知財判例研究会

1　はじめに

知財判例研究会では、2021年上半期（1月1日〜6月30日）に下された知的財産に関する判例であって、原則として最高裁判所ウェブサイトに掲載されたものを概観し、報告する。なお、行政裁判例（審決取消訴訟の裁判例）も、知的財産分野においては重要な意義を有するものであるので、本稿では対象に含めた。

2　著作権

[著作物性　キャッチコピー]

[1] 東京地判令3・3・26（棄却、平31(ワ)4521号、29部）は、「会議が変わる。会社が変わる。」とのキャッチコピーにつき、「その分量の面と表現内容の面の両面から見て、表現の選択の幅が極めて小さいため、作成者の個性が表れる余地がごく限られている」、「全体としてリズミカルな語感を与えるものではあるが、このような構成を採用すること自体は、アイデアにすぎない」として、著作物性を否定した。

[著作物性　ゲームプレイ動画を撮影した動画]

[2] 東京地判令3・4・23（棄却、令2(ワ)5914号、29部）は、ゲームショー会場でプロジェクターに映写されていたゲームのプレイ映像及び音声を個人が手持ちの撮影機材で撮影した動画につき、当該撮影により新たな創作的表現が付加されたものではないとした。

[著作物性　滑り台]

[3] 東京地判令3・4・28（棄却、令元(ワ)21993号、29部）は、タコの形状を模した滑り台（上部にタコの頭部を模した部分を備え、その中は空洞となっ

ていて、当該部分の下部の踊り場から複数のタコの足が延びており、タコの足は主にスライダーとなっているといった構造）につき、美術の著作物にも建築の著作物にも該当しないとした。美術著作物該当性につき、裁判所は、「原告滑り台は、一般的な芸術作品等と同様の展示等を目的とするものではなく、遊具としての実用に供されることを目的とするものである」から応用美術にあたるとしたうえで、タコの頭部、足部、空洞部のいずれについても、「滑り台の遊具としての利用と強く結びついているものというべきであるから、実用目的を達成するために必要な機能に係る構成と分離して、美的鑑賞の対象となり得る美的特性を備えている部分を把握できるものとは認められない」として否定した。また、建築著作物該当性についても、「本件原告滑り台が同法上の『建築』に該当するとしても、その『建築の著作物』（著作権法10条1項5号）としての著作物性については、『文芸、学術、美術又は音楽の範囲に属するもの』（同法2条1項1号）か否か、すなわち、同法で保護され得る建築美術であるか否かを検討する必要がある。具体的には、『建築の著作物』が、実用に供されることが予定されている創作物であり、その中には美的な要素を有するものも存在するという点で、応用美術に類するといえることから、その著作物性の判断は、…応用美術に係る基準と同様の基準によるのが相当である。」として、同様に否定した。

[著作物性　現代美術]

[4] 大阪高判令3・1・14（原判決変更、令元(ネ)1735号、8部）は、現代美術に係る著作権侵害事件に関し、侵害を否定して請求を棄却した原判決を変更し、侵害を認めて被控訴人（一審被告）に対し差止・廃棄等を命じた。控訴人（一審原告）は、東京藝術大学大学院を修了し、これまでに数多くの個展を開き、美術展に出品するなどして活動している現代美

術家であった。その作品（「原告作品」）の外見は我が国で見られる一般的な公衆電話ボックスに酷似したものであり、四方がアクリルガラスでできた電話ボックス様の水槽、その内部に設置された公衆電話機様の造作と棚、水槽を満たす水、水の中に泳ぐ多数の金魚から成る。本判決は、原告作品のうち本物の公衆電話ボックスと異なる外観の特徴を、①電話ボックスの多くの部分に水が満たされている、②電話ボックスの側面の4面とも全面がアクリルガラスである、③その水中には赤色の金魚（50～150匹）が泳いでいる、④公衆電話機の受話器が、受話器を掛けておくハンガー部から外されて水中に浮いた状態で固定され、その受話部から気泡が発生している、の4点と認定し、①と③の点のみでは創作性を認めることができないものの、これに④の点を加えることによって、「電話ボックス様の水槽に50匹から150匹程度の赤色の金魚を泳がせるという状況のもと、公衆電話機の受話器が、受話器を掛けておくハンガー部から外されて水中に浮いた状態で固定され、その受話部から気泡が発生しているという表現において、原告作品は、その制作者である控訴人の個性が発揮されており、創作性がある。このような表現方法を含む1つの美術作品として、原告作品は著作物性を有するというべきであり、美術の著作物に該当すると認められる。」とした。そして、公衆電話機の機種・色、電話ボックスの屋根の色・棚の有無や水の量においてのみ相違する被告作品について、「これらの相違点はいずれもありふれた表現であるか、鑑賞者が注意を向けない表現にすぎないというべきである。そうすると、被告作品は、原告作品のうち表現上の創作性のある部分の全てを有形的に再製しているといえる一方で、それ以外の部位や細部の具体的な表現において相違があるものの、被告作品が新たに思想又は感情を創作的に表現した作品であるとはいえない。そして、…被告作品は、原告作品に依拠していると認めるべきであり、被告作品は原告作品を複製したものということができる。」として、複製権侵害及び著作者人格権（氏名表示権及び同一性保持権）の侵害を認めた。

［おみくじの著作権侵害］

[5] 東京地判令3・1・26（一部認容、平31(ワ)2597号等、46部）は、「開運推命おみくじ」（100種類のおみくじからなるもので、それぞれ、運勢全般や注意すべき事項、金運・仕事運等その他の個別の運勢の説明が記載されている。）について、複製権侵害及び同

一性保持権侵害を認めた。著作権侵害に基づく損害賠償額は114条1項の推定を用い、原告のおみくじの1枚当たりの利益額は70円とし、これに被告による譲渡数量（約8.2万枚）を乗じたものとされ、同一性保持権侵害に対する慰謝料は50万円、弁護士費用相当額の損害額は50万円とされた。

［スマートフォン用ゲームアプリの著作権侵害］

[6] 東京地判令3・2・18（棄却、平30(ワ)28994号、47部）は、原告ゲーム（放置少女～百花繚乱の萌姫たち～）の著作権が被告ゲーム（戦姫コレクション～戦国乱舞の乙女たち～）により侵害されたか否かが争われた事件において、著作権侵害を否定した。裁判所は、スマートフォン用ゲームの創作性に関し、「一連のまとまった表現として把握される複数の像が、プレイヤーの操作・選択により、又はあらかじめ設定されたプログラムに基づいて、連続的に展開することにより形成されている場合には、一連のまとまった表現を構成する各画像自体の創作性及び表現性のみならず、その組合せ・配列により表現される画像の変化も、著作権法による保護の対象となり得る。もっとも、…著作物性（創作性）を肯定し得るのは、他の同種ゲームとの比較の見地等からして、特に特徴的であり独自性があると認められるような限定的な場合とならざるを得ない」と述べたうえで、原告ゲームと被告ゲームとはアイデアにおいて共通するに過ぎないとして著作権侵害を否定した。また、両者の利用規約は、会社名を除き同一の文言であったが、裁判所は、「一般的に、ゲームの利用規約は、法令や慣行により、形式及び内容が定型的なものとなり、その創作性が認められるのは、それにもかかわらず作成者の個性が発揮されたといえるような極めて限定された場合に限られる」と述べ、共通部分には創作性が認められないとして著作権侵害を否定した。

［ピアノ教室による演奏権侵害］

ピアノ教室において、バイエルなどの教則本ではなく、著作権が存続しているポップス等の楽曲をレッスンの題材に選んだ場合、教師や生徒がレッスン中に当該楽曲で練習をすることは、演奏権の侵害となるのか。音楽教室の運営者ら（原告）がJASRAC（被告）を相手として提訴した債務不存在確認請求事件において、東京地判は、教師による演奏と生徒による演奏の双方について、音楽教室の運営者による演奏権侵害を肯定した。これに対して控

訴され、[7] 知財高判令3・3・18（原判決変更、令2(ネ)10022号、4部）は、教師による演奏について演奏権侵害を認めた原判決の判断を維持したものの、生徒による演奏については、原判決と異なり、演奏権侵害を否定した。各論点についての裁判所の判断は次のとおりである。

演奏主体：地裁は、いずれも教師・生徒ではなく音楽教室であるとしたのに対し、高裁は、生徒の演奏の主体は生徒自身であるとした（「生徒は、専ら自らの演奏技術等の向上のために任意かつ自主的に演奏を行っており、控訴人らは、その演奏の対象、方法について一定の準備行為や環境整備をしているとはいえても、教授を受けるための演奏行為の本質からみて、生徒がした演奏を控訴人らがした演奏とみることは困難といわざるを得ず、生徒がした演奏の主体は、生徒であるというべきである。」）。

公衆に直接聞かせることを目的とする演奏に該当するか：地裁はいずれも肯定したのに対し、高裁は教師の演奏に関しては認めたものの生徒の演奏に関しては否定した（「生徒の演奏は、本件受講契約に基づき特定の音楽教室事業者の教師に聞かせる目的で自ら受講料を支払って行われるものである」「なお、念のために付言すると、仮に、音楽教室における生徒の演奏の主体は音楽事業者であると仮定しても、この場合には、前記(ア)のとおり、音楽教室における生徒の演奏の本質は、あくまで教師に演奏を聞かせ、指導を受けることにある以上、演奏行為の相手方は教師ということになり、演奏主体である音楽事業者が自らと同視されるべき教師に聞かせることを目的として演奏することになるから、『公衆に直接（中略）聞かせる目的』で演奏されたものとはいえないというべきである（生徒の演奏について教師が『公衆』に該当しないことは当事者間に争いがない。また、他の生徒や自らに聞かせる目的で演奏されたものといえないことについては前記(ア)で説示したとおりであり、同じく事業者を演奏の主体としつつも、他の同室者や客自らに聞かせる目的で歌唱がされるカラオケ店（ボックス）における歌唱等とは、この点において大きく異なる。）」）。

教師・生徒が正規の楽譜を購入したことにより演奏権は消尽するか：地裁と同じく、高裁も否定した（「複製権の行使によって無限定に演奏権の消尽を認めれば、ひとたび複製権を行使しただけで当該音楽著作物をほぼ無限定に演奏されてしまうこととなって、著作権者の経済的利益を不当に害することは明らかである。」）。

[引用]
[8] 東京地判令3・4・14（一部認容、令2(ワ)4481号等、40部）は、原告が弁護士会に提出した被告（弁護士）に対する懲戒請求書の全文を被告がそのブログにPDFファイルで掲載した行為に関し、被告に対し、著作権侵害を理由として当該ファイルの削除を命じた。被告は著作物性を争ったが、裁判所は懲戒請求書の著作物性を認めた。また、被告は適法引用（著作権法32条）であると主張したが、裁判所は、弁護士会に提出されたとしても「公表された著作物」には該当せず、全文PDFファイルの添付は「公正な慣行に合致するもの」ではなく、反論のための引用は一部で足りるから「引用の目的上正当な範囲内」でもない、として適法引用を否定した。他方、財産的損害の不発生を理由に原告の損害賠償請求は棄却し、原告が主張した公表権侵害についても、原告が自ら新聞社に対して懲戒請求に関する情報提供を行っていたことを理由に権利濫用であるとした。

他方、[9] 東京地判令3・5・26（棄却、令2(ワ)19351号、40部）は、他人のツイート全文（約50字）を書籍に引用した行為につき、「その内容を理解するためには、その全部を掲載することが必要かつ相当であるので、本件引用により利用された著作物の範囲及び分量は相当であったということができる」として、公正な慣行に合致し、引用の目的上正当な範囲内であって、適法引用に該当するものとした。

[プログラム・ライセンス契約における違約金]
[10] 東京地判令3・3・24（一部認容、平30(ワ)38486号、29部）は、ビジネスソフトに関するライセンス契約に置かれた違約金合意（通常のライセンス料の10倍の違約金を定めたもの）について、過去の不正使用を踏まえてそれを抑止するために設けられた経緯、当事者がいずれも事業者であること、合意内容と違反の範囲が明確であること、違反せずにプログラムを使用することに特段の障害はなかったこと等の事情に照らし、公序良俗に反するとは言えず有効であるとした。なお、消費税額の加算も認められたが、その税率については、裁判所は、収受時の税率（10％）ではなく発生時の税率（8％）によるものとした。

3　特許法

[共同発明]
[11] 知財高判令3・3・17（控訴棄却、令2(ネ)

10052号、1部）は、ノーベル賞を受賞した本庶佑・元京都大学教授らによるがん治療剤に係る発明に関し、かつて京都大学大学院生命科学研究科（生体制御学分野）の修士課程に在籍していた控訴人（一審原告）が、共同発明者であると主張して、当該発明に係る特許権について共有持分の移転登録等を求めた事案に関し、請求を棄却した原判決を維持した。控訴人は、本件発明に関係する学術論文の共同第一著者とされ、そこには研究に等しく貢献した旨の記載があった。裁判所は、「特許発明の『発明者』といえるためには、特許請求の範囲の記載によって具体化された特許発明の技術的思想（技術的課題及びその解決手段）を着想し、又は、その着想を具体化することに創作的に関与したことを要するものと解するのが相当であり、その具体化に至る過程の個々の実験の遂行に研究者として現実に関与した者であっても、その関与が、特許発明の技術的思想との関係において、創作的な関与に当たるものと認められないときは、発明者に該当するものということはできない。」と一般論を述べたうえで、①控訴人は本件発明の技術的思想（抗 PD-L1 抗体が PD-1 分子と PD-L1 分子の相互作用を阻害することによりがん免疫の賦活をもたらすこと）の着想に関与しておらず、②当該着想を具体化するための実験に関しても、「控訴人は、A教授の指導、助言を受けながら、自らの研究として本件発明を具体化する個々の実験を現実に行ったものと認められるから、A教授の単なる補助者にとどまるものとはいえないが、一方で、上記実験の遂行に係る控訴人の関与は、本件発明の技術的思想との関係において、創作的な関与に当たるものと認めることはできないから、控訴人は、本件発明の発明者に該当するものと認めることはできない。」とした。

[新規事項]

[12] 東京地判令3・3・30（棄却、令元(ワ)30991号、47部）は、化学組成物に係る特許に関し、補正に係る新規事項の追加を理由として特許無効と判断した。「特許出願当初の請求項1及び2の記載は、HFO-1234yf に対する『追加の化合物』を多数列挙し、あるいは当該『追加の化合物』に『約1重量パーセント未満』という限定を付すにとどまり、…多数列挙された化合物の中から、特定の化合物の組合せ（略）を具体的に記載するものではなかったというべきである。…その開示は、発明というよりはいわば発見に等しいような性質のものとみざるを得ない

ものである。そして、当初明細書等の記載から導かれる技術的事項が、このような性質のものにすぎない場合において、多数の化合物が列記されている中から特定の3種類の化合物の組合せに限定した構成に補正（本件補正）することは、前記のとおり、そのような特定の組合せを導き出す技術的意義を理解するに足りる記載が当初明細書等に一切見当たらないことに鑑み、当初明細書等とは異質の新たな技術的事項を導入するものと評価せざるを得ない。」。なお、原告は、査証命令申立てをしていたが、裁判所は必要性がないとして却下した。

[クレーム解釈]

[13] 知財高判令3・6・28（原判決取消・棄却、令2(ネ)10044号、3部）は、「記憶媒体」を用いた料金精算手段を備えた給油装置に関する侵害訴訟の控訴審であり、「記憶媒体」を限定解釈して非侵害と判断した。特許明細書には、「記憶媒体」の具体的態様として、磁気プリペイドカードのみならず IC メモリ内蔵の電子マネーカードが記載されていたところ、被告装置は、非接触式の IC メモリ内蔵電子マネーカードを用いるものであった。原判決は侵害を認めたが、知財高裁は、「発明とは課題解決の手段としての技術的思想なのであるから、発明の構成として特許請求の範囲に記載された文言の意義を解釈するに当たっては、発明の解決すべき課題及び発明の奏する作用効果に関する明細書の記載を参酌し、当該構成によって当該作用効果を奏し当該課題を解決し得るとされているものは何かという観点から検討すべきである」と述べ、特許明細書に記載された発明の課題に照らし、本件特許に係る「記憶媒体」は装置に挿入して読み書きがなされるものに限定されるものと解釈し、非接触式の IC メモリ内蔵電子マネーカードはこれに該当しないとした。

[試験研究]

後発医薬品の製造販売承認を取得するために必要な治験については、平成11年最判が、特許法69条1項の適用を認め特許権の効力が及ばないものとしていたが、その射程を巡っては、後発医薬品の治験に限定されるのか、それとも先発医薬品の治験にも及ぶのか、必ずしも明らかではなかった。この点に関し、原判決は、「先発医薬品等に当たる T-VEC についても、後発医薬品と同様、その製造販売の承認を申請するためには、あらかじめ一定の期間をかけて所定の試験を行うことを要し、その試

験のためには、本件発明の技術的範囲に属する医薬品等を生産し、使用する必要があるということができる。……本件特許権の存続期間中に、本件発明の技術的範囲に属する医薬品の生産等を行えないとすると、特許権の存続期間が終了した後も、なお相当の期間、本件発明を自由に利用し得ない結果となるが、この結果が特許制度の根幹に反するものであることは、平成11年最判の判示するとおりである。」としていたところ、[14] 知財高判令3・2・9（控訴棄却、令2(ネ)10051号、2部）もこれを引用して、被控訴人（一審被告）が実施している先発医薬品（略称：T-VEC）の治験には特許法69条1項が適用され、特許権の効力が及ばないとした。なお、本判決は、「本件治験については、前記のとおり、医薬品医療機器等法の規定に基づいて第Ⅰ相臨床試験を行っているが、被控訴人が、同法に基づく製造販売承認のための試験に必要な範囲を超えて、本件特許権の存続期間中にT-VECを生産等し、又はそのおそれがあることをうかがわせる証拠は存在しない。」としている。

［リサイクルと消尽］

[15] 大阪地判令3・2・18（一部認容、平30(ワ)3461号、21部）は、薬剤を1回の服用分ごとに自動で分包する原告の製薬剤分包装置に装着して使用するための被告による分包紙ロールの製造販売が、原告が有する分包紙ロールに関する発明（「本件発明」）に係る特許権の間接侵害を構成するものと認めた。被告の分包紙ロールは、そのユーザーが原告の分包紙ロールを使い切った後に残る中空紙管を保有していることを前提とするものであり、被告の分包紙ロールの軸心中空部分に、原告の分包紙ロールを使い切った後に残る中空紙管に輪ゴムを巻いて挿入することにより、原告の製薬剤分包装置に装着して使用することができるようになっていた。本件発明の分包紙ロールは、紙管と、紙管に巻き回される分包紙から成るものであるが、紙管についてはこれに設ける磁石の取付方法に特徴があるのに対し、分包紙については紙管に巻き回す以上の限定がなかったため、被告は、特許権の消尽を主張したが、裁判所は消尽を否定した。「分包紙ロールの価格は分包紙の種類によって決められていること、原告製の使用済み紙管については、相当数が回収されていることが認められるのであるから、本件特許の特徴は紙管の構造にあるとしても、原告製品を購入する利用者が原告に支払う対価は、基本的に分包紙に対

するものであると解されるし、調剤薬局や医院等で薬剤を分包するために使用されるという性質上、当初の分包紙を費消した場合に、利用者自らが分包紙を巻き回すなどして使用済み紙管を繰り返し利用するといったことは通常予定されておらず、被告製品を利用するといった特別な場合を除けば、原告より新たな分包紙ロールを購入するというのが、一般的な取引のあり方であると解される。また、一体化製品を利用するためには、利用者は、使用済み紙管の外周に輪ゴムを巻いた上で、これを被告製品の芯材内に挿入しなければならないが、これは、使用済み紙管を一体化製品として使用し得るよう、一部改造することにほかならない。そうすると、分包紙ロールは、分包紙を費消した時点で、製品としての効用をいったん喪失すると解するのが相当であり、使用済み紙管を被告製品と合わせ一体化製品を作出する行為は、当初製品とは同一性を欠く新たな特許製品の製造に当たるというべきであり、消尽の法理を適用すべき場合には当たらない。」

［実施許諾契約］

[16] 知財高判令3・1・14（控訴棄却、令2(ネ)10047号、2部）は、特許権及び特許出願に係る実施許諾契約のライセンシーに対し、同契約に基づきライセンシー負担とされた実費（出願・登録・維持費用）及び実施料の支払を命じた。契約書には、実施料及び実費負担を定めた条項の対象である「本件特許権等」との用語について、「本件製品を技術的範囲に含む」ものに限定した定義がなされていたため、その解釈が争点となった。裁判所は、「本件契約書1条3号は、『本件製品』について、『(1)圧電型加速度センサ（L字タイプ）…を意味する。』と定めており、そこに控訴人が製造、販売するあるいは製造、販売する予定の製品といった限定はないから、本件契約上、『本件製品』とは、これらの技術分野の製品一般を意味するものである。したがって、『本件製品を技術的範囲に含む』とは、これらの技術分野を技術的範囲に含むことを意味し、『本件特許権等』は、これらの技術分野に関する特許権又は出願中の特許を意味すると解するのが相当である。」し、そのうえで、「本件契約書4条1項2号は、『甲は、本件特許権等が有効に存続している国において本件製品を販売したときは、当該国における販売分について、乙に対し、ランニング・ロイヤルティとして、本件製品の正味販売価格の3％相当額（税別）を支払う。』というものであり、本件製品の正味販売価

格の3％をランニング・ロイヤルティとして支払う
ことを規定し、控訴人の販売する製品が、被控訴人
の有する特許権に係る発明の技術的範囲に含まれる
ものであるとの限定はないから、そのような限定は
なく、控訴人は、本件製品を販売したときは、ラン
ニング・ロイヤルティを支払う義務があるものとい
うことができる。」とした。

[17] 大阪地判令3・3・11（一部認容、平
30(ワ)6015号、26部）は、特許実施許諾契約（「本
件許諾契約」）に係る特許権の譲受人（被告）につき、
一括受領済み実施料の一部のライセンシー（原告）
への返還を命じた。本件許諾契約は、許諾に係る特
許権の維持をライセンサーの義務としていたとこ
ろ、当該特許権を譲り受けた被告が譲受後にそのす
べての特許権を特許料不納付により消滅させた。被
告は、特許権の譲受に関する契約において譲渡人が
通常実施権不設定を保証していたことを根拠に、本
件許諾契約の承継を否定したが、裁判所は、関係諸
事実に基づき、本件許諾契約におけるライセンサー
の地位を被告が承継したと認定した。そして、裁判
所は、被告が承継した特許維持義務に違反したとし、
原告による本件許諾契約の解除を認め、その原状回
復として、一括受領済み実施料のうち、特許料が納
付されていれば本件許諾契約が存続し得た期間に対
して特許権が一つでも実際に存続していた期間に相
当する期間の割合に応じた部分を控除した残額につ
き、原告への返還を命じた。

［実施許諾契約に反した提訴］

[18] 大阪地判令3・6・10（棄却、平30(ワ)5037号
等、21部）は、ポリイミドフィルムの製法発明に係
る特許権（日・米）の実施許諾を受けた製造装置メー
カーが原告となり、原告が製造した装置を購入して
ポリイミドフィルムを米国に輸出した補助参加人を
相手方として米国で特許侵害訴訟を提起した被告に
対し、損賠賠償等を求めた事件に関する。裁判所は、
「(ア) 樹脂フィルムの連続製造装置等に係る特許で
ある本件各特許権について、特許権者である被告が、
機械メーカーである原告に実施権を許諾した場合、
その販売先に制限がなければ、原告は、本件各特許
権の実施品としての樹脂フィルムの連続製造装置を
製造し、任意の第三者にこれを売却することができ
る。(イ) 原告から、樹脂フィルムの連続製造装置を
買い受けた第三者は、これを稼動して樹脂フィルム
を製造し、製造した樹脂フィルムを譲渡等すること
ができるのであって、当該装置を稼働する際に必然

的に利用することとなる製造方法も、同様と解され
る。(ウ) 樹脂フィルムの連続製造装置を買い受けた
第三者が、前記イにより製造した樹脂フィルムの譲
渡等をしても、被告は、装置を買い受けた第三者に
対し、本件各特許権に基づく権利行使をすることは
できない（消尽の法理）。機械メーカーである原告
に樹脂フィルムの連続製造装置の実施許諾をする以
上、原告が同装置を製造して第三者に譲渡し、第三
者が同装置を稼働し、その通常の製造方法を利用し
て樹脂フィルムを製造しこれを譲渡等することは、
当然に予定されたことであり、特許権者である被告
は、実施許諾の際に、これを前提とする対価を設定
することができるからである。…本件実施許諾契約
において、販売先の制限は、明示的にも黙示的にも
存在しなかったから、原告から本件各特許権の実施
品である本件各機械装置を買い受けた参加人が、こ
れを稼動してポリイミドフィルム製品を製造し、販
売しても、本件各特許権侵害の責めを負うものでは
なかったというべきである。」と判断した。しかし、
それにもかかわらず被告が米国で補助参加人を相手
に特許侵害訴訟を提起し維持したことが本件実施許
諾契約の違反となるか否かについては、「特許権者
と製造元との実施許諾契約から、このような一般的
な不作為義務が導かれるとは解し得ない」とし、ま
た、「参加人が原告から機械装置を購入した顧客で
あることを知っていれば（あるいは容易に知り得た
のに）、参加人に対する訴訟の提起（あるいは維持）
は債務不履行又は不法行為にあたるとする原告の二
次的主張についても、これだけの事実では、消尽の
抗弁が成立する余地があるというにとどまり、前述
した諸要素を検討した結果、消尽の抗弁が否定され、
請求が認容となる場合もあり得るのであるから、こ
のような場合に訴訟を提起すべきではなかった、維
持すべきではなかったということはできず、この主
張も失当といわざるを得ない。」として、被告によ
る実施許諾契約違反を否定した。

［延長登録］

[19] 知財高判令3・3・25（審決取消、令2(行ケ)
10098号等、2部）は、医薬品に係る特許権（「本件
特許」）の存続期間の延長登録を無効とする審決を
取り消したものである。審決は、延長登録の基礎
となった医薬品製造販売承認一部変更承認（「本件
処分」）はその対象とする医薬品の有効成分を「ナ
ルフラフィン塩酸塩」と記載するところ、ナルフラ
フィン塩酸塩は本件特許のクレームで特定される化

合物（ナルフラフィン）の酸付加塩であって両者は異なるから、本件特許に係る発明の実施に本件処分が必要であったとは認められないとして（無効理由1）、延長登録を無効とした。これに対し、裁判所は、存続期間延長制度の趣旨に照らして、「本件処分の内容の認定についても、このような観点から実質的に判断されるべきであって、承認書の『有効成分』の記載内容から形式的に判断すべきではない」としたうえで、「医薬品について、良好な物性と安定性の観点からフリー体に酸等が付加されて、フリー体とは異なる化合物（付加塩）が医薬品とされる場合があること、そのような医薬品が人体に取り込まれたときには、付加塩からフリー体が解離し、フリー体が薬効及び薬理作用を奏すること、ナルフラフィンとナルフラフィン塩酸塩についても同様の関係にあり、ナルフラフィンとナルフラフィン塩酸塩で薬効及び薬理作用に違いがないことは、…当業者に広く知られていた」ことや、「医薬品分野の当業者は、医薬品の目的たる効能、効果を生ぜしめる作用に着目して、医薬品に配合される付加塩だけでなく、そのフリー体も『有効成分』と捉えることがある」こと、本件処分に係る医薬品の添付文書やインタビューフォームには「ナルフラフィン塩酸塩」と「ナルフラフィン」が併記されていることなどを根拠に、「本件処分の対象となった本件医薬品の有効成分は、先行処分に係る製造販売承認書に記載された『ナルフラフィン塩酸塩』と形式的に決するのではなく、実質的には、本件医薬品の承認審査において、効能、効果を生ぜしめる成分として着目されていたフリー体の『ナルフラフィン』と、本件医薬品に配合されている、その原薬形態の『ナルフラフィン塩酸塩』の双方であると認めるのが相当である。したがって、『ナルフラフィン塩酸塩』のみを本件医薬品の有効成分と解し、『ナルフラフィン』は、本件医薬品の有効成分ではないと認定して、本件発明の実施に本件処分を受けることが必要であったとはいえないと判断した本件審決の認定判断は誤り」であるとした。もっとも、審決は、上記無効理由1に加えて、本件処分に係る製造販売承認書に記載された用途の一部は先行する製造販売承認により既に実施できるようになっていたことを理由として、本件延長登録のうち当該用途に関する部分については、別の無効理由も認めていた（無効理由2）。裁判所は、審決が無効理由2に基づき本件延長登録の一部を無効としたことは正当であるとし、審決のその他の部分のみを取り消した。

他方、本件特許に基づく侵害訴訟において、[20]東京地判令3・3・30（棄却、平30(ワ)38504号等、47部）は、「原告は、構成要件Aの『有効成分』とは、体内で吸収されて薬理作用を奏する部分を意味し、被告ら製剤においては、ナルフラフィン（フリー体）がこれに当たる旨主張し、その添付文書にも『ナルフラフィン塩酸塩2.5ug（ナルフラフィンとして2.32ug）』というようにフリー体が併記されていることを指摘し、上記主張に沿う説明や用例が記載された文献（略）を提出している。しかしながら、…当業者は、通常、構成要件Aの『有効成分』とは、添加剤を加えて製剤として組成される基となる原薬のことをいうものと理解するのであって、…被告ら製剤において、投与前の医薬品に含まれているのがナルフラフィン塩酸塩であると認められる以上、被告ら製剤において、ナルフラフィン（フリー体）が構成要件Aの『有効成分』に当たるとはいえない」と述べ、文言侵害を否定した。また、均等侵害についても、次のように述べ、均等の第5要件が充足されないとして均等侵害を否定した。「本件明細書には、まさしくその有効成分となるオピオイドκ受容体作動薬として、本件発明に記載された本件化合物のほかに、その薬理学的に許容される酸付加塩が挙げられることが、『オピオイドκ受容体作動性化合物またはその薬理学的に許容される酸付加塩』というように明記されているほか、同化合物に対する薬理学的に好ましい酸付加塩の具体的態様（塩酸塩、硫酸塩、硝酸塩等）も明示的に記載されている。そうすると、出願人たる原告は、本件明細書の記載に照らし、本件特許出願時に、その有効成分となるオピオイドκ受容体作動薬として、本件化合物を有効成分とする構成のほかに、その薬理学的に許容される酸付加塩を有効成分とする構成につき容易に想到することができたものと認められ、それにもかかわらず、これを特許請求の範囲に記載しなかったというべきである。…これらによれば、出願人たる原告は、本件特許出願時に、本件化合物の薬特許出願時に、本件化合物の薬理学的に許容される酸付加塩を有効成分とする構成を容易に想到することができたにもかかわらず、これを特許請求の範囲に記載しなかったものであるといえ、しかも、客観的、外形的にみて、上記構成が本件発明に記載された構成（本件化合物を有効成分とする構成）を代替すると認識しながらあえて特許請求の範囲に記載しなかった旨を表示していたといえるものというべきである。」

[21] 最二決令3・4・14（原決定破棄、令2(許)37号、第二小法廷）は、「基本事件につき、弁護士A及び弁護士Bは、弁護士としての職務として基本事件被告の訴訟代理をしてはならない。」と命じた原決定を破棄し、地裁の却下決定を確定させた。基本事件は令和元年11月20日に提訴され、弁護士Dら（弁護士A・Bとは異なる法律事務所に所属）が被告訴訟代理人に就き、同年12月23日に第1回口頭弁論が開かれた。そこで準備手続に付され、第1回準備手続期日が令和2年2月14日と指定された。弁護士A・Bは、令和2年1月16日に新たに被告訴訟代理人に就き委任状を裁判所に提出し、弁護士Dらは辞任した。弁護士A・Bの法律事務所（本件事務所）には、令和2年1月2日から弁護士Cが出勤していたところ（本件事務所には弁護士A・B・Cを含め弁護士6名、弁理士2名が所属）、弁護士Cは、基本事件原告の元社内弁護士であり、令和元年10月まで基本事件の準備に関与した者であった。それを知った基本事件原告は、令和2年2月7日、弁護士は「相手方の協議を受けて賛助した事件」についてその職務を行ってはならないとする弁護士法25条1号違反であるとして、弁護士A・Bの訴訟行為の排除を求める申し立てを裁判所に行った。弁護士Cは、令和2年2月10日、本件事務所を退所した。争点は、弁護士Cにとって「相手方の協議を受けて賛助した事件」に該当する基本事件について、弁護士Cと同じ事務所に所属する弁護士A・Bもその職務を行うことを禁止されるのかという点である。この点については、日本弁護士連合会が定める弁護士職務基本規程57条・27条1号が、「職務の公正を保ち得る事由」があるときを除いて禁止されると定めている。本決定は次のように述べた。「基本規程は、日本弁護士連合会が、弁護士の職務に関する倫理と行為規範を明らかにするため、会規として制定したものであるが、基本規程57条に違反する行為そのものを具体的に禁止する法律の規定は見当たらない。民訴法上、弁護士は、委任を受けた事件について、訴訟代理人として訴訟行為をすることが認められている（同法54条1項、55条1項、2項）。したがって、弁護士法25条1号のように、法律により職務を行い得ない事件が規定され、弁護士が訴訟代理人として行う訴訟行為がその規定に違反する場合には、相手方である当事者は、これに異議を述べ、裁判所に対しその行為の排除を求めることができるとはいえ、弁護士が訴訟代理人として行う訴訟行為が日本弁護士連合会の会規である基本規程57条に違反するものにとどまる場合には、その違反は、懲戒の原因となり得ることは別として、当該訴訟行為の効力に影響を及ぼすものではないと解するのが相当である。よって、基本規程57条に違反する訴訟行為については、相手方である当事者は、同条違反を理由として、これに異議を述べ、裁判所に対しその行為の排除を求めることはできないというべきである。」

[損害賠償]

[22] 東京地判令3・1・29（一部認容、平30(ワ)1233号、29部）は、コンクリート構造物の発明についてのゼネコン間の訴訟に関し、特許侵害を認め、特許法102条2項を適用し、被告が侵害行為によって得た利益に基づき損害額を推定した。裁判所は、本件発明の作用効果が顧客吸引力に与えた影響には限度があるとして3割の推定覆滅を認める一方、建設業界一般における市場シェアに基づく推定覆滅は否定した。また、「寄与の程度による覆滅という覆滅事由の性質に照らして、上記覆滅部分について、原告がライセンス機会を喪失したとは認められず、当該部分に同条3項による損害を認めるのは相当でない」として、推定覆滅部分についてライセンス料相当額の損害を否定した。

4　実用新案権

[先使用権]

[23] 知財高判令3・2・17（控訴棄却、令2(ネ)10038号、1部）は、「ハーネス型安全帯の着用可能な空調服」に係る実用新案権の侵害を認めて差止及び損害賠償を命じた原判決を維持したものである。控訴人は、先使用に基づく通常実施権を主張したが、裁判所は、本件考案と同じ内容の考案の実施である事業の即時実施の意図を有し、かつ、その意図が客観的に認識され得る態様、程度において表明されていたとは認められないとして、先使用に基づく通常実施権を否定した。より具体的には、裁判所は、「即時実施の意図を有し、かつ、その即時実施の意図が客観的に認識され得る態様、程度において表明されているというためには、製造又は販売する物品の基本的構成、仕様等の事業の内容が定まっていることが必要」としたうえで、控訴人の出願日前の試作品と控訴人製品との間に作業服としての機能に影響を及ぼす仕様上の相違があると認定し、本件試作品が作成された時点では、被告各製品の仕様が確定して

おらず、事業の内容が定まっていたものと認めることはできないとした。

5　商標権

[識別力]

[24] 知財高判令3・4・27（棄却、令2(行ケ)10125号、4部）は「六本木通り特許事務所」との標準文字からなる商標（指定役務：スタートアップに対する特許に関する手続の代理）につき、「六本木通りに近接する場所において本願商標の指定役務を提供している者を一般的に説明しているにすぎず、本願商標の指定役務の需要者において、他人の同種役務と識別するための標識であるとは認識し得ない」として、識別力を否定した審決を維持した。

[類否]

[25] 大阪地判令3・1・12（一部認容、平30(ワ)11672号、21部）は、登録商標「Re就活」（指定役務：求人情報の提供等）と被告標章「リシュ活」との類否につき、需要者には求人企業と求職者の双方が含まれるところ、求人企業は慎重な検討をするので称呼の類似性により誤認混同するおそれはないものの、求職者は「外観よりも称呼をより強く記憶し、称呼によって役務の利用に至ることが多い」との取引の実情の認定に基づき、誤認混同のおそれを認め、商標権侵害を認めた。なお、被告標章について商標登録査定されたことについて、被告は、被告標章1が本件商標に類似しないことの理由としてのみ援用している。

[26] 東京地判令3・6・17（棄却、平31(ワ)11130号、46部）は、「ふふふ」の文字からなる登録商標（指定役務：飲食料品の小売り）に関する侵害事件に関し、原告商標と被告富山県が米に関して使用する「富富富」の文字からなる標章とは非類似であると判断した。

[商標譲渡契約とサイドレター]

[27] 東京地判令3・2・18（一部認容、平31(ワ)227号等、46部）は、被告が原告に対し美容液等を指定商品とする商標権を譲渡した際、両者間で譲渡契約と同日付で覚書が交わされ、同覚書において、原告は被告以外の者に当該商標を付した商品の製造を発注できない等の定めが置かれていた事案に関する。被告は、原告の覚書義務違反を理由とする商標権譲渡契約の解除を主張したが、裁判所はこれを認めなかった。「本件覚書は、本件譲渡証書とは別に作成され、本件覚書には、本件覚書に反した場合に本件商標権譲渡の効力等がどうなるかについての定めはない。……本件覚書において、仮に原告が法的な義務を負う部分があるとしても、その義務の違反によって本件譲渡契約に基づく本件商標権の被告から原告への譲渡の効力が覆ることはないと解するのが相当である。」

[並行輸入]

[28] 知財高判令3・5・19（控訴棄却、令2(ネ)10062号、3部）は、男性用下着に関する商標権侵害訴訟において、適法な並行輸入であるとして商標権侵害を否定した。被疑侵害商品（本件商品）は、控訴人（商標権者・一審原告）と所在地及び代表者を同じくするカナダ法人がMゴルフ社（シンガポールを販売地域とする販売代理店）に販売し、Mゴルフ社が販売代理店契約の解除後に日本の被控訴人（一審被告）に販売したものであった。裁判所は、並行輸入が実質的違法性を欠くとされるための要件として平成15年最判（フレッドペリー事件）が挙げた3要件に即し、判断した。第1要件（当該商標が商標権者又はそのライセンシーにより適法に付されたこと）との関係では、Mゴルフ社から被控訴人への販売が代理店契約解除後かつ販売地域制限違反であることが問題となった。裁判所は、「Mゴルフ社は、上記解除によって本件商品を販売してはならない義務を負うと解する余地はある。しかし、このような条項があるからといって、Mゴルフ社が本件商品の処分権限を失うわけではない（略）。そうであるとすると、Mゴルフ社が、本件代理店契約解除後に本件商品を売却したとしても、それは、ランピョン社との間で債務不履行という問題を生じさせるだけで、本件商品が『適法に流通に置かれた』という評価を覆すまでのものではないというべきである。…この点は、地域制限条項との関係についても同様であり、地域制限条項は、あくまでも債権的な効力を有するにすぎず、Mゴルフ社による本件商品の処分権限を奪うものではないのであるから、これに違反した処分がされたからといって直ちに、本件商品が『適法に流通に置かれた』という評価が覆るものではないというべきである。…第1要件の内容を最高裁平成15年判決の判断どおりとみた場合でも、それに『適法に流通に置かれたこと』との要件を加えたものとして理解したとしても、いずれにせよ、同要件は満たされているというべきである。」として、第1要

件の充足を認めた。また、第3要件（日本の商標権者が直接又は間接に当該商品の品質管理を行い得る立場にあること）に関しては、裁判所は、「本件のように商標権者自身が商品を製造している事案であって、その商品自体の性質からして、経年劣化のおそれ等、品質管理に特段の配慮をしなければ商標の品質保証機能に疑念が生じるおそれもないような場合には、商標権者自身が品質管理のために施した工夫（商品のパッケージ等）がそのまま維持されていれば、商標権者による直接的又は間接的な品質管理が及んでいると解するのが相当である。…販売地域の制限に係る取決めは、通常、商標権者の販売政策上の理由でされるにすぎず、商品に対する品質を管理して品質を保持する目的と何らかの関係があるとは解されない」として、その充足を認めた。

6 その他

[事業譲渡に伴う競業避止義務]

[29] 東京地判令3・1・8（一部認容、平31(ワ)2034号、40部）は、食品用機械の製造販売等の事業を営む原告が、原被告間の事業譲渡契約に基づいて原告が被告の事業（関東地方における食品用機械の製造販売等の事業）の譲渡を受けた後に被告が関東地方における同種事業を再開したことにつき、同契約で定めた競業避止義務（「被告は、譲渡日後10年間は、原告の事業と競合する同種の事業を行わない。」）の違反を認め、被告に対して、契約書に定めるとおり譲渡日後10年間、営業の差止を命じた。差止対象は、①関東地方内に本店が所在する事業者に対する食品用機械の製造販売等の営業、及び②関東地方での納品等を目的とする食品用機械の製造販売等の営業、とされた。

（しろやま・やすふみ）

民事判例21
2020年前期

現代民事判例研究会編

民事判例21
2020年前期
現代民事判例研究会編

日本評論社

好評発売中 定価 3,080円（税込）

第1部　最新民事判例の動向

取引裁判例の動向　中野邦保　／　担保裁判例の動向　大澤慎太郎　／　不動産裁判例の動向　松尾　弘　／

不法行為裁判例の動向　新堂明子　／　家族裁判例の動向　神谷　遊・林　貴美

第2部　最新専門領域裁判例の動向

環境裁判例の動向　大塚　直・越智敏裕　／　医事裁判例の動向　平野哲郎　／

労働裁判例の動向　沢崎敦一　／　知財裁判例の動向　城山康文

第3部　注目裁判例研究

取引1──「普通預金債権の帰属」再考──名義人以外の者が普通預金口座を管理する事案をめぐって
　　　　（東京高判令元・9・18）　片山直也

取引2──債権執行における差押えによる請求債権の消滅時効の中断の効力が生ずるためにその債務者が
　　　　当該差押えを了知し得る状態に置かれることの要否（最一判令元・9・19）　原　悦子

担　保──「評価上の法定地上権」概念の機能と、限界（横浜地判令元・10・30）　加藤雅信

不動産──現代の掘削技術により湧出させた温泉に慣習法上の物権としての温泉権は成立するか
　　　　（東京高判令元・10・30）　田中淳子

不法行為1──インターネット上の記事掲載者に対する名誉毀損の訴えの提起が不法行為にあたるとされた事例
　　　　──N国党スラップ訴訟事件（千葉地松戸支判令元・9・19）　加藤雅之

不法行為2──ハンセン病患者の家族を大多数の国民が差別する社会構造（社会システム）を形成したことを先行行為
　　　　として基礎づけられる国の偏見差別除去義務──ハンセン病家族訴訟（熊本地判令元・6・28）　村山淳子

家族1──遺言執行者が指定された遺言による包括受遺者が遺産を構成する預金債権を払い戻したことが違法では
　　　　ないとされた事例（東京地判令元・9・10）　床谷文雄

家族2──児童養護施設に入所中の子の親権者に対する親権喪失を認容した事例（大阪高決令元・5・27）　稲垣朋子

環　境──公害防止事業費事業者負担法施行前の行為につき同法に基づいてなされた負担金決定の憲法適合性等
　　　　（東京地判令元・12・26）　桑原勇進

医　事──人工呼吸器の電源が喪失して使用者が死亡したケースにおいて、製造物責任法3条の「欠陥」が
　　　　不存在とされた事例（東京地判平30・2・27）　阪上武仁

労　働──健康障害結果の不発生と安全配慮義務違反の成否──狩野ジャパン事件
　　　　（長崎地大村支判令元・9・26）　小鍛冶広道

知　財──電子記録債権の決済方法にかかる発明該当性が否定された事案（知財高判令2・6・18）　渡辺　光

今期の裁判例索引

取引1　法定充当における債務承認による消滅時効の中断

最三判令 2・12・15
令2(受)887 号、貸金返還請求事件
民集 74 巻 9 号 2259 頁、判時 2487 号 23 頁、判タ 1482 号 47 頁、
金法 2160 号 69 頁、金判 1615 号 30 頁
第一審：さいたま地川越支判令元・7・29（平 30(ワ)625 号）
原　審：東京高判令 2・1・29（令元 (ネ)3700 号）

北居　功　慶應義塾大学教授

現代民事判例研究会財産法部会取引パート

●——事実の概要

　Aは、長男Yに対して、平成 16 年 7 月 17 日に 253 万 6000 円（以下、「本件貸付け①」という）、平成 17 年 9 月 2 日に 400 万円（以下、「本件貸付け②」という）、平成 18 年 5 月 27 日に 300 万円（以下、「本件貸付け③」という）を、それぞれ期限の定めなく貸し付けた。Yは、平成 20 年 9 月 3 日、Aに対して、弁済を充当すべき債務を指定することなく、貸金債務の弁済として 78 万 7029 円を支払った（以下、「本件弁済」という）。Aは、平成 25 年 1 月 4 日に死亡し、三女Xが、貸付け①から③に係る各債権①から③をすべて相続した。Xは、平成 30 年 8 月 27 日、Yに対して、貸付け①から③に係る貸付金及び民法 404 条（平成 29 年法律第 44 号による改正前の民法、以下、同じ）所定の年 5 分の割合による遅延損害金の支払を求める本件訴訟を提起した。これに対して、Yは、民法 167 条 1 項に基づき、貸付け②及び③に係る債務②及び③の時効消滅を主張したため、Xは、本件弁済により民法 147 条 3 号に基づく消滅時効の中断の効力が生じていると主張した。

　一審・原審は、上記債務①ないし③は、いずれも期限の定めのない債務であるため、本件弁済は、法定充当（民法 489 条、改正 488 条 4 項）により、債務の弁済期が一番早い貸付け①に係る債務①に充当されたとした上で、本件弁済により、「Aに対して、複数の別個の債務を負う債務者であるYが弁済する際の合理的意思としては、当該弁済により別個の債務全てについてまでその存在を知っている旨表示したとは考え難く、当該弁済が充当されるものについてその旨表示したと認めるのが相当である」（原審）

から、債務②及び③について消滅時効は中断せず、債務②及び③は時効により消滅したとして、Xの貸付け②及び③に係る各請求を棄却し、Xの請求を貸付け①に係る残元金 174 万 7971 円及びこれに対する訴状送達の日の 1 週間後である平成 30 年 9 月 27 日から支払済みまでの遅延損害金の支払を求める限度で認容した。そのため、Xは上告受理を申し立て、最高裁判所は、以下の理由で、原判決を破棄して、Xの請求を認容した。

●——判旨

〈破棄自判〉

　「(1) 同一の当事者間に数個の金銭消費貸借契約に基づく各元本債務が存在する場合において、借主が弁済を充当すべき債務を指定することなく全債務を完済するのに足りない額の弁済をしたときは、当該弁済は、特段の事情のない限り、上記各元本債務の承認（民法 147 条 3 号）として消滅時効を中断する効力を有すると解するのが相当である（大審院昭和 13 年 (オ) 第 222 号同年 6 月 25 日判決・大審院判決全集 5 輯 14 号 4 頁参照）。なぜなら、上記の場合、借主は、自らが契約当事者となっている数個の金銭消費貸借契約に基づく各元本債務が存在することを認識しているのが通常であり、弁済の際にその弁済を充当すべき債務を指定することができるのであって、借主が弁済を充当すべき債務を指定することなく弁済をすることは、特段の事情のない限り、上記各元本債務の全てについて、その存在を知っている旨を表示するものと解されるからである。

　(2) これを本件についてみると、前記事実関係等によれば、本件弁済がされた当時、AとYとの間に

は本件各貸付けに係る各債務が存在し、借主である
Yは弁済を充当すべき債務を指定することなく本件
弁済をしているのであり、本件弁済が本件債務②及
び③の承認としての効力を有しないと解すべき特段
の事情はうかがわれない。そうすると、本件弁済は、
本件債務②及び③の承認として消滅時効を中断する
効力を有するというべきである。したがって、Xが
本件訴訟を提起した平成30年8月27日の時点で
は、本件債務②及び③の消滅時効はまだ完成してい
なかったことになる」。

●──研究

1　民法改正

　2017年法律第44号による改正前の民法は、債務
承認による時効の中断を定めていたが（改正前147
条3号）、改正民法は、債務の承認による時効の更
新を定め（改正152条1項）、法定充当に関する改
正前489条を改正488条4項へと移した。しかし、
いずれの改正も、実質的な内容を変更していないた
め、本判決の意義は、改正民法の解釈として引き継
がれよう。以下の評釈では、本判決の判示に沿って、
改正前の民法の用語と条文を用いる。

2　一部弁済と債務承認

　債務者が債務を承認することで消滅時効は中断す
る（民法147条3号）。そもそも債務承認が債権の消
滅時効を中断する根拠は、訴訟法的観点からは、権
利存在の証拠としての意義に求められるが、実体法
的観点からは、債権の存在を強く推認させることに
もまして、債権者がそれ以外の中断措置を執る必要
がなくなるという債権者の信頼に求められる[1]。そ
のため、債務承認は、債権者の信頼を惹起する弁済
約束や一部弁済があれば認められるべきことになろ
う。判例も、債務者が債務の一部を弁済した場合は
もちろん（大判大8・12・26民録25輯2429頁）、保
証人が主たる債務を相続したことを知りながら保証
債務の一部を弁済した場合の主たる債務について
も、債務承認を認めている（最二判平25・9・13民
集67巻6号1356頁）。

3　原審と本判決の見解の相違

　本判決は、複数の債務全額に足りない一部弁済が、
充当合意も充当指定もないため法定充当された場合

に、特段の事情がない限り、充当された債務はもと
より、充当されていない債務についても債務承認に
よる時効中断の効力を認めた。すでに本判決が引用
する大審院判決は、「同一当事者間ニ数個ノ消費貸
借上ノ元本債務存在スル場合ニ債務者カ単ニ元本債
務ノ弁済トシテ全債務ヲ完済スルニ足ラサル額ノ弁
済ヲ為シタル事実アルトキハ特別ナル事情ヲ見ルヘ
キモノナキ限リ債務者ハ其数個ノ債務ノ存在ヲ承認
シ弁済ノ提供ヲ為シタルモノト認定シ得ラレサルニ
アラサル」との判断を下していた（大判昭13・6・
25大審院判決全集5輯14号4頁）。

　従来の裁判例もこの大審院判決を援用しつつ、一
部弁済された債務だけでなく、法定充当され得る債
務の全部について債務承認による時効中断を認めて
きた。すなわち、債務者は「本件証書貸付及び本件
手形貸付に基づく各債務（本件債権を含む）を負っ
ていることを前提に、充当すべき債務を指定するこ
となく、一部弁済として5円を提供したのであるか
ら、この弁済の提供は本件手形貸付に基づく債務の
みならず本件債権の存在をも表白するものとみられ
る」とする（東京地判平25・12・25平24(ワ)36811
号）。また、債務者に対する貸付が長期にわたって数多く
されていて、債務者が、何度か弁済をする際に、「い
つの貸付金がいくら残っているかなどということは
記憶していなかったことがそれぞれ認められ」る
ことから、「単に元本債務の弁済として全債務を完済
するに足りない上記各弁済をしたものと認められ」、
債務者の債権者に対する各一部弁済は、「その当時
に残存していた借入債務全部について、その債務の
存在を承認したものと認めら」れるとする（東京地
判平26・2・20平22(ワ)38712号・平23(ワ)第7532号）。

　したがって、本判決は、法定充当での債務承認に
関する大審院判例以来の実務の趨勢に沿った判断を
して[2]、原審の判断を覆した。もっとも、弁済充当
されなかった債務についても債務承認が認められる
というためには、債務者のどのような行為を債務承
認と評価するのかが問題となる。しかも、充当によっ
て弁済されていない他の債務にも債務承認が認めら
れるなら、債務者に認識のない債務についても債務
承認の効果を及ぼすことになりかねないことが学説
では危惧されている。もっとも、本判決も、「借主は、
自らが契約当事者となっている数個の金銭消費貸借
契約に基づく各元本債務が存在することを認識して
いるのが通常であ」るとしていて、債務者が債務を

認識していることを債務承認の前提としているように映る。そのため、債務者がその存在を認識していなかった債務について債務承認は認められず、そのような場合は、本判決が述べる「特段の事情」がある場合と解すべきことが主張されている[3]。

ここで、一審・原審は、弁済が充当された債務に限って債務承認による時効中断の効力を認めるため、法定充当されなかった残りの債務について、時効中断の効力を認めていない。大審院以来の実務の趨勢に反する判断となっているのはなぜであろうか。あるいは、一審・原審は、YがAから債務②及び③の免除を受けたと主張してきたところ、免除自体は認めなかったものの、Yが（いわば勝手に）免除を受けたと考えたため、債務②及び③は消滅していて、債務①だけの債務承認を認めたのであろうか。もし、そうであるなら、債務者がその存在を認識していなかった債務について債務承認を認めなかったことになるが、本判決は、まさにその判断を覆したことになる。

4 法定充当による債務消滅のメカニズム

弁済の法的性質については、伝統的に、給付を債務の弁済に客観的に結びつけるため、意思表示を要素としないと解されてきたが[4]、一部弁済については事情が異なるはずである。一部弁済の提供とその受領では、債務額と給付額が一致せず、給付が債務の弁済に向けられる関連性が客観的には認められない。そのため、当事者が当該給付を弁済として提供・受領する旨の合意が必要であるから、一部弁済は純然たる弁済合意であり、複数の債務のすべてを消滅させることができない給付がされる場合も同様である。債務者が総債務のすべてを消滅させることができない給付を提供し、債権者はその必要がないにもかかわらず受領に応じるのであるから、当事者は、当該給付を総債務の弁済に振り向けることに合意をする（一部弁済合意）。

その上で、当該給付によってどの債務（の一部）を消滅させるのかを定めるのが、弁済充当である。本判決は法定充当の事案であるが、法定充当が適用されるのは、債務者が充当を指定せず、債権者も充当指定をしない場合か、あるいは、債権者が充当指定をしたが債務者が異議を申し立てた場合（大判大9・5・10新聞1744号19頁）のいずれかである。これらの場合に、当事者は、複数の債務のすべてを消滅させることができない給付を複数の債務の弁済に振り向ける一部弁済について合意をするが、具体的に給付が振り向けられる債務は法律の規定に沿って定められることで、法定充当による債務の消滅効果が認められる（民法489条・改正488条4項）。

5 一部弁済合意と債務承認

以上のとおり、法定充当による具体的な債務の消滅効果が生じるには、一部弁済合意と法定充当の二段階の債務消滅メカニズムを考えなければならない。その場合に、消滅時効の中断をもたらす債務承認は、具体的に充当される債務にだけ着目するのでは足りない。むしろ、債務者が一部弁済として提供し、債権者が一部弁済として受領に応じるときには、債権者と債務者の間にある複数の債務のどの債務に充当するのかはいまだ決まっていないが、充当対象となる範囲の債務の一部を弁済する旨の弁済合意がある。したがって、一部弁済に関する当事者の合意の射程がどの債務にまで及んでいるのかを確定することが、債務承認される債務の範囲を確定するのに決定的な基準を提示する。この一部弁済合意がどの債務を対象としているのかは、もちろん、個別具体的な事情の許での一部弁済合意の解釈に委ねられるが、合意内容が明確ではない場合に、この解釈基準を明らかにするのが、本判決の意義と評価できる。

本判決は、「借主が弁済を充当すべき債務を指定することなく全債務を完済するのに足りない額の弁済をしたときは、当該弁済は、特段の事情のない限り、上記各元本債務の承認として消滅時効を中断する効力を有すると解すべき」〔傍点筆者〕としており、ここでの「弁済」とは、法定充当による債務の弁済ではなく、「一部弁済合意」を指していると解されよう。本判決は、債務のすべてを弁済するのに足りない給付の場合に、当事者間の充当対象となり得る既存の複数の債務のすべてを対象とする一部弁済合意が成立し、その故に、その範囲にあるすべての債務について債務承認を認めることを原則ルールとする。したがって、その例外となる特段の事情は、上述のとおり、具体的な事案での一部弁済合意の解釈によって導かれる。その解釈に当たっては、債務者の認識だけでなく、債権者の信頼も考慮してこそ、債務承認の時効中断根拠にも適合する。

たとえば、債務者は甲・乙債務への充当を前提に一部弁済を提供し、丙債務の存在を認識していな

かったが、債権者は甲・乙・丙債務への充当を想定して一部弁済を受領するとしよう。そのような不合致がある場合には、一部弁済合意の規範的解釈によって、両当事者が合意したとみるべき債務の範囲が定められる[5]。つまり、甲・乙・丙の三つの債務が存在していて、債権者がそれを認識していた場合に、たとえ債務者が丙債務の存在を認識していなかったとしても、債務者が丙債務の存在を認識していなかったことに落ち度があれば、債権者が認識していた三つの債務のすべてについて、一部弁済合意の成立が認められる。債務者が丙債務を認識していなかったというだけでは、一部弁済合意が丙債務に及んでいることを妨げることはできず、債務者は丙債務の存在を認識していなかったことに落ち度がなかったことを証明しなければならない。これが、本判決のいう「特段の事情」に該当しよう。もちろん、債務者が丙債務の存在を争った場合や債権者も丙債権の存在を認識していなかったことを証明できた場合にも、「特段の事情」に該当しよう。

6 本判決の射程

法定充当以外の充当場面でも、一部弁済合意と弁済充当による債務消滅の上記二段階メカニズムは機能する。

債務者の指定充当（民法488条1項・3項）について、本判決は、債務者が充当を指定できるにもかかわらず、それをしないで弁済するときには、債務すべてに債務承認を認めている。このことからすれば、債務者が充当指定をしたときには、当然には、充当指定された債務以外の債務について債務承認が認められないと解することもできよう。しかし、債権者が足りない給付であるにもかかわらず受領に応じるからこそ、債務者は当該給付を充当すべき債務を指定できる。したがって、一部弁済合意に基づいて債務承認の範囲も確定されるが、債務者の充当指定があるため、この充当指定を手懸かりとして、一部弁済合意の内容も解釈されることになろう。

ただし、債務者が甲債務の弁済として一部提供を

したが、債権者が乙債務への充当でなければ受領しないとして受領を拒絶する場合には、一部弁済合意が成立していない以上、債務者が充当を指定する余地はない。それでも、債務者が甲債務の本旨弁済を提供する場合に、債権者が乙債務の提供がないとして、甲債務の本旨提供を拒絶すれば、甲債務について受領遅滞が生じるが、乙債務について一部弁済合意は成立しない。そのため、債務者の甲債務についての債務承認は認められても、乙債務についての一部弁済による債務承認は認められない。

債権者が充当を指定する場合も（民法488条2項・3項）、やはり給付はすべての債務を消滅させるのに足りないため、債権者がその受領に応じる段階で一部弁済合意が成立する。その上で、債権者は当該給付によって消滅すべき具体的な債務を指定できる。したがって、一部弁済合意が及ぶ債務のすべてについて債務承認が認められるとする上述の議論は、債権者の充当指定の場合にも及ぶであろう。

合意充当の場合にも（大決昭3・3・30新聞2854号15頁他・改正490条）、上記二段階メカニズムが機能する。事実、あらかじめ充当が合意される充当契約では、充当契約とは別に、給付時に給付を弁済に振り向ける一部弁済が合意されることからも、二つの合意の存在が明らかとなろう。もちろん、給付時の充当合意の場合には、これら二つの合意がそれぞれ別々に締結されなければ、充当合意しか存在しないように映る。しかし、ここでも、観念され得る一部弁済合意が及ぶ範囲の債務のうち、充当合意によって債務（の一部）が消滅するという二段階メカニズムから、債務承認の範囲を一部弁済合意の射程として確定すべきであろう。もちろんここでは、給付を具体的な債務に充当する充当合意の内容から、一部弁済合意の存在と内容も解釈され得ることが想定できよう。

〔付記〕脱稿後に、金子敬明「本件評釈」（金法2169号18頁以下）に接した。

（きたい・いさお）

1) 川島武宜編〔川井健〕『注釈民法 (5)』（有斐閣、1967年）119頁、松久三四彦『時効制度の構造と解釈』（有斐閣、2011年）68頁以下。
2) 《座談会》時効中断の各種手続と実務上の諸問題」金法1398号（1994年）8〜10頁参照。
3) 田中洋「本件評釈」法教487号（2021年）153頁、茂木明奈「本件評釈」法セミ796号（2021年）123頁。
4) 我妻榮『新訂債権総論』（岩波書店、1964年）216頁、中田裕康『債権総論〔第四版〕』（岩波書店・2020年）353頁。
5) 規範的解釈については、内池慶四郎「無意識的不合意と錯誤との関係について」森征一＝池田真朗編『内池慶四郎先生追悼論文集：私権の創設とその展開』（慶應義塾大学出版会、2013年）3頁以下、中松纓子「契約法の再構成についての覚書」判タ341号（1977年）22頁以下、磯村保「ドイツにおける法律行為解釈論について(三)」神戸30巻3号（1980年）503頁以下を参照。

取引｜2

「別れさせ工作委託契約」と称する契約等が判示の事実関係の下では公序良俗に反しないとされた事例

大阪地判平30・8・29
平30(レ)57号、工作委託料等請求控訴事件
判タ1484号243頁
第一審：大阪簡判平30・1・12 LEX/DB25561544

若林弘樹　弁護士

現代民事判例研究会財産法部会取引パート

●——事実の概要

(1) 事実関係等

(a) Y（未婚男性）は、嘗ての交際相手A女との復縁を望んでいたところ、Aが出会い系サイトで新たな交際相手B男と知り合ったことを聞き、AB間の交際を終了させるべく、X（探偵業者）に協力を依頼し、まず、平成28年4月15日、Xとの間で、Bの調査を委託する契約（報酬10万8000円。「本件調査委託契約」）を締結した。同日、YはXに対し、同契約の報酬全額を支払った。他方、Xは同契約に基づく調査を行い、Bの人相と住所を特定した。

(b) XとYは、4月18日、AB間の交際を終了させることに関しXがYに協力すること（「別れさせ工作」）を内容とする契約（契約期間は4月19日から7月19日まで。着手金80万円、成功報酬40万円。「本件工作契約」）を締結した。本件工作契約の目的を達するために関係者の意思に反して肉体関係を持つことが提示されたことはなかった。

(c) YはXに対し、4月28日、本件工作契約の着手金のうち30万円を支払った。

(d) Xから指示を受けた工作員C女は、Bとの接触に成功し、Bと連絡先を交換し、食事をするなどしたが、BC間に肉体関係は生じなかった。

(e) 本件工作契約に基づく工作内容としてXY間で合意していたのは、当初は、BにCへの恋愛感情を抱かせてBからAに別れを告げるよう仕向けることだったが、その後のYの提案により、BがCと浮気をしている事実をCがAに暴露することで、AとBが別れるように仕向けることに変更された。

(f) 5月14日、B同席の場で、CはAに対し、BがCと浮気[1]をしている事実を暴露した。二股をかけられた形のAとCは、それぞれBと別れる旨発言した。

(g) 5月16日、YはXに対し、本件工作契約の着手金のうち20万円を支払った。同日、XはYから、X側の落ち度により工作がAに発覚したのではないかと指摘されたが、Xはこれを否定した。

(h) 5月31日、XはYから着手金の減額を要望されたが、これを明確に拒否した。

(i) AとBとの交際は、遅くとも7月17日には終了した。同日、XはYに対し、AがBと別れた旨伝え、同月22日、別れた証拠がある旨を伝えた。

(j) Yが着手金残金及び成功報酬を支払わないため、Xは未払金70万円及び遅延損害金の支払を求めて本訴を提起した。

(k) これに対し、Yは本件調査委託契約及び本件工作契約が公序良俗違反により無効であるとして、Xに対する既払金60万8000円の返還及び遅延損害金の支払を求める反訴を提起した。

(2) 裁判の経過

(a) 本件の主たる争点は、本件工作契約の公序良俗違反の有無である[2][3]。

第一審は、以下の理由によりXの本訴請求を認容し、Yの反訴請求を斥けた。

①工作契約の目的、依頼者、対象者等の関係者の配偶者の有無等の状況、工作の内容、方法等が著しく社会的相当性を欠き、当事者の意思決定の事由を奪ったり、歪めるようなときは公序良俗違反となる場合がある。

②本件の関係者は全員独身で、工作内容は、Aに対しBがCと交際していることを暴露してAがBと別れる決心をするよう仕向けるというものである。

③Cが工作のためBと肉体関係を持ったとの裏付けはない。肉体関係があったとCがAに思わせた可能性はあるが、その旨告げたとの裏付けはない。Bの二股行為に愛想を尽かして交際を終了するか、Bの説明、説得により継続するか否かは、Aの意思に

よることになる。

④本件工作契約が道徳的に問題あるにしても、意思決定の自由が歪められ、それが看過できないほど社会的相当性を逸脱し、公序良俗に反するとまではいえない。

(3)　Yは本訴請求認容を不服として控訴したが、反訴請求棄却は控訴せず確定。

● ──判旨

控訴棄却。

本判決は、前記(1)(a)の事実を基に以下の通り判示し、原判決を維持。

①本件工作契約等の目的達成のために想定されていた方法は、人倫に反し関係者らの人格、尊厳を傷付ける方法や、関係者の意思に反してでも接触を図るような方法であったとは認められず、また、実際に実行された方法も、CがBと食事をするなどというものであった。

②これらの事情に照らせば、本件工作契約等においては、関係者らの自由な意思決定の範囲で行うことが想定されていたといえるのであって、契約締結時の状況に照らしても、本件工作契約等が公序良俗に反するとまではいえない。

Yは上告せず、本判決は確定。

● ──研究[4]

1　本判決の意義

本判決は、「別れさせ屋」に別れさせ工作を委託する契約の公序良俗違反（民法90条）の有無について判断を示した希少な公刊物登載裁判例である。

本判決以外に同種論点を取り扱った公表裁判例には、大阪簡判平27・6・12D1-Law.com判例体系ID28234477（「平成27年簡判」）及びその控訴審の大阪地判平27・11・9D1-Law.com判例体系ID28234478（「平成27年地判」）があるのみのようである（以下、「平成27年事案」という）[5]。その他、東京地判平27・9・9労経速2266号3頁（「東芝判決」）は、従業員が探偵業者に別れさせ工作を委託したことを理由とする出勤停止の懲戒処分が争われた事例で、委託の懲戒事由該当性を判断している。

2　平成27年事案

乙女が、自らが好意を寄せる丙男と丁女の交際を終了させる工作を、探偵業者甲男（自身が工作員）に依頼して甲との間で工作契約を締結したが、工作開始後終了前に契約を解約し、甲が乙に対して契約所定の着手金支払を請求した。解約時点で、甲は丁と食事をするようになっていたが、肉体関係は生じ

ていなかった。乙丙間に交際歴はない。

(1)　平成27年簡判

以下の理由により、着手金請求を棄却。

①　本件工作は、丁に対する欺罔行為により、丁に甲に対する誤謬による恋愛感情を抱かせ、本来自由であるべき丁の恋愛感情をもてあそぶことにより、丁に丙との交際を止める決心をさせることを目的としており、丁の人格的利益を侵害する行為である。

②　甲の本件工作は、営利目的で行われている。

③　本件工作は、丁に恋愛感情を抱かせ丙との交際を止めること、つまり、丁の生活の平穏を害することを目的としており、丁の生活の平穏を害する危険性も高いといえ、探偵業法第6条に違反する。

④　本件工作を探偵業務として認めることとなれば、社会的な弊害やトラブルを生じかねない。現に、甲は、インターネットを通じて同様の工作を宣伝し、不特定多数の依頼者を募っており、営業として繰り返し実施している。

(2)　平成27年地判

以下の理由により、原判決を取り消し、着手金請求を認容。

⑤　甲・乙・丙はいずれも独身であって、本件工作により婚姻関係及びこれに準ずる関係に不当に干渉するものではない。

⑥　本件工作の一環として、甲が丁と肉体関係を結ぶことなど社会的に見て明らかに相当性を欠く方法で丁の意思決定を歪めることまで具体的に予定されていたとは認められない。このため、丁が実際に心変わりして丙との交際を終了させるか否かは丁の自由な意思決定にゆだねられており、甲が丁と丙を別れさせるという最終目的を達成出来る可能性が高いとまでいうことはできない。

⑦　甲による本件契約の履行に際し、実際に甲が丁と肉体関係を結んだり、結ぼうとしたことを認めるに足りる証拠はない。

⑧　着手金（90万円。甲が丁と連絡先を交換した段階で支払われる約定）及び成功報酬（45万円）の金額は、本件工作の内容、報酬請求権が発生する時点の本件工作の進捗状況に照らし、公序良俗に反するとして本件契約が無効となるほど高額ではない。

＊参考：東芝判決[6]

①　別れさせ工作について

他の男性が、被害女性と本件男性を別れさせる目的で、被害女性に対し、恋愛感情がないのに、これがあるように見せかけてその旨錯誤に陥らせて当該男性を選ばせる行為は、虚偽の言動により被害女性

の自己決定を誤らせる行為であって、社会通念上相当とはいえない上、当該虚偽の言動による錯誤に基づき被害女性から金品の授受、プライバシーの開示、性的関係の発生が生じた場合には、不法行為となり得る。

② 工作を依頼する行為について

自由恋愛の範囲内の行為しか惹起しないとはいえず、犯罪の成否は別としても、企業秩序を乱す懲戒事由には当たる。

3 別れさせ工作委託契約の公序良俗違反性に関する見解

(1) 個別事情により判断すべきとの見解

① 裁判例：本判決、原判決及び平成27年地判

② 判例タイムズ無署名コメント[7]

「別れさせ工作」といってもその内容は様々であることからすれば、個々の契約内容・契約成立過程に即して具体的に検討されるべき問題である。

③ 城内明准教授[8]

別れさせ工作委託契約の全てが公序良俗に反すると考えるのは適切でなく、別れさせ工作が人倫に反する等、著しく社会的相当性を欠き、あるいは関係者の自己決定を歪めると判断される場合に、公序良俗となるとの判断枠組が支持されるべき。

(2) 原則として公序良俗違反とする見解

① 裁判例：平成27年簡判

② 青木歳男弁護士[9]

人間関係の中には、かけがえのない人格的価値を有するものがある。既婚者か独身者かによって保護に値する人間関係が選別されることに合理性はない。恋愛関係のような濃密な関係にある場合、その私的領域に不当に立ち入ることはできる限り抑制的でなければならないというのが、社会一般のコンセンサス。人間関係を破壊しようと試みる行為は人格的利益の侵害として一般的に違法。このような違法行為を業とする別れさせ屋は公序良俗に反する。別れさせ工作が対価を得て業として行われる場合、サービス向上のための投資（工作員の養成、工作手法の進化）により、一般人の行う工作に比して人間関係破壊、私生活への不当な介入による損害発生の危険性は格段に増大する。

4 被侵害利益又は被侵害秩序について

前掲・判タ無署名評釈は、本判決の事案では「交際に関する個人の自由（人格的自由、生命・身体の自由等）」に対する不当な侵害の有無が問題になったと整理する。前掲・青木評釈は、「人間関係」の有する人格的価値や人格的利益の侵害と捉える。なお、平成27年簡判は工作対象者の人格的利益の侵

害と共に、「個人の生活の平穏」の侵害を問題にする。

以下、本判決の事案の各関係者の立場に即して具体的に検討する。

（1） Bは、Cと交際するか否かを、自らの意思で自由に決められた。Cの意図を秘匿されていたにせよ、恋愛においては情報の不完全性を前提として意思決定を行うしかないというのが社会的コンセンサスともいえ、Bの自己決定権の侵害はない。

なお、Aという交際相手のいるBに第三者が交際目的で接近するのは一般に自由であるが、Aとの恋愛関係の破壊に対する成功報酬のみを目的として工作員が接近する場合は、Bにとり恋愛関係に不当に立ち入られない（平穏を害されない）利益の侵害を観念する余地があり得る。

（2） AはBの浮気をCから知らされ、Cの意図を知らずにBとの関係終了を決意した。

確かに、AはBと別れるか否かを自由に決められたが、BがCの工作に乗せられたことをCから告げられたとしたら、異なる結論を出した可能性はある。その限度で、Aの自己決定が歪められたともいえる。

また、BがCの工作に乗せられた結果、AがBと別れるか否かの選択に直面したことが、AにとってBとの恋愛関係に不当に立ち入られない（平穏を害されない）利益を侵害されたといえる。

5 公序良俗違反の判断要素

別れさせ工作委託契約の公序良俗違反の有無の判断に際し、伝統的な類型論や近時の類型論の下で、この種契約を適切な類型に当てはめ、無効の判断基準を導出することは難しい。

本判決の事案及び平成27年事案の裁判例を手掛かりに、以下の一定の判断要素を抽出することは一応可能であるが、私見では受託者が業者である場合は契約を無効とすべきと考えており（下記(5)(6)）、その意味で(1)乃至(4)の考察の意義は限定的である。

(1) 依頼の目的・動機

動機たる事項の不法性の強さ及び法律行為と不法動機との間の牽連性の強さを問題にし、その相関関係を民法90条に照らして判断すべきという有力説がある[10]。

尤も、別れさせ工作委託契約の場合、恋敵を排除し相手との復縁又は交際を実現したいという動機や、元恋人への報復としてその交際相手との関係の破壊を狙うもの等があるようだが、悪性の強さを類型的に論定することは難しい。

(2) 工作対象たる関係の種類

工作対象は、法律婚関係、内縁関係、不倫関係、

独身同士の恋愛関係等が考えられる。

法律婚関係を対象とする工作依頼は、婚姻秩序を脅かし悪性が強いと評価され易いであろう。内縁関係も、法律婚に準じた評価が可能であろうか。不倫関係の終焉を目的とする依頼は社会的非難の程度が低く、独身同士の恋愛関係の終了を目的とする場合は、それよりは悪性が強いと一応いえようか。

（3）　工作の内容及び方法

肉体関係を手段とする場合は、人格的利益の侵害及び生活の平穏の侵害の程度が大きく、公序良俗違反を肯定する方向に働くと一般的にいえよう。

（4）　対価の相当性

依頼者の切望につけ込み、受任者が成功確率を高いと喧伝した結果、極めて高額な報酬が約された場合は、公序良俗違反に傾く要素となり得ようか。

（5）　受託者の属性

探偵業の業務の適正化に関する法律（「探偵業法」）第6条は、「探偵業者及び探偵業者の業務に従事する者（「探偵業者等」）は、探偵業務を行うに当たっては、この法律により他の法令において禁止又は制限されている行為を行うことができることとなるものではないことに留意するとともに、人の生活の平穏を害する等個人の権利利益を侵害することがないようにしなければならない。」と規定する。

ところで、別れさせ工作は、同法2条1項の「探偵業務」の範囲を超えており[11]、関係者の生活に介入する度合いが同業務に比して遙かに高い。そこで、仮にかかる工作が許容される場合があるとしても、探偵業者が工作を行うに当たっては、関係者の生活の平穏を害してはならない義務を、より一層強く負うというべきである。

（一般社団法人日本調査業協会[12]は、別れさせ工作が公序良俗違反であるとの認識等を基に、平成14年10月、「自主規制」を制定し、正会員に対しこの種業務及びその広告を行わないよう求めた。その後、平成19年6月に探偵業法が制定され第6条により自主規制の目的が達成されたため、同協会は自主規制を撤廃したが、現在でもこの種工作の根絶に取り組んでいるとのことである[13]）。

また、前掲・青木評釈の指摘する通り、別れさせ工作業務を広く許容した場合、業者の積極的な投資によって、工作の成功確率（関係者の生活の平穏が害される可能性）が高まることが懸念される。

（6）　小括（私見）

（5）の受託者の属性は特に重要であり、別れさせ工作を業として行うことを標榜する者が受託する契約は、公序良俗違反とすべきである。なお、業者以外の者へ対価支払を約して工作を委託することは現実には稀であろう。

6　本判決の評価

判旨に反対する。

本件工作により一定の人格的利益の侵害が発生している。Xは複数の工作員を使い効果的に依頼目的を達しており、本件請求が裁判所において是認されれば、今後も同種の行為を繰り返すおそれが高い。本判決認定の事実関係の下でも、民法90条違反を理由として契約を無効とし、報酬請求を否定すべきであった。

Yの身勝手を許容しないという観点からは請求認容が妥当とも思われるが、しかし、この種ビジネスに法や裁判所が手を貸すべきではなかろう。

（わかばやし・ひろき）

1)　CがAに「BとCが食事をした」と告げたことは争いがなく、更に本判決は「浮気をした」と告げたと認定するものの、「浮気」がどのような事実を指すのかは判示していない。

2)　公序良俗違反の有無に関する当事者の主張は、評価根拠事実及び評価障害事実の存否に関するものが殆どであり、評価に関するものではないため、割愛する。

3)　公序良俗違反の有無以外の争点の説明は割愛する。

4)　本判決に関する解説として、城内明「別れさせ工作委託契約と公序良俗」新・判例解説 Watch vol.24・89頁、青木歳男「「別れさせ屋」は公序良俗違反である」消費者法ニュース118号138頁、判例タイムズ1484号243頁の無署名評釈がある。

5)　注4）に掲記した解説中には、平成27年事案への言及は見当たらない。

6)　依頼者が想定していたのは本判決の事案と類似の工作だったが、探偵業者が実行した工作はネット上での名誉毀損や結婚式場・職場に対する脅迫メールの送付など、行為態様が相当異なるものであった。しかし、判決中では、依頼者の想定していた工作及びその依頼行為について評価が下されている。

7)　前掲・判タ無署名評釈

8)　前掲・城内140頁

9)　前掲・青木140頁

10)　幾代通・民法総則第2版・青林書院219頁

11)　別れさせ屋として宣伝広告を行っている業者の中には、探偵業者の登録を行っていない者もおり、更に無登録にもかかわらず探偵業者を名乗る者さえいるとのことである。前掲・青木138頁。

12)　同協会のHP上の組織紹介は、http://nittyokyo.or.jp/annai/。最終閲覧日（2021年8月19日）時点での所属正会員数は、112である（http://nittyokyo.or.jp/memberssearch/）。

13)　http://nittyokyo.or.jp/wakaresaseya/

担保　所有権留保売買にかかる建設機械の即時取得

仙台高判令 2・8・6
令 2(ネ)60 号、各建設機械引渡請求控訴事件
判時 2477 号 54 頁（確定）、金判 1607 号 51 頁
原審：福島地いわき支判令 2・1・10 判時 2477 号 61 頁、
金判 1607 号 56 頁

荒木新五　弁護士

現代民事判例研究会財産法部会担保パート

●——事案の概要

X（土木機械等の売買、割賦販売等を営む株式会社）は、平成 27 年 6 月 16 日、B から本件ショベルを買い受けてその所有権を取得し、同日、A にこれを 4238 万円余（税込）で割賦販売（完済まで X に所有権留保）して、引き渡した。その後、A は平成 29 年 7 月 25 日、X に本件クラッシャーを 5346 万円で売却し（X が所有権取得。占有改定による X への引渡しがあった）、X が同日、これを a（A と代表者が同じ）に、5853 万円余で割賦販売（完済まで X に所有権留保）して、引き渡した。A は、Y（土工、コンクリート工事業等を営む株式会社）に本件各物件（なお、本件各物件には、所有者を示すペイントやプレート等はない）を譲渡した（A は Y に、A 作成の、平成 29 年 12 月 12 日付「重機譲渡証明書兼誓約書」（判時 2477 号 60 頁参照）を交付したが、その交付時期は不明）。

Y は、遅くとも平成 29 年 12 月 26 日以降本件クラッシャーを、Y'（Y の関連会社）は遅くとも平成 29 年 12 月 24 日以降本件ショベルを占有している。A は、平成 29 年 12 月 26 日、民事再生手続開始を申し立てたが、その後、破産に至っている。X は、所有権に基づき、Y に対して本件クラッシャーの引き渡しを、Y' に対して本件ショベルの引渡しを求めるとともに、Y らに対して不法行為（所有権侵害）に基づく損害賠償を請求した。Y らは、本件各物件の即時取得を主張した。

原審は、(ア) 本件各物件には、その所有権が留保されていることを示すペイントやプレート等はなく、その外観から占有者以外の者が所有していることを認識することができない、(イ) Y は、A から A 作成の譲渡証明書兼誓約書の交付を受けている、(ウ) AY 間の取引で、目的物の帰属や権限をめぐり紛争となった事情は認められない、(エ) Y が、一般的な取引先という関係を超えて、A の内部事情等を知り得るような特別の関係にあったといえる事情は認められない、(オ) Y において、A が処分権限を有することを疑うべき状況にあったといえる具体事情は認められない、(カ) Y に、A の前主に対する調査や統一譲渡証明書の確認をすべき義務があったとまでは認められない、(キ) したがって、「Y が、本件各物件の所有者を A と信じたことに過失があったとは認められない」として本件各物件につき、Y による即時取得を認め、X の請求を棄却した（X が控訴した）。

●——判旨

本判決は、次のとおり判示して、Y の即時取得を否定したうえで、原判決を変更し、遅延損害金についての請求を一部棄却したほか、全面的に X の請求を認容した。

(1) 建設機械は、高額であり、所有権留保の割賦販売によることが取引の通例であり、そのことは建設業者等も当然了知しているので、これらの者が製造業者等以外の者から建設機械を買い受けるに当たっては、その売主がその所有者であるか否かを調査確認すべき義務がある。

(2) 昭和 46 年、社団法人日本産業機械工業会加盟の建設機械各メーカーが、不正転売防止のため、統一譲渡証明書制度を創設して今日に至っている。

(3) Y は、日常的に建設機械を取扱う建設業者であるから、高額な本件各物件を A から譲渡を受けるに当たり、A の所有権取得の経緯や、割賦販売である場合にはその債務が完済されているか否かを調査するほか、統一譲渡証明書の有無についても確認するなどの、Y に調査確認義務があるのは取引社会の常識に照らし明白である。

(4) Y は、本件各物件の引渡しを受ける前に

8000万円の代金を支払ったとの主張をしているが、到底考えられない。取引の経緯についても、不自然かつ不合理な点が多い。Yが取引行為による本件各物件の引渡しを受けたとは思われない。

(5) Yは、Aが本件各物件の譲渡権限を有していないことを知っていたか、これを有すると信じたことについて重大な過失がある。

(6) （したがって）Yが本件各物件を即時取得する余地はない。

●——研究

1　はじめに

建設機械の即時取得に関する判例ないし裁判例は枚挙にいとまがないほどであり[1]、本判決も、いわゆる事例裁判例に過ぎず、特に目新しい法理論を含むものではないが、即時取得の成否に関して原判決と反対の判断に至ったものであり、実務の参考になると思われるので、若干の感想を付して紹介する次第である。

2　建設機械売買の実情と譲渡証明書
(1) メーカーからユーザーへの販売経路等

大型で高額の建設機械のメーカーは、一般には大企業であり、最終ユーザーは当然のことながら建設業者であるが、資力のある大手建設業者を別にすれば、（高額であるため）リースで借り受けたり、所有権留保付きの割賦販売により大型建設機械を購入することが通常といわれている（ちなみに、大手建設業者が請け負った土木建設工事に関しても、その下請をする中小の企業が独自に必要な建設機械を調達することが多いように思われる）。また、（本件もそのような事案に関するものであるが）建設業者間で中古の建設機械を売買をすることも少なくないようである。

そして建設機械のメーカーないし（多くは、資本関係のある）その指定販売業者から直接に、又は、割賦販売業者を介して、ユーザーである建設業者へ、高額の建設機械が割賦販売される場合には、ほとんど例外なく売買代金完済時まで、売主に所有権が留保されているし、そのことは、建設業界では周知のことであるといえよう。

(2) 統一譲渡証明書

すでに、昭和40年代には、その所有権者でない者が、占有中の建設機械を他へ売却するという事態が横行していた模様であり、本判決判示のとおり、

不正転売等を防止する必要性から、昭和46年に社団法人日本産業機械工業会[2]が「統一譲渡証明書規程」を設け、「譲渡証明書」の後掲書式を示している。

この譲渡証明書は、製造業者又はその指定販売業者が発行し、かつ、最初の譲渡人として記名、押印し、その後、順次、譲渡年月日を記載して、譲渡人が記名、押印して譲受人に交付するしくみとなっており、あたかも、約束手形の裏書譲渡を彷彿させるものである。

このようなしくみがあることもまた、建設業界では広く知られていることと思われる。

もっとも、譲渡証明書は、例えば、製造後10年以上経過しているような場合（上記規程5②）などには発行されないこともあるし、発行者が製造業者又はその指定販売業者に限られていることなどからすると、（原判決が判示するとおり）その発行、交付を受けるまでに相当のタイムラグが生ずることもあると思われる。

3　即時取得の成否
(1) 登記・登録のない動産

広い意味での建設機械の中には、タイヤのついた大型クレーン車など、道路運送車両法上の自動車として登録されたものがある[3]。また、建設機械の所有者が金融を得る手段としてその建設機械に抵当権を設定する場合は、その対抗要件として登記がされることがある（建設機械抵当法3条、7条）。

建設機械ではあっても、このように登記又は登録されたものは、民法192条による即時取得の対象にはならないが[4]、本件各物件は、そのような登記、登録のされていない建設機械であるので、即時取得の対象となり得る。

なお、当該建設機械にその所有者を示すペイント、シール、プレートなどが付されているような、いわゆる明認方法が施されている場合も、即時取得の対象となり得るが、（そのままであれば）譲受人の善意無過失を否定する根拠となるだろう（所有者でない者が当該物件を不正に売却しようとする場合には、そのようなペイントを消したり、シールをはいだり、プレートを取り外すであろうから、そのようなペイント、シール、プレートなどは不正売却を防ぐ有効な手段とはいえないだろう）。

(2) 取引行為による占有取得

即時取得の要件としての占有取得が、有効な取引行為によるものである必要があることは、古くからの通説的見解であったが、平成16年の民法一部改

正により、そのことが民法192条において、明文化された（「取引行為」は、有償、無償を問わないが、有効なものでなければならないと解されている。なお、取引行為による占有取得は、即時取得を主張する者が主張立証すべき事実である[5]）。

原審は、「Ａ（売主）とＹ（買主）は、別の建設機械についての売買契約をしていたが、それらのＹへの引渡しが困難となったので、その目的物（の一部）を本件各物件に変更した。Ｙは、当初売買代金9650万円のうち8000万円をＡに振り込んで支払った」旨のＹらの主張を大筋で認めて、「本件各物件は、売買契約によってＹに引き渡された」（すなわち、Ｙは、取引行為により占有を取得した）と認定した。

しかし、本判決は、「当初購入予定の建設機械のうち３台の引渡しが不能となったという取引上の信用が疑われるようなＡから、１億円近い建設機械を買うといったハイリスクな取引をするといったことは考えられない」、「当初予定されていた建設機械は都合により引き渡すことができなくなったというＡに8000万円もの代金を振り込んで支払うとは到底考えられない」などとして、「取引の経過についても、上記のとおり、不自然かつ不合理な点が多く、Ｙが取引行為により本件各物件の引渡しを受けたとは思われず、……」と述べている。一方で、「Ｙが取引行為により本件各物件の引き渡しを受けたものではない疑いすら十分に生ずるものであって、……」と述べていることからすると、取引行為による占有取得を明確に否定したものとは断じ難い。

（取引行為によるＹの占有取得を認めないのであれば、それだけでＹの即時取得の主張を排斥することができたであろうが）そのようなところから、本判決は、後述するとおり、さらに、Ｙの過失をも認定してＹの即時取得を否定したものである。

(3) 占有取得者の善意無過失

まず、占有は、民法188条により適法性が推定され、かつ、譲受人である占有取得者が前主（譲渡人）の正権原を信じるについては過失がないものと推定されるので、占有取得者は自身の「過失のないこと」を立証することを要しないとするのが判例である[6]。すなわち、占有取得者の即時取得を争う者が、（前占有者が正権原を有すると信じることについての）占有者の悪意又は過失を主張立証する必要がある（この点については、本件では、特に争点となっているわけではないため、これ以上の言及を避ける）。

原判決は、統一譲渡証明書が「占有に代わるよう

な公示機能を持つに至っているとまでは認められない」などとして、「建設機械の譲受人に同証明書の有無を確認をすべき義務があるとはいえない」と判示したが、本判決は、前述のとおり、Ｙには「統一譲渡証明書の有無についても確認」すべき義務があるとする。

前述のとおり、古くから建設機械については不正転売（すなわち、所有権を有しないものによる売却）が少なくないこと、そのような不正転売を防ぐ手段として統一譲渡証明書の発行、交付が広く行われていることに鑑みれば、少なくとも、その対象となる建設機械については、買主は、統一譲渡証明書の有無を確認すべきであるといえよう[7]（買主が売主にその有無を問い合わせることは、通常は極めて容易であろう）。

もちろん、売主が統一譲渡証明書を有していないことが判明したからといって、直ちに、所有者ではないと判断できるわけではないが、それを有していないのであれば、当該物件をどこからいくらで買い受けたのか、その代金を完済しているのかどうかなどを調査、確認する必要があるといえよう。さらに代金完済の有無、所有権移転の有無等を、売主への譲渡人に確認することも、さして困難なことは思われない。

本判決は、むしろ、前述のとおり、ＡとＹとの本件各物件の授受の経緯が「不自然かつ不合理」であることから、より一層、Ｙの調査確認義務を強調し、（理論上は、単なる「過失」を認定すれば足りるが）Ｙには「重大な過失」があるとまで断定している。

本判決では、明示的な理由として掲げられてはいないものの、ＡからＹへの本件各物件の占有移転が、Ａの民事再生手続開始申立て時に極めて近接した時期になされたことに不審の念を抱かざるを得ない。同申立てのことをＹが全く知らなったとしても、Ａが独自に作成した「重機譲渡証明書兼誓約書」（それがいつＹに交付されたのかも明確ではない）だけで、Ａがその所有者であると信じたとすれば、建設業者としては極めて軽率であり、本判決がＹの過失を認定したことは、当然のことであったといえよう。

（あらき・しんご）

1) 古くは、最一判昭42・4・27判時492号55頁（「通常代金は割賦支払とし、代金完済のとき始めて所有権の移転を受けるいわゆる所有権留保の割賦販売の方法によることが多く、……」と述べ、買主の過失を認定してその即時取得を否定した原判決を是認している）、近時は、本誌「担保裁判例の動向」〔2〕で紹介した東京地判令2・3・23金法2161号77頁まで、公刊誌に掲載された裁判例だけでも20件前後が見られる。同種事例の全般的な傾向と即断することはできないものの、公刊誌に掲載された裁判例の多くは、即時取得を否定したものである。やや古いが、昭和38年ころから昭和55年ころまでの裁判例を整理したものとして、山口忍「所有権留保付建設機械の即時取得」判タ441号40頁（1981年）がある。

2) 当時の社団法人日本産業機械工業会から、平成2年に社団法人日本建設機械工業会が分離独立し、平成23年、一般社団法人となった。この間、「統一譲渡証明書規程」は、数次改定され、現在のものは、平成24年に改定されたものである。

3) 前記「規程」は、道路運送車両法による自動車登録制度に基づき登録されたものは、統一譲渡証明書の対象から除外している（規定2）。

4) 登録した自動車につき、民法192条の適用を否定した判例として、最二判昭62・4・24判時1243号24頁がある（なお、登録していない自動車につき、同条の適用を認めた最二判昭45・12・4民集24巻13号1987頁がある）。

5) 岡口基一「要件事実マニュアル（総論・民法1）」344頁（ぎょうせい、2017年）。

6) 最一判昭41・6・9民集20巻5号1011頁。

7) 本判決と同様、建設機械の即時取得に関し、買主は、統一譲渡証明書の有無を確認すべき義務があったとして、即時取得を否定した裁判例として、福岡高宮崎支判昭50・5・28判タ487号44頁、大阪高判昭60・5・31金判727号27頁、東京高判平8・12・11判タ955号174頁、大阪地判平21・7・16判タ1323号199頁、前掲注1)東京地判令2・3・23などがある。一方、統一譲渡証明書の有無を確認する義務はないとしたものに、本件原審のほか、東京地判昭58・5・12判タ506号106頁がある（「譲渡証明書により建設機械の取引慣行はいまだ取引業界に十分定着し実行されているものと即断することはできない」と判示するが、本判決の事案よりも、約37年前の事案に関するものである）。

統一譲渡証明書制度
2012年6月
一般社団法人日本建設機械工業会
ＣＥＭＡ統一譲渡証明書制度規定

FOR REFERENCE ONLY

譲 渡 証 明 書　No. _____

次の建設機械を譲渡したことを証明いたします。

機械名 ①	製造者名 ②
型式 ③	製造番号 ④

譲 渡 年 月 日	譲 渡 人 の 氏 名 又 は 名 称 及 び 住 所	譲 渡 人 印
平成 ⑤ 年 月 日	⑥	⑦
	譲受人 殿	
平成 年 月 日		
	譲受人 殿	
平成 年 月 日		
	譲受人 殿	
平成 年 月 日		
	譲受人 殿	
平成 年 月 日		
	譲受人 殿	

社団法人　日本建設機械工業会制定用紙

不動産　不動産競売手続における一般の先取特権を有する債権者の配当要求と消滅時効の中断の要件

最二判令2・9・18
平31(受)310号、管理費等反訴請求事件
民集74巻6号1762頁、判時2477号40頁、金判1610号8頁、
金判1613号8頁、裁時1752号2頁、判タ1481号21頁
第一審：千葉地判平30・6・15金判1610号17頁
第二審：東京高判平30・11・8金判1610号15頁

野澤正充　立教大学教授
現代民事判例研究会財産法部会不動産パート

●──事実の概要

X（本訴被告・反訴原告・控訴人・上告人）は、千葉市内のマンション（以下「本件マンション」という）の団地管理組合法人である。Xの規約によれば、本件マンションの団地建物所有者は、Xに対し、管理費、修繕積立金、専用倉庫維持費等について、毎月27日までに翌月分を支払うべきものとし、これらに対する各支払期限の翌日から日歩4銭の割合による遅延損害金を支払うべきものと定められていた（規約44条）。しかし、本件マンションの専有部分（以下「本件建物部分」という）の共有者であったAは、上記の管理費等を滞納し、同管理費等とその遅延損害金の支払義務をXに対して負っていた。

平成23年4月、本件建物部分のAの共有持分についての強制競売（以下「本件強制競売」という）の開始決定がされた。Xは、同年6月、その手続において、建物の区分所有等に関する法律（以下「区分所有法」という）66条で準用される区分所有法7条1項の先取特権を有するとして、民事執行法51条1項に基づいて配当要求（以下「本件配当要求」という）をした。しかし、本件強制競売の申立ては、平成23年7月に取り下げられた。

平成24年4月、本件建物部分について、担保不動産競売開始決定がされ、同年5月、Y（本訴原告・反訴被告・被控訴人・被上告人）は、これを競落により買い受けた。そこで、平成27年8月、XはYに対して、区分所有法8条に基づき、滞納管理費等の支払を求める訴え（反訴）を提起した（なお、YのXに対する債務不存在確認を求める本訴は、平成27年9月に取り下げられた）。Yは、本件配当要求債権について消滅時効（民旧169条）を援用し、Xは、本件配当要求により、同債権について消滅時効の中断の効力が生じている旨を主張した。

第一審は、消滅時効の中断効が生じるかについては、「権利行使の側面のみならず、権利確定の要請の充足という観点からも検討」しなければならず、「一般先取特権を主張する者が自ら所持する文書に基づいて行う配当要求について時効中断の効力を認めるためには、権利確定の要請の観点から、配当等の実施までの時点において債務者が異議を述べなかったことを要する」とした。その理由は、「配当期日において異議を述べない場合には、債権の存在が債務者により承認されたと解することができる」ことにある。それゆえ、本件強制競売が取り下げられた本件では、時効中断の効力を認めることができないとした。そして、原審も、「一般の先取特権に基づく配当要求が執行裁判所に受理された段階では、実体的な権利確定が行われたとはいえない」との理由で、時効中断効を否定した。Xが上告受理申立てをした。

●──判旨

一部破棄差戻し・一部上告却下。

「区分所有法7条1項の先取特権は、優先権の順位及び効力については、一般の先取特権である共益費用の先取特権（民法306条1号）とみなされるところ（区分所有法7条2項）、区分所有法7条1項の先取特権を有する債権者が不動産競売手続において民事執行法51条1項（同法188条で準用される場合を含む。）に基づく配当要求をする行為は、上記債権者が自ら担保不動産競売の申立てをする場合と同

様、上記先取特権を行使して能動的に権利の実現をしようとするものである。また、上記配当要求をした上記債権者が配当等を受けるためには、配当要求債権につき上記先取特権を有することについて、執行裁判所において同法181条1項各号に掲げる文書（以下「法定文書」という。）により証明されたと認められることを要するのであって、上記の証明がされたと認められない場合には、上記配当要求は不適法なものとして執行裁判所により却下されるべきものとされている。これらは、区分所有法66条で準用される区分所有法7条1項の先取特権についても同様である。

以上に鑑みると、不動産競売手続において区分所有法66条で準用される区分所有法7条1項の先取特権を有する債権者が配当要求をしたことにより、上記配当要求における配当要求債権について、差押え（平成29年法律第44号による改正前の民法147条2号）に準ずるものとして消滅時効の中断の効力が生ずるためには、法定文書により上記債権者が上記先取特権を有することが上記手続において証明されれば足り、債務者が上記配当要求債権についての配当異議の申出等をすることなく配当等が実施されるに至ったことを要しないと解するのが相当である」。

●──研究

1 本判決の意義

区分所有法によれば、団地管理組合法人は、その職務または業務を行うにつき団地建物所有者に対して有する債権について、債務者の権利等の上に先取特権を有する（区分所有66条・7条1項後段）。この先取特権は、優先権の順位および効力については、一般の先取特権である共益費用の先取特権（民306条1号）とみなされる（区分所有66条・7条2項）。そして、一般の先取特権を有する債権者は、「その存在を証する文書」（民執181条1項4号）により、不動産強制競売手続において、配当要求をすることができ（民執51条1項）、配当要求があったことは、差押債権者および債務者に通知される（民執規27条）。この配当要求が不適法である場合には、執行裁判所はこれを却下し（民執51条2項）、執行裁判所が却下しなかった配当要求に対しては、差押債権者または債務者は、執行異議を申し立てることができる（民執11条1項前段）。

ところで、本判決に先立ち、最高裁は、「不動産競売手続において執行力のある債務名義の正本を有する債権者がする配当要求は、差押え（民法147条2号─平成29年改正前）に準ずるものとして、配当要求に係る債権につき消滅時効を中断する効力を生ずる」とした（最三判平11・4・27民集53巻4号840頁）。しかし、債務名義がなく、法定文書によって「一般の先取特権を有することを証明した債権者」による配当要求（民執51条1項）が消滅時効の中断効を有するかについては、疑問が呈されていた[1]。

本判決は、一般の先取特権を有する債権者の配当要求が、差押え（民旧147条2号）に準ずるものとして消滅時効の中断の効力を生じること、および、その要件としては、法定文書により債権者が先取特権を有することが執行裁判所の手続において証明されれば足り、債務者が「配当要求債権についての配当異議の申出等をすることなく配当等が実施されるに至ったこと」は要しない旨を明らかにした、初めての最高裁の判断である。

2 従来の学説および判例

(1) 時効の中断事由の根拠

民法旧147条以下の時効の中断事由の根拠は、時効制度の存在理由との関連において論じられてきた。すなわち、時効の存在理由を、永続した事実状態の尊重ないし権利の上に眠る者を保護しないことに求めれば（実体法説）、時効の中断事由は、権利者が目覚めて権利を行使することにより、その事実状態の継続を破るものとなる[2]。これに対して、消滅時効は、時の経過により挙証上の困難が生じるため、権利消滅の法定証拠を認めるものである（法定証拠説）とすれば、権利の存在が公に確認されることによって時効が中断することとなる[3]。そして確かに、民法旧147条1号の「請求」は、訴えの却下（請求棄却も含む）または取下げの場合には時効中断の効力が生じないため（民旧149条）、単なる権利の行使ではなく、裁判による権利の確定を意味する。そうだとすれば、少なくとも、時効の中断事由を考える場合には、①権利行使のみならず、②権利確定の視点をも考慮しなければならない[4]。すなわち、民法旧147条は制限的列挙でなく、これらと類似の性質を有する事由も中断事由として認められる[5]ものの、時効中断の効力の成否に際しては、①権利の行使に加えて、②その事由が権利の存在を確定して

いるかを基準として判断すべきこととなる[6]。

(2) 強制執行手続における配当要求

旧民事訴訟法下の古い判例は、強制執行手続における債権者の配当要求が、「債権ノ弁済ヲ受クルコトヲ要求スルモノ」であるため、民法旧147条1号の「請求」に該当し、同旧152条の「破産手続参加ト同等ノ効力」（＝時効の中断効）があるとした（大判大8・12・2民録25輯2224頁）。そして、学説の多くも、この判例を支持していた[7]。

ところで、旧民事訴訟法では、配当要求は、「執行力アル正本」（＝債務名義）を有する者と有しない者とを区別していた。例えば、不動産強制競売手続においては、債務名義を有する債権者の配当要求は差押えと同等の効力を生じ、執行裁判所から債務者に通知された（旧647条1項・旧648条）。これに対して、「執行力アル正本」を有しない債権者の配当要求については、債務者が認諾するか否かを決し（旧647条2項）、認諾しなかった場合には、債権者が訴えを提起してその債権を確定することが予定されていた（旧同3項）。それゆえ、債務名義を有しない債権者の配当要求は、裁判所に届出（破111条1項）があった破産債権について、異議の訴え（破126条1項）が提起されずに確定すると確定判決と同一の効力を有する（破131条2項）、破産手続参加（民旧152条）に準じるものであった。しかし、民事執行法は、原則として、債務名義を有しない債権者の配当要求を否定し（民執51条1項）、かつ、執行手続内での権利の確定を予定していない。そうだとすれば、民事執行法における配当要求は、「請求」の一態様である「破産手続参加」ではなく、「差押え」に準じるものであり、学説上もそのような理解が有力であった[8]。

このような状況において、最高裁平成11年4月27日判決（前掲）は、「執行力のある債務名義の正本を有する債権者は、これに基づいて強制執行の実施を求めることができるのであって、他の債権者の申立てにより実施されている競売の手続を利用して配当要求をする行為も、債務名義に基づいて能動的にその権利を実現しようとする点では、強制競売の申立てと異ならない」との理由で、その配当要求が差押えに準じるものであるとした。そして、この平成11年判決以降、配当要求が「差押え」に準じて時効中断効を生じるとの見解が多数である[9]。もっ

とも、同判決は、時効中断の根拠として、権利行使のみを指摘し、権利確定の側面には言及していない。しかし、その事案は、「執行力のある債務名義の正本を有する債権者」の配当要求に関するものであり、「債務名義が作成されることによって権利の存在は既に公的に確認されている」から、権利の確定を要求する必要がなかった、との指摘がなされている[10]。そこで問題となるのが、債務名義を有しない、一般の先取特権に基づく配当要求の時効中断効の可否である。

3 一般の先取特権に基づく配当要求

前述のように、旧民事訴訟法では、債務名義を有しない債権者による配当要求を認めていた。その結果、債務者と特定の債権者が通謀して、虚偽の債権による配当要求がなされた場合には、これを排除することが困難であり、本来の債権者の満足が妨げられるという弊害が生じた。そこで、民事執行法の制定過程においては、当初、配当要求できる者を、債務名義を有する債権者と仮差押債権者のみに限定していた。しかし、労働者の給料債権等の一般の先取特権を有する債権者についても、「社会政策的配慮により、旧法と同様、例外的に、より簡便に一般先取特権の存在を証明する文書のみ」で配当要求できるものとした[11]。それゆえ、民事執行法51条1項の法定文書は、一般の先取特権の「存在を証する文書」（民執181条1項4号）であり、その証明が可能であれば、私文書と公文書とを問わず、「いかなる種類の文書によることも自由」であるとされている[12]。そのため、権利の確定の観点からは、法定文書による配当要求でも時効の中断効が生じるか否かが問題となり、本件の第一審と原審は、前述のように、これを否定に解した。

ところで、平成11年判決以降、配当要求は、民法旧147条2号の「差押え」に準じると解されている。そして確かに、差押えは債務名義に基づく強制執行であり、同じく債務名義を有する債権者による配当要求は、差押えと同等に考えられる。しかし、債務名義ではない法定文書による配当要求は、同じく債務名義に基づかない「仮差押え又は仮処分」との対比が有益である。すなわち、仮差押えおよび仮処分は、未だ債務名義を有しない債権者が将来の強制執行に備えて行う執行保全手続であり、それが時効の中断事由とされたのは、「権利の実行行為であ

る」[12]だけでなく、「これらの手続が許されたという事実をとおして」[13]、その手続の基本となった権利の存在が、「ある程度公に確認されること」に基づく[14]。本件におけるXの上告理由も、法定文書に基づく配当要求の申立てが不適法なものとして却下されなかった場合には、「その限りにおいて権利確定の要請が一定程度充足された」とするものであった。そして、最高裁は、このような上告理由を容れたものであると解される。

4　結論と残された問題

　本判決は、一般の先取特権に基づく配当要求について、権利行使の面では、平成11年判決を受け継ぎ、「能動的に権利の実現をしようとするもの」としつつ、権利確定の面では、法定文書により債権者が先取特権を有することが執行裁判所の手続において証明されれば足りるとして、これを緩和した。同じく債務名義を必要としない仮差押え・仮処分が時効中断事由とされていたこととの均衡からは、適切な判断であったと解される。また、本件強制競売手続が取り下げられても、時効中断の効力が遡及的に消滅しないことは、すでに平成11年判決が明らかにしている。すなわち、競売手続が取り消されたとしても、「配当要求自体が不適法とされたわけでもなけ

れば、配当要求債権者が権利行使の意思を放棄したわけでもない」場合には、民法旧154条の準用は認められないとした（もっとも、この点は、本件では争点となっていない）。

　問題となるのは、平成29年の民法（債権関係）の改正によって、本判決の結論が影響を受けるか否かである。債務名義を前提とする差押えは、「強制執行」および「担保権の実行」として完成猶予および更新事由とされた（民148条1項1号・2号）のに対し、「仮差押え」および「仮処分」は、時効の完成を猶予するものの更新事由ではない（民149条）ことからすると、債務名義のない先取特権に基づく配当要求による時効の更新は、否定に解される余地もある。しかし、一般の先取特権者の保護という政策的配慮を重視すれば、本判決の結論が新法の下でも維持されると解されよう。

　　　　　　　　　　　　　（のざわ・まさみち）

---

1)　孝橋宏・最高裁判所判例解説民事篇平成11年度428頁。なお、民事執行法51条1項の「強制競売の開始決定に係る差押えの登記後に登記された仮差押権者」については、配当要求をしなくても、仮差押えによる時効中断効（旧147条2号）が、その登記の抹消の時まで認められる（最二判昭59・3・9判時1114号42頁）。
2)　我妻栄『新訂民法総則』（岩波書店、1965年）458頁。また、大連判昭14・3・22民集18巻238頁は、消滅時効の中断事由が、「権利ノ上ニ眠レル者ニ非ザル」ことを表明して、時効の効力を遮断するものであるとした。
3)　川島武宜『民法総則』（有斐閣、1965年）473頁、川島武宜編『注釈民法(5)』（有斐閣、1967年）66頁〔川島武宜・岡本担執筆〕。
4)　実体法説においても、権利の行使は、「明瞭確実な形態をとることを必要とする」と解されている（我妻・前掲注2)458頁）。すなわち、権利の行使は、「裁判所による一定の行為に直接又は間接に接着」し、「一定の結末に達することを要する」とされ、権利が「確定的なもの」となることが中断の要件とされている（我妻栄「確認訴訟と時効中断」『民法研究Ⅱ』〔有斐閣、1966年〕264-265頁）。
5)　川島＝岡本・前掲注3)66頁。なお、判例も、破産宣告の申立て（大判明治37・12・9民録10輯1578頁、最一判昭35・12・27民集14巻14号3253頁）をはじめ、旧147条所定の事由以外の時効の中断事由を認めている。
6)　川島＝岡本・前掲注3)66頁。
7)　我妻・前掲注2)464頁、川島・前掲注3)注釈民法101頁〔川井健執筆〕、幾代通『民法総則』（青林書院、第2版、1984年）567頁など。
8)　富越和厚・最高裁判所判例解説民事篇平成元年度330頁、浅生重機「不動産競売における申立債権以外の債権の時効中断（上）（下）」手形研究472号23-24頁、同473号37頁（1992年）、伊藤進「抵当不動産競売手続への申立以外の方法による参加と消滅時効中断効（下）」ジュリスト1147号119頁（1998年）。
9)　中野貞一郎『民事執行法』（青林書院、増補新訂6版、2011年）401頁、四宮和夫＝能見善久『民法総則』（弘文堂、第9版、2018年）464頁など。
10)　孝橋・前掲注1)425頁、堀内元城「本件判批」ジュリスト1560号91頁（2021年）。なお、堀内調査官は、時効中断効の根拠として判例が、権利の確定よりも「権利行使の側面を重視しているようにみえる」とする（同91頁）。
11)　石川明＝小島武司＝佐藤歳二編『注解民事執行法（上巻）』（青林書院、1991年）543-544頁〔佐々木虎男執筆〕。
12)　我妻・前掲注2)468頁。
13)　川島・前掲注3)491頁。
14)　四宮＝能見・前掲注9)467頁。なお、富越・前掲注8)335頁（注17）も、差押え等が時効中断事由とされたのは、「権利行使の側面に重きがあり、権利確定の要素は裁判上の請求よりは弱いもので足り、執行機関により債務者への執行行為が開始されたという結果が権利を明確ならしめた」とする。
　※　本件の判例評釈としては、【注】に掲記したもののほかに、米倉暢大・令和2年度重要判例解説50頁（2021年）、大山和寿・新判例解説Watch民法（財産法）No.204がある。

不法行為 1

複数の公務員が国又は公共団体に対して国家賠償法1条2項による求償債務を負う場合に、求償債務は分割債務か不真正連帯債務か

──共同して故意に違法に他人に与えた損害について、求償債務は連帯債務になると判示

最三判令2・7・14
平31(行ヒ)40号、求償権行使懈怠違法確認等請求及び共同訴訟参加事件
民集74巻4号1305頁、判時2465=2466号5頁、判タ1477号19頁、金判1607号8頁
第一審：大分地判平27・3・16判例自治429号35頁
控訴審：福岡高判平27・10・22判例自治429号53頁

杉山真一　弁護士

現代民事判例研究会財産法部会不法行為パート

●──事案の概要

1　はじめに、

本件は、当時耳目を集めた大分県の教員不正採用事件（平成19年度の試験）に関する住民訴訟である。公立学校の校長等の子弟等を合格させる目的で行われ、当該校長等と大分県の教育行政に関わる幹部職員との贈収賄事件として、これら公務員等には有罪判決が確定している。

大分県教育委員会（以下「県教委」という）の職員Aらは、教員採用試験において、特定の受験者を合格させるため、受験者の得点を操作するなどの不正を行った（以下「本件不正」という）。事件が発覚した後、大分県（以下「県」という）は、本来合格していたはずの受験者らに対して損害賠償金（平成19年分で総額7095万円）を支払った。県の住民である原告らは、被告県知事を相手に、本件不正に関与したAらに対し求償権（国賠法1条2項）に基づく金員の支払を請求するよう求めて住民訴訟（地方自治法第242条の2）を提起した。

2　当事者

上告人（一審原告）は、NPO大分市民オンブズマン、教員採用不正の真相を追究しGさんを支援する会、個人2名の合計4名であり、被上告人（一審被告）は、大分県知事である。

3　請求の概要

被上告人に対し、（本件不正に関与した）Aらに求償権に基づく金員の支払を請求するよう求めるものである。

4　経緯

(1)　本件不正

大分県公立学校の平成19年度採用にかかる試験（以下「平成19年度試験」という）が実施された当時、

小中学校教諭等の教員採用試験の事務は、県教委の義務教育課人事班が担当し、合否の判定は教育長が行っていた。

県教委には、教育長を補佐し義務教育部門を統括する教育審議監督が置かれていた。平成19年度試験実施当時、Aは教育審議監、Fは義務教育課長、Eは人事班主幹であった。

Aは、公立学校の校長Bの子弟を含む特定の受験者を、平成19年度試験に合格させてほしいとの相当数の依頼を受け（なおB夫婦からは100万円の賄賂を受領した）、Eに対して、Aが選定した者を合格させるように指示した。

Fは、Aからの依頼の他にも相当数の同様の依頼を受け、Eに対し、Fが選定した者を合格させるように指示した。

Eは、上記AやFの指示を受け、受験者の得点を操作したうえで、教育長に合否の判定を行わせ、上記指示された受験者を合格させた。

(2)　県による損害賠償金の支払、関係者からの寄付及び求償金の弁済等

県は、平成19年度試験において本件不正により不合格とされた者のうち31名に対し、総額7095万円の損害賠償金を支払った。

当該損害賠償金の支払に関し、平成24年2月までに、県に対し、県教委の幹部職員等からの寄付（以下「第1寄付」という）や県教委教育委員有志等からの寄付（以下「第2寄付」という）があり、B夫婦やAから求償債務の（一部）弁済があった。これらの出入りをまとめると別表のとおりとなる。

Aは、本件不正が発覚する前に退職し退職手当を受け取ったが、発覚後に県から退職金返納命令を受け全額の3254万5896円を返還した。

Fは自己破産し、Eは死去し相続財産はないという状況であり、Aに対する求償権がどの程度認めら

れるかが問題となった。

県は、上記寄付合計額及び退職金返納相当額の合計額が求償債務の額を超えるとして、求償権を行使しなかった。

これに対して、本件上告人らが、県に対し、Ａらに対し求償債務の支払を請求するよう求めて本件訴訟に至った。

	県の支出	求償債務弁済	県への寄付等	Ａへの求償
H19 分損害賠償	70,950,000			
H20 分損害賠償	19,500,000			
県教委幹部職員等寄付（第1寄付）			48,434,616	
県教委教育委員会有志等寄付（第2寄付）			5,000,000	
Ｂ夫婦からの弁済		444,678		
Ａからの求償債務弁済		1,953,633		
Ａの退職金返納相当額		32,545,896		
第1寄付・第2寄付のうち H19 損害賠償に充当されるべきもの			41,921,624	
Ｂ夫婦からの弁済中求償債務として負担すべきもの		250,000		
H19 求償債務残総額				28,778,376
原審が認めたＡに対する求償額				9,557,717
本判決が認めたＡに対する求償額				26,824,743

● ──判旨

第１次第二審（福岡高判平 27・10・22 判例自治 429 号 53 頁）は、損害賠償金額から別表記載の寄付や一部弁済額を控除して求償債務残額とし（2877 万 8376 円）、さらにＡが返納した退職手当相当額（3254 万 5896 円）についてもＡらに対する求償権を行使しないことを違法とは評価できないと判断した。

第１次上告審（最二判平 29・9・15 裁判集民 256 号 77 頁、判時 2366 号 3 頁）は、この第１次第二審の判断には法令の違反があるとして破棄し、求償権の行使が制限されるべきか否かについてさらに審査を尽くさせるため、原審に差し戻した。

第２次第二審は、第１次第二審同様、損害賠償金額から別表記載の寄付や一部弁済額を控除して求償債務残額を計算したが（2877 万 8376 円）、Ａが返納した退職手当相当額については求償権の行使は制限されないとした。一方で、求償債務は、不正に関与した公務員らの間でそれぞれの職責及び関与の態様等を考慮した分割債務になるとして、Ａにつき４、Ｆにつき 3.5、Ｅにつき 2.5 の各割合による求償権を取得するとし、Ａに対して求償すべき金額は、求償権総額 2877 万 8376 円の４割に相当する 1151 万 1350 円からＡによる弁済額を控除した 955 万 7717 円であるとした（別表参照）。

これに対して、本判決は、第２次第二審（原審）の判断は是認できないとして、次のとおり判示した。

「国又は公共団体の公権力の行使に当たる複数の公務員が、その職務を行うについて、共同して故意によって違法に他人に加えた損害につき、国又は公共団体がそれを賠償した場合においては、当該公務員らは、国又は公共団体に対し、連帯して国賠法１条２項による求償債務を負う」。

その理由として、このような場合には「当該公務員らは国又は公共団体に対する関係においても一体をなすものというべきであり、当該他人に対して支払われた損害賠償金に係る求償債務につき、当該公務員らのうち一部の者が無資力等により弁済することができないとしても、国又は公共団体と当該公務員らとの間では、当該公務員らにおいてその危険を負担すべきものとすることが公平の見地から相当である」ことを挙げた。

そして、県は、Ａに対し、求償権総額 2877 万 8376 円からＡによる弁済額を控除した 2682 万 4743 円の支払を求めることができるとした（別表参照）。

● ──研究

1 はじめに

本判決は、国賠法１条２項による求償権に係る債務が分割債務となるか、いわゆる不真正連帯債務となるかという問題について、不真正連帯債務になるとの最高裁として初めての判断を示した点に意義がある。

筆者はこの結論に賛成であるが、理論構成と射程範囲について検討する必要があると考える。以下、従来の裁判例及び学説、本判決の理論構成とその評価、本判決の実質判断と射程範囲について、順に論じる。

2 従来の裁判例及び学説

国賠法１条２項による求償権に係る債務が分割債務となるか、いわゆる不真正連帯債務となるかという問題について、既に触れたとおり最高裁で判断したものはないが、不真正連帯債務とする下級審の裁判例がある（名古屋地判平 22・5・25 判時 2098 号 82 頁など）。

従来、学説では、国賠法１条１項２項の解釈は国賠法に基づく賠償責任の法的性質論（主として比較法の理論史的考察に基づき、代位責任説と、自己責任説があるとされ、代位責任説が通説とされる。本稿では、便宜上「従来型の法的性質論」と呼ぶ）と関連づけて議論されてきた[1]。もっとも、現在では、上記の意味での従来型の法的性質論は、国賠法１条１項

２項の解釈の決め手にならないという見解が有力である[2]。なお、学説には、複数の公務員に対する求償権につき、特に論拠を明確にせず分割債務とするものもある[3]。

近時の学説には、民法715条（使用者責任）や民法719条（共同不法行為責任）と対比しながら、国賠法１条における個人責任の追及や求償制限について議論を試みる見解がある[4]。

３ 本判決の理論構成とその評価

(1) 本判決の理論構成

本判決は、従来型の法的性質論には触れることなく、当該公務員らは「国又は地方公共団体に対する関係でも一体をなす」ことを理由として、連帯責任との帰結を導いている。なお、宇賀克也裁判官は、補足意見として、そもそも国賠法１条の立法者意思が代位責任説（ドイツの職務責任説）であったとはいえず、判例・裁判例を引用しつつ、代位責任説か自己責任説かは解釈論上の道具概念としての意義をほとんど失っていると指摘し、本件の結論はいずれの説によっても左右されない旨述べている。

(2) 評価

本判決が、従来型の法的性質論に関連づけることなく判断していること自体は、近時の学説の傾向に沿うものといえよう。

しかしながら、「（当該公務員らは）国又は地方公共団体に対する関係でも一体をなす」との比喩的表現のみでは、理論構成として物足らない感がある。

そこで、民法の不法行為（特に民法715条及び同719条）や法定代位（民法500条・501条）の類推を用いて、以下のような理論構成を提示したい（「法定代位説」と呼ぶ）。

国賠法１条１項の国家等の責任については、国家等自身が公法人として、公務員と共同不法行為者になることを前提として考えるのか（その場合、民法719条の共同不法行為の規律の類推が可能となる）。それとも、国家等は共同不法行為者ではなく、公務員の（共同）不法行為者としての責任を肩代わりするものなのか（伝統的な民法715条使用者責任や法的代位の規律の類推が可能となる）。

国賠法１条２項の求償権は、前者であれば、共同不法行為者間の求償問題となり、その場合は一般に各人の責任割合に応じた負担部分を前提とした求償と理解されている（全額についての連帯債務とはならない）[5]。後者であれば求償権には制約がなく、また被害者が有していた公務員個人に対する損害賠償請求権を法定代位することもできるはずである（そ

れが２項の求償権の性質ともいえる）。

過失による不法行為については、国賠法は、国家等による固有の不法行為責任を認めたものといってよい（それゆえ公務員個人への求償は認められていないのである）[6]。国家等の固有の不法行為責任であるから、いわゆる組織過失の議論の適用があり、組織内の個々人の不法行為が特定できなくても、国家等の不法行為責任を認めうる。このように、過失による不法行為の場合は、国家等を不法行為者とみるのが自然であり、代位責任と構成する実益もないと思われる。

これに対し、故意又は重過失による不法行為の場合は、どうか。この場合は、国家等は固有の不法行為者とはいえず、公務員等の不法行為責任を代位して弁済する責任を負うのみであると考える[7]。

そうすると、本件のように共同して故意に違法行為を行った公務員については、国・公共団体自身は不法行為責任者ではなく、当該公務員らのみが共同不法行為者として被害者に対し不真正連帯債務[8]を負うことになる[9]。その債務を、国家等が、国賠法１条の規定に基づき代位して支払ったのであるから、法的代位（民法500条・501条）により、国家等は、被害者が有していた共同不法行為債権を取得し、公務員らに不真正連帯債務の履行を求めることができる（ただし、後述するとおり、信義則による調整の余地はある）。この法定代位による共同不法行為債権は、国賠法１条２項の求償権と併存するとも構成できるが、その求償権の性質を示すものとも構成可能である。この考え方を仮に「法定代位説」と呼ぶとすれば、上告理由は「法定代位説」と同趣旨であり、本件判決理由の「一体として」は「法定代位説」の比喩的表現と理解できる。

４ 本判決の実質判断と射程範囲（信義則による修正）

本判決の実質判断は、共同して故意に違法行為を公務員らが行った場合は、当該公務員らの一部の無資力の負担は当該公務員らが負うべきであり、国又は地方公共団体（納税者）が負担する理由はないというものと理解できる。

この実質的価値判断は、故意の違法行為の抑制に資するものであり、一般論としては正義にかなうものであると考える。とりわけ、本件のAは、合否の判断をする教育長を補佐し、教員採用試験業務を統括し不正をただす責務を負っていた者である。にもかかわらず、公立学校校長Bの夫婦から賄賂を受け取り、Fを通じてEに指示をして不正行為をさせた

のであるから、共同行為者の中でも主犯格である。FやEの無資力の負担を負うのは当然ともいえる（上告理由も、少なくともAについて分割債務とするのはおかしいと論じている）。

問題は、共同して故意で違法行為を行ったようにみえる場合でも、共同行為者の役割には様々なケースがありうる点である。末端の公務員は、違法と知りつつも事実上命令を拒否できないということもあるだろう[10]。

この場合は、民法715条（使用者責任）における求償権の場合と同様、信義則により求償権行使を制限することで調整することになろう。本判決はこれらを否定する趣旨ではないと考える[11]。

本判決は、重過失による場合には触れていない。しかしながら、重過失とは、一般に、故意と同視しうる程度の注意義務違反がある場合を指すのであるから、故意と区別する実質的理由は乏しいであろう（個別具体的な事案での調整は、前述のとおり信義則による修正に委ねれば足りる）。

5 その他の問題

(1) 第1寄付・第2寄付の扱い

本件上告理由に指摘されているように、本件損害賠償金に関し、県の幹部や教育委員会有志らから、4500万円を超える寄付があった。この扱いについては、各裁判所は一貫して、求償債務に充当して（損益相殺と考えられる）、その残額のみを求償権の対象としている（求償権の制限の一方法ともいえる）。しかしながら、この扱いには三つの問題があると思われる。第一に、寄付行為の趣旨の解釈である。寄付

行為者は、損害賠償金の原資として被害者に渡してほしいというつもりであって、違法行為者への求償を制約しその負担を軽減する趣旨ではなかったのではないか。第二に、故意による違法行為をしたものが、善意の寄付によりその債務を軽減されるのは、正義に反しないか。第三に、特に第1寄付は、県OBの有力者であるAのために、OB等のネットワークを使って半ば強制的に寄付が募られたおそれがあり、裁判所がそのような集金方法を損益相殺として是認してよいのか。いずれの問題も、更に議論を深める必要があろう。

(2) なぜ第1次二審や第2次二審（原審）は求償権を制限しようとしたのか。

それは、本件縁故採用が、「教員の選考に試験の総合点以外の要素を加味する」旨の慣行に起因し、県（納税者）にも一定の責任（負担部分）があるとの心証があったからであろう[12]。

本件のような贈収賄を伴う場合は、当該公務員の個人責任を徹底して違法行為の抑制を図るべきであろう。しかし、その影で「悪しき」慣行が生き延びるとすれば問題である。また、贈収賄や有力者の圧力は論外として、教員採用選考をすべて純粋な競争試験によるものとして、上記慣行一切を「悪しき」ものと切り捨てるべきか否かは、難問である。

（すぎやま・しんいち）

---

1) 宇賀克也＝小幡純子編著『条解国家賠償法』（有斐閣、2019年）22頁（山本隆司）。
2) 宇賀＝小幡　前掲166頁（西上治）。
3) 古崎慶長『国家賠償法』（有斐閣、1971年）204頁。
4) 窪田充見『不法行為法〔第2版〕』（有斐閣、2018年）233頁以下。
5) 窪田　前掲228頁。
6) 国家等が固有の不法行為者として責任主体になりえるか、という法哲学等に関する問題もある。しかし、国賠法制定の趣旨が、戦前の国家無答責の法理の修正にあることからすれば、これを否定する理由はないであろう。
7) 組織過失論にはなじみにくいことになるが、公務員の故意・重過失による不法行為の場合は、その特定に困難がある場合は多くないと考える。
8) 最三判昭48・1・30判時695号64頁。
9) 公務員個人に対する責任追及の可否について、判例は、過失の場合はもとより、故意・重過失の場合もこれを否定する（最二判昭53・10・20民集32巻7号1367頁）。しかしながら、故意・重過失の場合にまで公務員個人に対する責任追及を否定する理由は乏しいと考える。
10) 同様の問題を指摘するものとして、斎藤誠「教員採用選考の不正関与者に対する国家賠償法1条2項の求償権の範囲」ジュリスト1518号50頁。
11) 第1次上告審は、損益相殺や信義則による求償権の行使の制限がありうることを前提とした上で「県の求償権の行使が制限されるべきであるといえる否か等について、更に審理を尽くさせるため」に原審に差し戻すとしている）。
12) 第1次二審判決は、「教員の選考に試験の総合点以外の要素を加味すべきであるとの考え方に対して、県教委が確固とした方針を示してこなかったこと」という事情を指摘している。教員採用の実態につき、大分県教育委員会教育行政改革プロジェクトチーム平20・8・29付「調査報告書」。

不法行為 2

少年保護事件を題材として家庭裁判所調査官が執筆した論文を公表した行為がプライバシーの侵害として不法行為法上違法とはいえないとされた事例

最二判令2・10・9
令元(受)878号、損害賠償請求事件
民集74巻7号1807頁、判タ1486号15頁
第一審：東京地判平30・4・13民集74巻7号1852頁
第二審：東京高判平30・12・12民集74巻7号1876頁

前田太朗　中央大学准教授

現代民事判例研究会財産法部会不法行為パート

●——事案の概要

　Yは家裁調査官であるとともに臨床心理士としての資格をもち、広汎性発達障害（以下本件疾患）の論文を執筆するなど学術活動もおこなっていた。本件疾患にかかっていたXによる非行事件（銃砲刀剣類所持等取締法違反保護事件）においてYが担当した聞取調査をもとに、Yは本件疾患につき、非行事件での発現や対応等を明らかにするという目的で、家裁調査官在職中にA社の刊行する臨床医学の専門雑誌で論文を公刊した（この時点でXは19歳）。また同趣旨の目的で、この論文を採録した研究者等向けの書籍を発行した（以下本件論文等）。

　本件論文等に掲載されたXの情報について、本件疾患の症例報告としての学術意義を弱めないことを意識し、また精神医学の症例報告に関する論文での学術慣行に従いXの年齢や父親の年齢とともに、非行事実の態様、母親の生育歴、小学校における評価、家庭裁判所への係属歴及び本件保護事件の調査における知能検査の状況に関する記載部分があり、ここにXのプライバシーに属する情報が含まれていた（本件プライバシー情報とする）。さらにこれら情報のなかには、具体的な状況を本件論文でも記載したところがあり、こうした情報を知る者が本件論文を読めば、その知識と照合することで、Xであると同定することは可能性があった。しかしこれ以外の情報については、「対象少年」という形でXと特定が容易にされないよう氏名、住所等を修正し、またXやその関係者を特定する記載、さらに本件保護事件の係属した時期等は記載されなかった。

　その後Xは、本件論文の公表及び書籍の刊行（以下本件各公表とする）により、自身のプライバシーを侵害されたとしてYらに対して損害賠償を求め提訴した（他に名誉毀損やAらへの請求もあるが検討との関係で省略する）。

　一審は、本件プライバシー情報の公表されない利益と、公表される利益を比較し、Yの本件各公表に関する目的や同定可能性への対処などから、その違法性を否定した。これに対して、原審は、同様の比較衡量をおこない、少年法及び少年手続の目的・趣旨に照らし、少年審判において得られたプライバシーに関する情報は当事者の信頼関係に基づき、提供者が判明する形での開示が回避されるべきという信頼確保の要請から、厳格な管理を要請され、このことをYもその職制から十分に認識していたことなどから、プライバシーに関する情報について公開されない法的利益は重要性を持つとする。これに対して学術論文において、本件執筆目的があることや、慣行に従った個人情報の公表をおこなったとしても、公表される利益は、公表されない利益を優越しないとし、Yらの本件公表行為の違法性を認め不法行為責任を肯定した。Yら上告。

●——判旨

　一部棄却、一部却下、一部破棄。

　(a) 違法性判断のための判断アプローチの提示

　「プライバシーの侵害については、その事実を公表されない法的利益とこれを公表する理由とを比較衡量し、前者が後者に優越する場合に不法行為が成立するものと解される」。

　(b) 衡量枠組み・要素の提示　「本件各公表がXのプライバシーを侵害したものとして不法行為法上違法となるか否かは、本件プライバシー情報の性質及び内容、本件各公表の当時における被上告人の年齢や社会的地位、本件各公表の目的や意義、本件各公表において本件プライバシー情報を開示する必要性、本件各公表によって本件プライバシー情報が伝達される範囲と被上告人が被る具体的被害の程

度、本件各公表における表現媒体の性質など、本件プライバシー情報に係る事実を公表されない法的利益とこれを公表する理由に関する諸事情を比較衡量し、本件プライバシー情報に係る事実を公表されない法的利益がこれを公表する理由に優越するか否かによって判断すべきものである。」（最三判平6・2・8民集48巻2号149頁、最二判平15・3・14民集57巻3号229頁が引用される）。

（c）Ｘの利益　少年法での非公開の原則（同22条）や推知報道の禁止（同61条）、そして少年審判規則での少年の付添人以外での事件記録等の閲覧・謄写ができないと定められることから、「これらの規定は、少年の健全な育成を期するため…、少年に非行があったこと等が公開されることによって少年の改善更生や社会復帰に悪影響が及ぶことのないように配慮したものである」。家裁調査官は、裁判所の命令により、少年の要保護性や改善更生の方法を明らかにするため、医学心理学その他関連分野の専門的知識をもって調査にあたり、「その調査内容は、少年等のプライバシーに属する情報を多く含んでいるのであるから、これを対外的に公表することは原則として予定されていないものというべきである」。「本件プライバシー情報は、…本件保護事件における調査によって取得されたものであり、上記規定の趣旨等に鑑みても、その秘匿性は極めて高い。また、Ｘは、本件公表の当時、19歳であり、その改善更生等に悪影響が及ぶことのないように配慮を受けるべき地位にあった。さらに、本件保護事件の性質や処分結果等に照らしても、Ｘにおいて、本件保護事件の内容等が出版物に掲載されるといったことは想定し難いものであったということもできる」。

（d）Ｙの利益・本件公表の違法性判断　Ａの月刊誌の目的・趣旨が「本件疾患の臨床知識を共有することをもって、研究活動の促進を図るとともに、本件疾患に対する正しい理解を広めることにあ」り、Ｙの本件論文の執筆目的もこれに沿ったものであり、また本件公表は、いずれも「医療関係者や研究者等を読者とする専門誌や専門書籍に掲載する方法で行われたこと等に鑑み、本件各公表の目的は重要な公益を図ることにあった」といえる。またこの目的沿って本件プライバシー情報を利用したことは、本件論文の執筆慣行に沿っており、「本件論文の趣旨及び内容に照らしても、本件プライバシー情報に係る事実を記載することは本件論文にとって必要なものであった」。これ以外の情報について、本件論文等ではＸと同定できないようにされており、Ｘのプライバシーへの配慮が認められる。たしかに、Ｘ

と面識等を持つために、本件論文に記載された事実関係を知る者が、本件論文を読めば、「その知識と照合することによって対象少年をＸと同定し得る可能性はあった」が、「本件論文に記載された事実関係を知る者の範囲は限定されており、本件論文が医療関係者や研究者等を読者とする専門誌や専門書籍に掲載するという方法で公表されたことからすると、本件論文の読者が対象少年をＸと同定し、そのことからＸに具体的被害が生ずるといった事態が起こる可能性は相当低かったものというべき」であり、実際に、本件では、こうした状況は生じず、本件公表により「対象少年をＸと同定し、本件各公表が被上告人の改善更生等に悪影響を及ぼしたなどといった事情がうかがわれないことからも裏付けられ」る。

（e）帰結　「以上の諸事情に照らすと、本件プライバシー情報に係る事実を公表されない法的利益がこれを公表する理由に優越するとまではいい難い」として、Ｙの本件各公表が不法行為上違法であるとはいえないとした。

●――研究

本判決が示した判断枠組みは、後述の通り、従来の判例が示した比較衡量枠組みを用いつつ、新たな衡量要素を示し、そのうえで、各衡量要素における具体的判断でも注目すべき特徴を有しており、それぞれにおいて理論上も法実践上も意義を有するものと考えられる。順にみていこう。

1　本判決の示した比較衡量の採用及びその具体的な衡量判断の意義

(1)　比較衡量の援用について

ある個人に関する情報がプライバシーとして保護されるものであるにもかかわらず、それが公表された場合において、一方でプライバシーの保護が、他方でその対抗利益として[1]憲法上重要な表現の自由の保護が問題となり、当該公表行為の違法性判断が問題となる。最高裁は、プライバシーに掛かる情報を公表する利益と、それを公表しない利益との比較をし、何れが優越するかにより、公表行為の違法性を判断するという比較衡量枠組みを展開した（平成6年及び同15年判決。「利益の優越」論[2]とされる）。この判断枠組みを採用する前提として、プライバシーの保護と公表行為の要保護性との調整から比較衡量が必要とされるが[3]（両者の法益の特性）、さらにこれを実質的な観点に立った理由付けも試みられている。すなわち、一方で、あるプライバシーに関する情報を公表することであえてそのプライバシー

を有する者に不利益が与えられ、他方で、これにより他者の利益を増進するという形で、一方の不利益と他方の利益の相互的な関連性があると考えられ、この一方の不利益と他方の利益との調整のために比較衡量が用いられると考えられるのである[4]。

本件でも、これら二つの観点から本判決が比較衡量を採用したことを支持できる。両者の法益の特性ついてみると、まず本件でのYの表現行為は、従来プライバシー侵害と比較衡量されていた表現の自由それ自体ではなく、学問の自由、中でも研究成果発表の自由に関するものである。しかし、学問の自由もまた表現の自由の特別法と位置付けられるように[5]、表現の自由同様に表現行為を媒介としてその自由を実現している。そして、学問の自由は重要な権利であるとしても、絶対的保護を受けるものではなく、その制約が想定されている[6]。

こうした学問の自由に対し、本件で問題となる情報は、非行事実や少年審判を受けたこと、さらには病歴や成育歴に関するものが含まれており、これら情報は一般的に他者に知られることが望まれないものと考えられるため、プライバシーとして保護に値するものであって、また少年審判で取得された情報であって、秘匿性が高いという特徴を有する。しかし、これは絶対に秘匿されかつ公表されないという保護を受けるものとは考えられず、例えば正当な理由や適切な対応があればその公表も許されると考えられるように[7]、当該情報の公表が許される場合も考えられる。このようにいずれの法益の性質・特徴からも、プライバシーに係る情報の公表行為の違法性判断において、比較衡量が必要と考えられる。

実質的な観点に立っても、本件プライバシー情報が公表されることで、例えばXの更生の妨害という実害を被る（可能性がある）一方で、この情報が学術論文で公表されることで、学術的知見の向上やそれに伴う将来的にXと同様の症状を有する者への適切な対応可能性等といった利益が考えられ、前者と後者の間では相互的関係性が認められ、その調整・判断において、比較衡量が求められよう。

本判決が比較衡量枠組みを採用したことは、以上の二つの観点から支持でき、また、プライバシーの保護と表現の自由の調整で用いられてきた比較衡量が、学問の自由が対抗利益となる場合でも同様であることを示したことに意義が認められる[8]。

(2)　本判決の違法性評価の検討

本判決は比較衡量における衡量要素を列挙しており[9]、これらはα プライバシーの要保護性に関するものと、β 公表行為の違法性判断に関するものに分けられる。すなわち、本件プライバシー情報の性質及び内容、本件各公表の当時におけるXの年齢や社会的地位がαに、本件各公表の目的や意義、本件各公表において本件プライバシー情報を開示する必要性、本件各公表によって本件プライバシー情報が伝達される範囲とXが被る具体的被害の程度、本件各公表における表現媒体の性質がβに、分類される。

そのうえで、従来の判例では、社会一般において関心を寄せうるプライバシーに掛かる情報[10]とその対抗利益としての報道の自由との調整が問題となったのに対して、本件でのYのプライバシーに関する情報は、社会一般で関心が高いとはいえず、また対抗利益が学問の自由であるという違いがある[11]。こうした先例と本件との相違、それに伴う本件の特徴を踏まえて、Yの公表行為の違法性判断に直接的に関わるβでの判断に焦点を当てよう[12]。

βの判断では、学術的目的での本件プライバシー情報の公表であることに加えて[13]、本件プライバシー情報の公表行為によるXの同定可能性の危険性及び実害発生の危険性の評価が重要となろう。これにつき次の三点から考えたい。すなわち、(ア) 本件公表行為による本件プライバシー情報の公表行為は学術専門誌及び専門書による公表であることから、上記情報の伝達範囲がそもそも狭いと考えられる[14]。そして(イ) 想定される読者が一般ではなく、専門家が想定されることから、こうした専門家は、成熟した批判力を持っており、学術目的を超えたさらなる曝露や公表が原則として考えられない[15]。さらに(ウ)学術にとって必要な情報以外の情報への適切な対処がなされていたことで、必要な範囲で同定可能性に対処していたといえる。(ア)－(ウ)から明らかなように、本件プライバシー情報の公表による同定可能性について、その危険性の限定や低下を具体的に肯定し、本件プライバシー情報の公表行為を正当化する事情が認められる。以上から、本判決のβでの判断を評価できよう[16]。

このように本件プライバシー情報の公表行為を正当化できるにもかかわらず、なおYの本件各公表行為を違法とすれば、学問の自由への著しい制約が懸念され、こうした実際面の配慮からも本判決のβでの判断を支持できよう[17]。

以上みたように、本判決のβにおける衡量判断は、同種の公表行為の違法性判断にとって一つの事例判断を示したこと及びその限りで学問の自由を保護することができることを示したという点で、その意義を認めることができる。

またこれ以外でも本判決は、平成15年判決でそ

の必要性が説かれたもののペンディングされていた比較衡量枠組みに基づく具体的な判断を最高裁として初めて示した点でも、実務上意義を有すると考えられる。

2　残された課題

本判決の残された課題として、一方で違法性評価の衡量要素の整理や衡量評価の方向付けの可能性の探求[18]、他方で名誉毀損のように定型的な判断枠組みの探求であろう[19]。本判決から前者を選択する方がベターといえそうであるが、後者に関する理論的考究も、学問の自由の重要性を考慮すると[20]、こうした方向性でも理論的に詰められるべきといえよう。

（まえだ・たろう）

---

1)　この表現は大塚直「判批」L&T84号44頁で示される。

2)　窪田充見編『新注釈民法 (15) 債権 (8)697条～711条　事務管理・不当利得・不法行為1』（有斐閣、2017年）535頁〔水野謙〕。

3)　前田陽一「プライバシー侵害に関する最近の二つの最高裁判決」判タ1144号94-95頁、三村晶子「解解」最判解民事篇平成15年度160頁、窪田充見『不法行為法──民法を学ぶ〔第2版〕』（有斐閣、2018年）131-132頁。

4)　水野・前掲注2)540頁参照。

5)　小山剛「『憲法上の権利』各論14 学問の自由 (1)」法セミ721号71頁。

6)　伊藤正己『憲法〔第3版〕』（弘文堂、2006年）286頁。

7)　少年法61条の推知報道の禁止での指摘であるが、出版物の性質、目的、内容及び公衆の目にふれる度合いなどから、少年事件に関する情報の公表が許される場合があるとして、例として学術目的で専門書籍に掲載される場合において、相当程度真実のものでないとその目的に沿わないなどの場合には公表されることも許されるとする旨の指摘がなされる（団藤重光＝森田宗一『新版少年法〔第2版〕』（有斐閣、1984年）434-435頁）。つまり少年法の趣旨として、秘匿性の高い情報であっても、絶対的な非公開が求められるものではなく、正当な目的があれば公表も許されることが窺える。そして当該公表行為の違法判断においても、学術目的その他を考慮しておこなわれることから、やはり比較衡量を必要とするものといえよう。

8)　本判決からプライバシーに係る違法性評価の判断枠組みの類型化（の可能性）に関しても次のように意義を確認できよう。すなわち、本判決は、プライバシーに関する情報の第三者への譲渡行為の違法性が問題となり、この場合に、プライバシーに関する情報の保護を優先して判断した最二判平15・9・12民集57巻8号973頁や最二判平29・10・23時判2351号7頁を先例として引用していない。本判決とこれら先例とは問題となるプライバシー情報の質は異なるものの、被害者の同意のない第三者への公表が期待されず、厳格な管理が求められるという共通性はあるといえる。しかし、平成15年・平成29年の両判決で問題となった公表の態様に関して、被害者の同意のない公表は原則として許されないもの（＝違法）と考えられたのに対して、本件では、第三者への公表行為が憲法上も保護を受ける対抗利益であったという違い が、これら先例と本判決の作用した違法性評価の判断枠組みの相違につながったといえよう（原審の判断は、平成15年9月判決及び同29年判決に実質的に接近するものであったが、本件プライバシー情報の公表行為に照らすと不適合な判断をしたといえよう）。以上を踏まえると、最高裁は表現の自由等の調整が求められる場合と、第三者への許されざる情報提供の場合とで判断枠組みを異にしているということが、本判決によって明らかにされたと考えることも許されよう（建部雅「判批」令和2年度重判55頁は、平成29年判決の射程が本判決により限界付けられたとする。平成15年及び平成29年判決と本判決の関係に付き、同「7　プライバシー」窪田充見ほか[編]『事案類型別　不法行為法』（弘文堂、2021年）340-342頁も参照。）。

9)　各要素の詳細な分析について石橋秀起「判批」新・判例解説 Watch 民法（財産法）No.203 3-4頁参照。

10)　三村・前掲注3)162頁。

11)　栗田昌裕「判批」法教484号128頁参照。

12)　紙幅の関係から詳述は避けるが、aに関しても次の意義が認められる。すなわち、平成15年判決では明示されなかった「本件プライバシー情報の性質及び内容」を本判決が一つ目の衡量要素として挙げたことは、比較衡量が「権利または法律上保護される利益の侵害」要件との関係性を意識させ、問題となる法益の特性に目を向けさせるものといえよう（本件ではβの衡量判断でどのよう影響を与えたかは不明であるが、比較衡量の方向性を定めていく可能性はあろう）。このようにaに関する説示は、事例判断を超えてより一般的な意義をもつと評価できる。

13)　後掲注15)で示されるように、学術目的での公表行為に対し外部の干渉は抑制的であるべきという考慮が働こう。また後掲注16)で示す同定可能性が比較衡量で重視されないならば、学術目的の要素は違法性評価で決定的な意味を持ちうるが（建部・前掲注8)55頁参照）、本件のように同定可能性を他の衡量要素と同レベルで考慮するならばこれだけで違法性評価にとって決定的なものとはならないであろう。

14)　プライバシーに係る情報が公表されると、①面識のない者、②面識はある（例えば知人や親族）が当該情報を知らない者、③面識はないが当該情報を知っている者、④面識もあり当該情報を知っている者に伝達されると考えられる（三村・前掲注3)151-152頁を参考に本件特徴に対応させたものである）。本件でXの同定可能性の危険及び実害発生が考えられるのは、②であるが、（イ）及び（ウ）も踏まえると、本件では、同定可能性及びそれによる実害発生の危険性は極めて低かったと評価できよう。

15)　伊藤・前掲注6)285頁は、学問の自由が表現の自由のなかでもその保護の必要性が高い理由として、学問の発展にとって成果の発表は必要不可欠であること、学問的成果の相互批判の必要性、成果公表の受け手は限定され、これらの者は成熟した批判力をもっており、その規制も学問の観点に立って自律的におこなわれるべきことなどを挙げる。これらのことを本件に照らして、専門学術誌による公表、ある程度の具体性を持った情報の提示の学問上の必要性、記述の適切な配慮、読み手の専門性、読み手が知りえたとしてもそれを公表する可能性の低さ（への信頼）から、本件公表行為の違法性が消極的に評価されることが支持されよう。

16)　そもそもプライバシーに係る情報の公表により被害者に実害が発生していた場合にこれが違法性評価に影響をあたえるべきか（総論的に石橋・前掲注9) 4頁参照。建部・前掲注8)55頁は、実害が実際に生じていても、プライバシーに関する情報を公表する行為は、正当な目的や意義が認められることで、違法なものとならない場合があることを指摘する）、さらにこの前提として同定可能性を違法性評価において重視するかについて理解が分かれる（水野謙「プライバシーの意義に関する序論的考察」学習院45巻2号28頁以下、とくに36-37頁）。今後検討が詰められるべき問題であろう。

17)　栗田・前掲注11)128頁及び建部・前掲注8)55頁。草野裁判官意見も、実質的本件プライバシーに関する情報の保護を非常に重視し、Yによる本件各公表が「少年法の趣旨に抵触する態様」としており、これは実質的にはYによる学術論文執筆による本件プライバシーに関する情報の公表が違法と評価することと同義と考えられ、本文に示した懸念が等しくあてはまろう。

18)　差止め（仮処分）での指摘であるが、大塚・前掲注1)44頁。

19)　前田・前掲注3)95頁。より一般的に窪田・前掲注2)132-136頁参照。

20)　前掲注15)で示した伊藤の指摘参照。

家族 1　特別受益性と持戻し免除の意思表示の推認

東京高決平30・11・30
平30(ラ)1766号、遺産分割審判に対する抗告事件(抗告棄却)
家判31号90頁
原審：東京家審平30・9・7家判31号94頁、
平30(家)44号—甲事件、45号—乙事件

松尾知子　関西大学教授

現代民事判例研究会家族法部会

●──事実の概要

1　甲事件の被相続人はC（平成14年死亡）、乙事件の被相続人はD（平成25年死亡）である。両名の相続人は、子である長女B（抗告人（原審相手方））と二男A（相手方（原審申立人））であり、その法定相続分は各2分の1である。

本件は、AがBに対し、平成27年4月、Cの遺産とDの遺産についてそれぞれ遺産分割調停を申し立て、同年6月、後者が前者に併合されたが、平成30年4月、各調停が不成立となったため、審判手続に移行し、併合された事案である。

2　A・Bは双方、自宅不動産（本件土地・本件建物）、私道、aの田を単独取得することを希望している。争点は、以下のように、Aの特別受益の有無である。

(1)　Cが、昭和51年5月頃、Aに対し、同年4月出生のAの長男Eへのお祝いとして200万円を贈与したことに争いはないところ、Bが、この金額はお祝い金としては高額にすぎ特別受益に当たると主張した。また、この200万円は、昭和51年7月のマンション購入資金の一部に充てられたと主張した。

(2)　Aが平成5年に本件土地を購入した際（C・Dが持分各4分の1、Aが2分の1でFから購入）、本件土地の持分相当の購入代金975万5000円の援助をCから受けたとBが主張した。

(3)　また、骨子が明確でないとされているが、本件土地に係る借地権相当分の特別受益を受けているとの主張もされた。

(4)　さらに、AがCからマンション購入に際し金銭の贈与を受けていたとの主張もある。

3　原審は、まず、特別受益と持戻し免除の意思表示について、以下のように述べる。

「特別受益とは、共同相続人の中に、被相続人から遺贈を受けたり、又は「婚姻若しくは養子縁組のため若しくは生計の資本として」の贈与を受けた者がいる場合に、相続財産にその相続人が受けた贈与（相続分の前渡しと評価されるもの）の額を持戻して（加算して）具体的相続分を算定し、共同相続人間の公平を図る制度である（民法903条1項）」。

「他方で、被相続人が、相続開始時までに特別受益を遺産分割において持戻す必要がない旨の明示又は黙示の意思表示をしていれば、特別受益分を遺産に持戻す必要がないことになる（民法903条3項）。すなわち、前記持戻し免除の意思表示とは、明示又は黙示に、被相続人が生前贈与を受贈者（受益者）の特別の取り分として与えようとするものである。かかるところ、黙示の意思表示は、贈与の内容及び価額、贈与がされた動機、被相続人と受贈者である相続人及びその他の相続人との生活関係、相続人の経済状態及び健康状態、他の相続人が受けた贈与の内容と価額及びその贈与についての持戻し免除の意思表示の有無などの諸般の事情を考慮して判断される」。

4　その上で、前記(3)については、Aに受益があると認めることはできない、同(4)については、CがAに対し贈与したことを認めるに足りる証拠はないとし、以下のように、同(1)と(2)についてのみ特別受益を認めている。

(1)　「支出当時のCの資産、社会的地位や当時の社会状況等に照らし、親としての通常の扶養義務の範囲に入ると評価される場合を除き、特別受益に当たると解されるところ、昭和51年当時における200万円という金額は、Cの資産、CとAとの親子関係等を考慮するとしても、当時の貨幣価値からすると、社会通念上高額であるし、また、本件においては、Bには同様の趣旨に基づくお祝い金が贈られていないことからすると、相続人間で均衡を失するから、200万円の贈与は特別受益に当たるというべきである」。

「他方で、Cの孫の誕生を祝う心情とCの資産等を考慮すると、100万円の限度においては親としての通常の扶養義務の範囲に入るものと認められるから、特別受益の持戻し免除の意思を推認できる」。

（2）「本件土地の売買価格が1951万円であるところ、Aは2分の1の共有持分登記を得たのであるから、前記代金の半分である975万5000円を負担しなければならないところ、Aは、700万円を支払ったにすぎないから、その不足分であるところの275万5000円の相応する価値分についてCからの生前贈与があったものと認められる」。

「Bは、本件は、購入代金が贈与されたものであり、金銭の贈与があったと主張するが、本件は、本件土地の持分が贈与された事案であると認められるから、同主張は理由がない」。

5　上の認定を前提にしたAの具体的相続分は、Cの遺産につき8万7948円、Dの遺産につき2600万5414円の計2609万3362円、Bの具体的相続分は、Cの遺産につき441万2052円、Dの遺産につき2600万5414円の計3041万7466円である。

6　原審では、次のように、裁判所における分割方法と当事者間の取得希望が競合する場合の視点も明らかにしている。

「遺産分割は、相続によって生じた財産の共有・準共有状態を解消し、相続人の共有持分や準共有持分を、単独での財産権行使が可能な権利に還元することを目的とする手続であるから、遺産分割の方法の選択に関する基本原則は、当事者の意向を踏まえた上での現物分割であり、それが困難な場合には、現物分割に代わる手段としての代償分割が相当とされ、代償分割すら困難な場合には換価分割、換価分割が困難な場合に共有分割が検討されるべきである。そして、これらの分割方法のうちいずれを選択するかは、遺産に属する物又は権利の種類及び性質、相続人の職業、その他一切の事情を考慮してなされるものである（民法906条）」。

「当事者間の取得希望が競合する場合においては、相続人の属性（被相続人との間の続柄、年齢、職業、経済状況）、相続開始前からの遺産の占有利用状況（誰がどのように遺産を利用していたか）、相続人の財産管理能力（誰がどのように遺産を管理していたか）、遺産取得の必要性（何故遺産を取得したいのか）、遺産そのものの再有効利用の可能性（遺産をどのように利用するか）、遺言では表れていない被相続人の意向、取得希望者の譲歩の有無（遺産を取得する見返りとして他の部分で譲歩できるか否か）、取得希望の程度（入札をし、高い値段を設定してまで取得した

いか）、取得希望の一貫性（調停の経過から取得希望の一貫性があるか否か）等の諸事情を考慮して、優位な事情を有する当事者が希望する物件を取得するものと認めるのが相当である」。

しかして、本件では、代償分割が検討され、上記視点から遺産の帰属が定められた結果、Aの具体的相続分を超える取得分である508万1152円が代償金としてBに支払われることとなった。

7　Bが前記（1）（2）の特別受益の判断を不服として抗告した。

（1）について　　200万円の贈与は、Cが借入れをして調達し、Aのマンション購入の際の資金援助として贈与したものであり、親としての通常の扶養の範囲ではないから、持戻し免除の意思表示は認められない（急いで準備した金員が長男誕生の祝い金とはいえず、仮にそうだとしても、持戻し免除の意思表示は認められない）。

（2）について　　Aが負担したとされる700万円は、C・Dが購入代金全額を支払った後にCの口座に入金されていて不合理である上、当時、Aは、700万円を準備する経済状態にはなく、Aの取得した持分とも整合せず、前記入金は、CがA名義で貯蓄していた別の預金を解約して自身の口座に振り込み、同日払い出した金員である。

●──判旨

抗告審は、原審の結論を支持し、抗告を棄却。その理由は、若干の補正と以下の理由を付加するほか、原審の理由を引用する（事実の概要3・4・5・6参照）。

（1）について　　Cによる金員の借入れ、Aによるマンション購入がそれぞれ認められるとしても、当該金員がその資金援助として贈与されたことを裏付けるような客観的資料は提出されていない。また、当該金員がAの長男の誕生祝いとして贈与されたとするAの説明が不自然ということもできず、このうち100万円を限度としてCの持戻し免除の意思を推認することが不合理ということもできない。

（2）について　　Bのいう入金時期の不合理、取得持分との不整合は、必ずしもAが当該金員を準備しなかったことを根拠付けるものということはできない。また、Aが当時700万円を準備する経済状態になかったことをうかがわせるような客観的な事情は認められず、仮に、Cが家族名義の銀行預金口座を管理していた事実が認められるとしても、「A」名で振り込まれた700万円が直ちにCにより解約された自身の別の預金から入金されたと認めることは困難である。

●──研究

1 はじめに

具体的相続分算定で考慮される2つの要素が「特別受益」（民法903条・904条）と「寄与分」（民法904条の2）である。寄与分が1980年に新設された制度であるのに対し、特別受益は既に旧法に存在した制度である[1]。もっとも、家督相続・単独相続を主体とする旧法下ではそれほど重きをおかれることなく、共同相続を本則とする現行法において大きな役割を担うことになった。戦後の改正の際にはほとんど変わらなかったが、2018年の相続法改正により、903条に第4項が新設された。持戻し免除の意思表示の推定規定である。本件では、持戻し免除の意思表示の「推認」が問題となっており、この機会に、特別受益性の理解とともに若干の検討を試みてみたい。主に、前記(1)の祝い金が対象となる。

2 特別受益性

お年玉等を含むお小遣いや誕生日祝いなどが原則特別受益にあたらないという話は、講義でもよくする話である。さらに本件では、「孫」の誕生祝いが問題となっており、そもそも「誕生」祝いとしての「孫への贈与」であったら、孫は相続人ではないため、原則として、特別受益とはならないはずである。しかし本決定は、相続人である子への「出産」祝い、あるいは、孫への贈与であるとしても実質的には相続人に対する贈与であると捉えているようである。

ただ、出産祝いであるとしても、本来の儀礼的な意味合いであれば、特別受益にあたらないと考えられる。

他方、孫への贈与である場合、その趣旨によって、実質が相続人に対する贈与であると解されるかどうか決まってこよう。純粋に誕生祝いであるならば、これも特別受益にあたらないと考えられる。では、学資や生活費の基礎とすることが想定されていたのであれば、孫の生計の資本として特別受益となりうるだろうか。学資や生活費の基礎とする場合、親である相続人のその子（被相続人にとっての孫）に対する扶養義務への援助という側面があり、それを捉えて、相続人自身の特別受益とみることもできるのではないか、との視点においてである。

神戸家尼崎支審昭47・12・28家月25巻8号65頁は、子を残して家出したことがある母の父である被相続人が孫の大学の学費及び生活費を援助したという事案において、相続人の子が被相続人から生計の資本として贈与を受けた場合、そのことがその相続人の子に対する扶養義務懈怠に基因しているときは、実質的にはその相続人が被相続人から贈与を受けたのと変わらないとして、特別受益を認めている[2]。

本件では、そのような立ち入った認定は行われておらず、相続人への出産祝いであることを前提に、しかしながら、被相続人の資産や親子関係等を踏まえたその額の大きさ、また、Bには同様の趣旨に基づくお祝い金が贈られていないことから、相続人間の不均衡を理由に、特別受益にあたると判断したものと思われる。実際、「生計の資本としての贈与」であるかどうかは、贈与金額、贈与の趣旨などから判断され、「相続分の前渡しとみられる程度に高額」の金員の贈与は原則として特別受益になる、というのが実務のようである[3]。さらに、高等教育費用などの特別受益性検討の際には、他の相続人との比較もしばしば考慮されている。特別受益の趣旨が共同相続人間の公平を図ることにあるとすれば、この点の考慮も重要であるとされ、最高裁判例も、死亡保険金請求権が、公平の観点から準特別受益になりうることを示しているところである[4]。出産祝いとしての特別受益性の判断基準自体はとりあえずよいとして、本件では、「孫への贈与」を含む視点から、もう少し検討をしてほしかった。本件の孫らをめぐる事情は明らかではないが、全体として、特別受益にあたらないとする可能性もあったのではないか。

今回は、問題提起にとどめざるを得ないが、孫への贈与という要素を含む場合の特別受益性の判断が、これまでの事例においてバランスのとれたものになっているのか、改めて検討を要するように思う。祖父母からの贈与に関する非課税制度等もあり、そのような検討には大きな意味があろう。

3 持戻し免除の意思表示の推認

ところで、本件では、200万円全部につき特別受益性を認めた上で、Cの孫の誕生を祝う心情と資産等を考慮すると、100万円の限度においては親としての通常の扶養義務の範囲に入るから、特別受益の持戻し免除の意思を推認できるとしている。しかし、被相続人の扶養義務の範囲に入るか否かという基準は、従来、特別受益性を判断するにあたって述べられてきたものであって[5]、この範囲に入るのであれば、特別受益財産から外れ、その上で残りの100万円について持戻し免除の意思表示の推認を検討すべきではなかったか。本件の100万円の線引きは、免除があったかどうかではなく、（祝い金という性質から儀礼的な範囲を重視したのか、公平の観点を重視し

たのか明らかでないが、）なお前段階の特別受益性の判断にとどまっているように思われる。持戻し免除の意思表示の推認は、親としての通常の扶養義務の範囲外とされた特別受益財産の中で検討されるべきであった[6]。

条文の構造からすれば、本来は、まず特別受益性を判断し（903条1項）、次に特別受益性を認められた財産について持戻し免除の意思表示の推認の検討をする（同条3項）ことになるのであろう。つまり、特別受益性は、主に、行為の性質・目的、相続人間の公平などの客観的事情から判断され、持戻し免除は、相続分とは別に取り分を与えようとする意思表示の推認という主観的事情の判断によることになる。裁判例では、このような構造を離れて、2つの要素は、しばしば相関的に使われているのかもしれない。

そもそも持戻し免除の意思表示の方法は、生前行為であるか遺言であるか、また、明示であるか黙示であるかを問わないが、裁判例において、免除の意思を明示している事案はほぼ皆無といってよく、遺言の文言や生前行為から、持戻し免除の意思表示の有無を「推認」することが行われてきた。だが、推認には難しい判断が必要であって、近時は、持戻し免除を原則とすべきであるとか、黙示の持戻し免除の意思表示を広く推認すべきであるといった主張がされている[7]。これに対して、裁判例には、持戻しを原則とするものも多く、例えば、東京家審平12・3・8家月52巻8号35頁は、903条3項の持戻し免除の意思表示は例外規定であって、明示の意思表示がないにもかかわらず黙示の意思表示を認定するには、一般的に、これを是とするに足るだけの積極的な事情、すなわち、当該贈与相当額の利益を他の相続人より多く取得させるだけの合理的な事情があることが必要であるとする。

2018年に903条に新設された、持戻し免除の意思表示を「推定」する第4項では、被相続人が持戻しを希望する場合にその旨の意思表示をしなければならないことになり、その点で、同項の要件を満たす贈与等に限り、1項と3項の原則と例外を逆転させることになるとされている[8]。他の場合も含め、特別受益性と持戻し免除の意思表示の関係を整理、再検討すべきときなのではなかろうか。

4　さいごに

なお、本件の200万円がお祝い金であることに争いはないが、Bは、この200万円がマンション購入資金の一部に充てられたと主張している。つまりBは、実際のお金の使途により生計の資本であることを主張しようとした（本決定は、マンション購入資金の一部に充てられたことを認めていない）。特別受益性は、主に与える側の「目的」で決まるのか、受ける側の現実の経済生活に与えた「影響」で決まるのか。特別受益の持戻しは、通常は共同相続人間の公平を望むであろう被相続人の意思の推定に基礎をおくものであるから、前者を原則と考えるべきことになろう。もっとも、何十年も前の贈与であれば、与える側の目的は容易に判明せず、使途の部分のみが明らかになるということも多いであろう。本件の祝い金も40年以上前のものである。研究会でも、具体的相続分算定における特別受益について、遺留分算定におけると同様、相続開始前10年間といった期間を限るような必要があるのではないか、との話に及んだが、古い特別受益の考慮が事件を長引かせる要因の一つになっていることはたしかであり、そうした検討をすべきなのかもしれない。古い特別受益を考慮する必要性・合理性や如何。

（まつお・ともこ）

---

1) 制度の沿革については、原田慶吉『日本民法典の史的素描』218頁以下（創文社、1954年）等参照。
2) 一方、東京家審平21・1・30家月62巻9号62頁は、孫が3才から高校卒業までの間、親である相続人と同居せず、被相続人と同居し、この間の養育費用を被相続人が負担していたという事案において、相続人に対する生計の資本としての贈与とは直ちにいえないし、仮に親として負担すべき扶養料負担を免れたことにより相続人の生計維持に貢献した分があったとしても、黙示的な持戻し免除の意思表示があったものというべきであるとしている。特別な事情のない限り、間接的な受益は対象とすべきではなかろう。
3) 片岡武＝管野眞一編著『家庭裁判所における遺産分割・遺留分の実務第3版』254頁（日本加除、2017年）。執筆者は、本件原審の裁判官である。原審では、特別受益があったというためには、①贈与の事実があったこと、②その贈与が生計の資本としてなされたものであることを主張立証しなければならないと述べている。
4) 最二決平16・10・29民集58巻7号1979頁。
5) 園田格「相続分の算定」中川善之助教授還暦記念『家族法大系VI相続（I）』289頁（有斐閣、1960年）等。
6) ただ、本件の出産祝い時に、相続人は既に扶養を要しない子であったろうから、親としての通常の扶養「義務」の範囲という表現ではなく、親としての通常の「儀礼」の範囲とでもいうのが適切であっただろう。なお、親である相続人のその子に対する扶養義務への援助として議論するとしても、一時金を扶養義務との関係で検討することはなかなか難しい。
7) 千藤洋三「民法903条3項でいう意思の表示について」関法38巻2=3号300頁（1988年）、森野俊彦「特別受益持戻し規定の解釈と運用について──『相続させる』とされた特定の遺産の持戻しを中心として」判タ1050号62-63頁（2001年）、辻朗「特別受益をめぐる諸問題」松原正明＝右近健男編『新家族法実務大系③相続 [I]』256頁（新日本法規、2008年）等。
8) 堂園幹一郎＝神吉康二『概説改正相続法』44頁（きんざい、2019年）。

家族 2　任意後見契約法10条1項における「本人の利益のため特に必要があると認めるとき」に該当しないとされた事例

高松高決令元・12・13
令元(ラ)119号、保佐開始の審判に対する即時抗告事件
判時 2478 号 70 頁、判タ 1485 号 134 頁、家判 31 号 84 頁
第一審：徳島家阿南支審令元・9・27、平30(家)375 号

合田篤子　金沢大学教授
現代民事判例研究会家族法部会

●──事実の概要

抗告人（本人）A（昭和3年生）は、亡Fとの間に、長女である亡C及び二女である原審申立人Bをもうけた。Bは薬剤師をしている。Dは、亡Cの子であり、神奈川県横須賀市に居住し、作業療法士をしている。Aは、平成29年9月2日以降、P（徳島県阿南市）のケアハウスに居住している。

Bは、平成30年11月5日、徳島家庭裁判所阿南支部に、Aについて後見開始の審判の申立てをした（後に保佐開始及び代理権付与の審判の申立てに変更）。家裁調査官が、平成30年12月12日、Aと面談をしたところ、Aは、後見人は必要ないと述べた。また、家裁調査官が、Aについて後見を開始することにつきDに意見照会をしたところ、Dは、Aについて後見を開始することに反対である、正式な鑑定を実施されたい旨の回答書を提出した。

AとDは、弁護士と相談の上、AとDとの間で任意後見契約を締結することにした。平成31年3月20日、L公証人は、A及びDに対し、任意後見契約の概要やDがAの財産管理及び法律行為の代理をすることの意義について説明をしたところ、Aは、L公証人に対し、二女であるBではなく、孫であるDに任意後見人を頼みたいとの意向を示した。L公証人は、Dに対し、Aの認知症に関する診断書を提出するように依頼した。

鑑定人である医師は、平成31年3月21日、Aの精神状態について、アルツハイマー型認知症（中等度）があり、自己の財産を管理処分するには常に援助が必要であると鑑定した。長谷川式簡易知能スケール（HDS-R）の結果は、23点であった。AとDは、平成31年4月11日、L公証人と面会し、Aの平成30年11月4日実施の簡易精神現症評価（MMSE）は、30点満点中30点、長谷川式簡易知能スケール（HDS-R）は、30点満点中、28点であったとの結果

を示した。

Bは、令和元年5月10日、上記の鑑定結果を踏まえ、申立ての趣旨を後見開始から保佐開始に変更するとともに、新たに代理権付与の申立てをした。

AとDは、令和元年5月15日、L公証人の面前で、Aを委任者、Dを受任者とし、Aの生活、療養看護及び財産の管理に関する事務を委任する契約とDは無報酬とする等の内容の任意後見契約（本件任意後見契約）を締結する旨を合意し、同公証人によりその旨の公正証書が作成され、同月20日、本件任意後見契約に関する登記がされた。

家裁調査官が、令和元年7月17日にAと面接をしたところ、Aは、「後見人や保佐人は必要ない。自分のことは自分でできる。契約等を他人に頼む必要はない。」などと述べ、保佐の開始や代理権付与に同意しなかった。また、家裁調査官が、Aに対し、委任契約や任意後見契約を締結していないか確認したところ、Aは、そのような手続は一切していない旨述べた。

原審判は、Aについて、事理弁識能力が十分ではなく、かつ、任意後見契約法10条1項の「本人の利益のために特に必要があると認めるとき」に該当するとして、Aについて保佐を開始するとともに、保佐人としてE社会福祉士を選任する旨の審判をする一方、代理権付与の審判の申立てについては、Aの同意がないとして、却下した。これに対し、Aが、原審判を不服として即時抗告した。

●──判旨

原審判取消、申立却下（確定）。

「『本人の利益のため特に必要があると認めるとき』とは、〔1〕任意後見人の法的権限が不十分な場合、〔2〕任意後見人の不当な高額報酬の設定など任意後見契約の内容が不当な場合、〔3〕任意後見契約法4条1項3号に該当するように受任者に不適格な事由

がある場合、〔4〕任意後見契約の有効性に客観的な疑念のある場合、〔5〕本人が法定後見制度を選択する意思を有している場合など、任意後見契約によることが本人保護に欠ける結果となる場合をいうものと解するのが相当である。

これを本件についてみると、上記認定事実によれば、本件任意後見契約の法的権限は別紙（2）記載のとおりであり、その法的権限が不十分であるとは認められないし、任意後見受任者であるDの報酬は無報酬とされ、本件任意後見契約には他にその内容に不当な点は見当たらない。また、任意後見受任者であるDに民法847条各号の欠格事由があるとは認められないし、Aに訴訟を提起したり、不正な行為、著しい不行跡などをした事実も認められない上、遠方に居住しているにもかかわらず、平成30年7月以降、16か月間で17回にわたりPを訪れ、延べ51日間にわたり、Aの身上監護をしている。そして、……本件任意後見契約の有効性には客観的な疑念はないし、本人であるAは一貫して法定後見制度は選択しない旨明言している。

以上によれば、本件では、本件任意後見契約によることが本人保護に欠ける結果となるとは到底認められないから、本件で保佐開始をすることが本人であるAの利益のために特に必要があるとは認められない。

したがって、任意後見契約法10条1項により、Aについて保佐開始の審判をすることはできない」。

● ──研究

1 本決定の意義

任意後見契約が登記されている場合、家庭裁判所は、任意後見監督人の選任の前後を問わず、原則として法定後見の開始の審判はできないが、任意後見契約法10条1項は「本人の利益のため特に必要があると認めるとき」（以下、「必要性の要件」という）は、例外的に後見開始の審判等をすることができると定めている[1]。これは、任意後見制度による保護を選択した本人の自己決定を尊重するためであり、任意後見契約法4条1項ただし書き2号及び2項と共に、任意後見制度優先の原則を明文化した規定として位置付けられる[2]。

本決定は、保佐開始の審判申立て後にいわゆる即効型任意後見契約が登記された事案であるが、必要性の要件に該当する5つの具体例〔1〕から〔5〕を示した上で、本件がいずれにも当たらないとして、保佐開始の審判の申立てを却下したものであり、今後、同種の事案の解決指針として意義を有する。

2 任意後見制度の濫用的利用

任意後見契約の利用形態は、①移行型（通常の任意代理の委任契約から任意後見契約に移行する場合）、②即効型（任意後見契約の締結の直後に契約の効力を発生させる場合）、③将来型（将来の判断能力低下の時点ではじめて任意後見契約の効力を発生させる場合）の3つに分類される[3]。昨今、特に①移行型の濫用的な利用が問題となっているが[4]、必要性の要件が争点になるケースにおいては、たとえば親族間の対立が激しく、法定後見の申立てを妨害する目的や事後に生じる相続紛争の前哨戦としていわば本来の趣旨とは異なった形で②即効型が濫用的に締結されるという実態があることが指摘されてきた[5]。

立案担当者の説明によれば、②即効型は、軽度の認知症・知的障害・精神障害等の状態にある補助制度の対象者（場合によっては、保佐制度の対象者）でも、契約締結の時点において意思能力を有する限り、任意後見契約を締結することが可能である[6]。これに対して、学説上は、②即効型の有効性に疑義を提起し、任意後見の運用は本人の判断能力に全く問題のない場合に限定すべきであり、本人に軽度の判断能力低下がみられる場合には補助を優先すべきとの見解[7]や、③将来型こそが基本型であり、②即効型という制度を導入したことによって補助と任意後見の境界が不明確になったとの批判がある[8]。

3 任意後見契約法10条1項の要件

(1) 立法担当者の見解

立法担当者は、民法817条の7と同様、任意後見契約法10条1項を特別の必要性を要件とする趣旨の規定であると説明しており、任意後見制度優先の原則をかなり厳格にとらえ、法定後見と任意後見の単なる比較優位を理由とする法定後見の開始には否定的との評価がなされている[9]。さらに立法担当者は「本人の利益のため特に必要があると認めるとき」の具体例として、(i) 本人が任意後見人に委託した代理権を行うべき事務の範囲が狭すぎる上、本人の精神の状況が任意の授権の困難な状態にあるため、他の法律行為について法定代理権の付与が必要な場合や、(ii) 本人について同意権・取消権による保護が必要な場合を挙げている[10]。

(2) 裁判例

任意後見契約法10条1項の解釈が争点となった公表裁判例は、本決定までに4件確認できるほか（札幌高決平12・12・25家月53巻8号74頁〔即効型・補助却下〕、以下「平12年決定」という）、大阪高決平14・6・5家月54巻11号54頁〔即効型・保佐・審理不十分で差戻し〕（以下「平14年決定」という）、

大阪高決平24・9・6家月65巻5号84頁〔移行型・後見認容・後見監督人選任のため差戻し〕（以下「平24年決定」という）、福岡高決平29・3・17判時2372号47頁〔移行型・後見認容〕（以下「平29年決定」という）、本決定後にも1件ある（水戸家審令2・3・9判タ1480号253頁〔将来型・後見認容〕（以下「令2年決定」という））[11]。

本決定では具体例〔1〕から〔5〕が示されたが、立法者は前述のとおり、具体例〔1〕に含まれると考えられる2つの(i)(ii)を例示するにとどまっていた。平14年決定ではさらに具体例〔2〕〔3〕が追加されたが、それ以外の4件の裁判例では、特に具体例は示されていない。

必要性の要件に該当するとされたのは審理不十分で差し戻された平14年決定を除く4件のうち3件（移行型2件＋将来型1件）であり、いずれも後見類型であった。平24年決定は、任意後見受任者が本人の療養看護に関心がなく、財産管理に不適切な点があること、平29年決定では、任意後見受任者が代表となっている法人と本人との間に債権債務関係があること等、任意後見受任者の不適格性（具体例〔3〕に相当）が主たる判断要素になっていた。令2年決定では、任意後見受任者の不適格性のみならず同意権及び取消権のない任意後見制度では本人保護が不十分であることを根拠として後見開始の審判が認容されている（具体例〔1〕〔3〕に相当）。これらに対して、平12年決定は、本人が補助開始の審判への同意を撤回したとの事実認定の下（具体例〔5〕に相当）、申立てが却下された。

(3) 学説

学説の議論は前述した裁判例の評釈を中心として展開してきた。そこでの議論の焦点は、①優先原則の重視の度合いと②任意後見法10条1項の適用を正当化する具体的要素の摘出の2点にあると整理されている[12]。

①については、立法者が任意後見制度優先の原則を厳格に適用するのに対して、学説では、任意後見優先の原則の絶対的、形式的貫徹を排して、法定後見と任意後見のいずれが当該事案において本人の利益になるかという観点から相対的に判断する比較衡量アプローチが一般的である[13]。これに対して、任意後見制度の優位性を相対化することには同意するが、パターナリスティックな本人保護を強調するのではなく、自己決定の尊重の理念を突き詰めることから導きだすべきとの見解もある[14]。また、比較衡量アプローチには異なるレベルの複数の問題が混在しているとの問題点を指摘し、任意後見契約の有効

性や任意後見受任者の不適格性等それぞれの観点に応じて判断する必要性と可能性（分析的アプローチ）を論じる見解もある[15]。

さらに、優先原則をめぐっては、任意後見の3つの利用形態や法定後見の3類型の組み合わせに着目した議論もなされている。たとえば、任意後見については、将来型と即効型を同様の関係として位置付けることに疑問を呈する見解がある[16]。また、特に移行型の任意後見と後見が競合する場合には、後見開始にまで至っている本人の現状においていずれが本人の利益になるかについて積極的に検討すべきとの指摘がある[17]。法定後見については3類型の区分の仕方について見解が分かれる。補助の場合は本人の申立て又は同意が要件となっており（民14条2項）、自己決定を尊重することが可能であることから、補助と保佐・後見とを区分すべきとの見解がある[18]。一方、補助や保佐については本人の自由な意思で代理権の範囲を設定できるという点や本人の意思能力の有無や程度という視点からみれば、補助・保佐と後見との間に線引きをすべきという考え方もあり、契約能力の位置づけによっては、本決定のように保佐相当の判断能力しか有しない者でも即効型の任意後見契約を選択できる余地があるとする[19]。

②の具体的要素の摘出に関しては、本決定が列挙した具体例〔1〕から〔5〕に相当するものはすでに学説上でも指摘されてきた[20]。たとえば、具体例〔3〕に対応すると思われるものとして、任意後見受任者が心身の故障等により職務を適切に行うことが困難な場合[21]、本人と任意後見受任者（任意後見人）との信頼関係が損なわれるに至った場合[22]が挙げられる。具体例〔5〕に対応するものとして、本人が解除を望んでいる場合[23]などが挙げられる。一方、親族間の対立という要素は、独立の判断要素とはしないというのが一般的な見解と思われる[24]。

4 本決定の評価

本決定は、事案類型としては平14年決定と同じく、即効型と保佐が競合する場合に該当する。しかし、平14年決定は審理不十分として差し戻されているため、本決定が同類型としては初めて保佐開始の審判の申立てを却下するという判断を示したことになる。もっとも、本件原審では、①Aが家裁調査官に対して、任意後見契約を締結していないと述べるなど、Aがその内容を理解しているか疑問があること、②DとAの居住地が離れており、身上監護の面でも任意後見の方が本人の利益に資するとも言い難いことの2点を根拠に保佐開始の審判を認容した。これに対して、本決定は、Aが任意後見契約を

締結していないと発言した理由を自筆の手紙で合理的に説明している点及び鑑定の結果（任意後見契約締結2カ月前の長谷川式簡易知能スケールは23点）等から、原審の判断を覆し、保佐開始の申立てを却下した。確かに、原審段階では、Aの発言内容等から、濫用的な即効型任意後見契約であることが疑われたものと推測される。しかしながら、以上の事実からすれば、「原審の審理が不十分であったことは否定できない」[25]と評されるのも無理はなく、保佐開始の審判が却下されたのは結論において妥当であったと考える。ただし、本件の場合、Aの鑑定結果等を踏まえるとその判断能力は補助相当とも評価可能であり、本決定を保佐と競合した事案でありながら任意後見優先の原則を貫徹した裁判例として位置付けるのはやや早計である。一般に、保佐相当にまで判断能力が低下している場合に即効型の任意後見契約の締結を認めてもよいのかは疑問である。契約締結時点において意思能力を有する限り任意後見契約を締結することが可能であるとの解釈が維持される限りは、任意後見の優先性は相対的なものとならざるを得ないと考える。

本決定は、必要性の要件の具体例として、平14年決定が例示した〔1〕～〔3〕の場合に加えて、すでに学説上指摘されていた具体例〔4〕〔5〕を追加的に例示し、実質的判断基準をより明確化している。

〔1〕～〔4〕の該当性は概ね客観的に判断できるのに対して、特に〔5〕は本人の自己決定の尊重の理念を支える重要かつ主観的な要素である。もっとも、本稿では十分論じることはできなかったが、〔1〕～〔5〕すべての具体例を必要性の要件を判断する要素として一律に捉える比較衡量アプローチに対しては問題提起もなされており[26]、必要性要件の該当性の判断枠組みに関しては引き続き検討が必要になる。

なお、具体例〔3〕が例示する任意後見契約法4条1項3号の「ハ　その他任意後見人の任務に適しない事由」には、受任者の権限濫用、任務怠慢、義務違反など受任者に落ち度のある場合ばかりでなく、民法846条に準じて考えるならば、客観的にみて任務遂行が期待しえない場合も含まれる[27]。本件では、Dが遠方に居住しながらも16カ月間で17回にわたってAの元を訪問して身上監護を行っていることが「その他任意後見人の任務に適しない事由」には該当しない一例として示されたものと思われ、今後の実務上、参考になると考える。

〔付記〕本研究はJSPS科研費JP20K01392の助成を受けたものである。

（ごうだ・あつこ）

1) 小林昭彦＝原司『平成11年民法一部改正法等の解説』（法曹会、2002年）478頁。
2) 於保不二雄＝中川淳編『新版注釈民法(25)〔改訂版〕』（有斐閣、2004年）715-716頁〔新井誠・上山泰〕。
3) 小林＝原・前掲注1)393頁。①移行型は約75%、②即効型は約1%、③将来型は約14%を占める。
4) 山崎政俊「任意後見契約の濫用の防止に向けて―二つの提言を踏まえた提案」実践成年後見33号（2010年）72頁以下、日本弁護士連合会「任意後見制度の利用促進に向けた運用の改善及び法改正の提言」（2020年11月8日）7頁参照。
5) 山崎・前掲注4)73頁。
6) 小林昭彦＝大門匡ほか編著『新成年後見制度の解説〔改訂版〕』（きんざい、2017年）239頁。
7) 山崎・前掲注4)75頁。
8) 新井誠「任意後見制度および補助類型の利用促進」曹時71巻5号（2019年）11頁。
9) 上山泰「任意後見契約の優越的地位の限界について」筑波ロー・ジャーナル11号（2012年）106頁。
10) 小林＝原・前掲注1)478頁。
11) 未見の高松高決平28・7・21がある他、小川敦「法定後見が任意後見に優先する場合の考慮要素」ケ研325号（2015年）9頁以下では東京家裁の審判例4件が紹介されている。裁判例の詳細な分析については、熊谷士郎「任意後見契約法10条1項該当性の判断枠組み」法学83巻4号（2020年）51頁以下参照。
12) 上山泰「判批」金判1486号（2016年）70頁。
13) 西原諄「判批」判タ1076号（2002年）91頁、二宮孝富「判批」民商128巻6号（2003年）103頁、羽生香織「判批」月報司法書士501号（2013年）66頁。
14) 上山・前掲注9)118頁。
15) 熊谷・前掲注11)64頁以下。
16) 西原・前掲注13)91頁。
17) 羽生・前掲注13)66頁。
18) 二宮・前掲注13)102頁。
19) 上山・前掲注9)118頁。
20) 上山・前掲注9)108頁参照。
21) 山田真紀「判批」判タ1125号（2003年）113頁。
22) 小川・前掲注11) 6頁。
23) 山田・前掲注21)113頁。
24) 熊谷士郎「判批」実践成年後見84号（2020年）106頁。
25) 本件無記名評釈「判批」判時2478号（2021年）71頁。
26) 熊谷・前掲注11)70頁。
27) 於保＝中川・前掲注2)325頁〔大伏由子〕。

環境　環境影響評価書確定通知取消等請求事件（神戸石炭火力訴訟）

大阪地判令3・3・15
平30(行ウ)184号、環境影響評価書確定通知取消等
請求事件
裁判所HP

島村　健　神戸大学教授

環境判例研究会

●──事実の概要

　神戸製鋼所は、神戸市灘区に合計出力130万kW
の石炭火力発電所（以下「本件発電所」という）の
建設を計画し（以下「本件事業」という）、環境影響
評価法及び電気事業法に基づく環境影響評価手続を
履践し、環境影響評価書を経済産業大臣に届け出た。
これに対し、経済産業大臣は、電気事業法46条の
17第2項に基づき、事業者に対し、同条1項の規
定による命令をする必要がない旨を通知した（以下
「本件確定通知」という）。これに対し、本件発電所
の周辺住民らは、①本件確定通知は違法であると主
張して、その取消しを求めるとともに、②行政事件
訴訟法4条の当事者訴訟として、経済産業大臣が、
電気事業法39条1項に基づく主務省令において、
火力発電所からの二酸化炭素の排出規制に係る、パ
リ協定に整合する規定を定めていないことが違法で
あることの確認を求めて出訴した。本稿では、紙幅
の都合から、①についてのみ扱う。なお、本判決は、
②の訴えについて、即時確定の利益が認められない
として、訴えを却下している。

●──判旨

　一部却下、一部棄却。

　1　確定通知の処分性

　「確定通知がされ、事業者が当該確定通知に係る
評価書を作成した旨等を公告した場合、事業者は、
上記評価書に従った火力発電所の設置の工事の計画
を主務大臣（経済産業大臣）に届け出れば、当該火
力発電所が電気事業法39条1項の主務省令で定め
る技術基準に適合しないなどとしてその工事の計画
の変更又は廃止を命ぜられない限り、上記の届出か
ら30日を経過した後にその届出に係る工事をする

ことができるものである（同法48条4項）。

　したがって、確定通知は、上記のように、届出に
係る火力発電所の設置の工事計画どおりの工事をす
ることができるという地位を付与する法的効力を有
するものであって、それによって直接国民の権利義
務を形成し、又はその範囲を確定することが法律上
認められているものであるといえるから、抗告訴訟
の対象となる行政処分に当たるものと解するのが相
当である」。

　2　原告適格

　本判決は、周辺住民の原告適格につき、最大判平
17・12・7民集59巻10号2645頁（小田急高架化
訴訟上告審判決）を引用したうえで、次のように判
示した。

　「確定通知及び変更命令に関する電気事業法の規
定の趣旨及び目的、この規定が確定通知の制度を通
して保護しようとしている利益の内容及び性質等を
考慮すれば、同法は、この規定を通じて、環境の保
全を図るという公益的見地から電気工作物の工事等
を規制するとともに、大気汚染によって健康又は生
活環境に著しい被害を直接的に受けるおそれのある
個々の住民に対して、そのような被害を受けないと
いう利益を個々人の個別的利益としても保護すべき
ものとする趣旨を含むものと解するのが相当であ
る。したがって、火力発電所事業の対象事業実施区
域の周辺に居住する住民のうち当該事業が実施され
ることにより大気汚染による健康又は生活環境に係
る著しい被害を直接的に受けるおそれのある者は、
当該事業に関する評価書に係る確定通知の取消しを
求めるにつき法律上の利益を有する者として、その
取消訴訟における原告適格を有するものというべき
である。

　他方、電気事業法が、二酸化炭素の排出に起因す
る地球温暖化によって健康等に係る被害を受けない
という利益を個々人の個別的利益としても保護する

趣旨を含むものと解することはできない。したがっ
て、火力発電所事業が実施されることにより二酸化
炭素の排出に起因する地球温暖化によって健康等に
係る被害を受けると主張するにとどまる者は、当該
事業に関する評価書に係る確定通知の取消しを求め
る原告適格を有しないものと解される」。

3　確定通知の違法性

(1)「変更命令をするか確定通知をするかの判
断、すなわち、変更命令をすることが、当該事業に
つき環境の保全についての適正な配慮がなされるこ
とを確保するため特に必要があり、かつ、適切であ
ると認められるか否かについての判断は、経済産業
大臣の合理的な裁量に委ねられる」。「裁判所が上記
判断の適否を審査するに当たっては、その判断が裁
量権の行使としてされたことを前提として、その基
礎とされた重要な事実に誤認があること等により重
要な事実の基礎を欠くこととなる場合、又は、事実
に対する評価が明らかに合理性を欠くこと、判断の
過程において考慮すべき事項を考慮しないこと等に
よりその内容が社会通念に照らし著しく妥当性を欠
くものと認められる場合に限り、裁量権の範囲を逸
脱し又はこれを濫用したものとして違法となるとす
べきものと解するのが相当である」。

(2)「大気汚染に係る検討の欠落等をいう原告ら
の主張はいずれも採用することができず、これらの
主張を前提として、本件確定通知をした経済産業大
臣の判断が重要な事実の基礎を欠くか、又は社会通
念に照らし著しく妥当性を欠くものと認めることは
できない」。

(3)「原告らは、本件確定通知の違法性を根拠付
ける事情として、二酸化炭素の排出に関する環境影
響評価の誤り及び環境の保全についての適正な配慮
の欠如を主張する」が、「確定通知及び変更命令に
関する電気事業法の規定は、具体的な特定の地域に
おける二酸化炭素排出量の増加を抑制することなど
をその趣旨及び目的とするものではないから、原告
らの上記主張は、自己の法律上の利益に関係のない
違法を主張するものであって、その点において採用
することができない（行政事件訴訟法10条1項）」。

●──研究

1　確定通知の処分性

　一定規模以上の火力発電所の設置を目的とする工
事は、環境影響評価法の対象事業であるが、発電所
の設置に係る環境影響評価については、環境影響評
価法のほか、電気事業法に定められた特則が適用

される。電気事業法（以下「法」という）46条の16
に基づき、事業者が経済産業大臣に評価書を届け出
ると、経済産業大臣は、当該事業につき「環境の保
全についての適正な配慮がなされることを確保する
ため特に必要があり、かつ、適切であると認めると
き」は変更命令を発し（法46条の17第1項）、命令
をする必要がないと認めたときは、その旨を事業者
に通知する（評価書確定通知。同条2項）。確定通知
の取消しを求める訴訟は、本件訴訟が初めての例で
あるが、本判決は、判旨1のように、確定通知の処
分性を肯定した。

　なお、火力発電所の設置工事については、1995
年の電気事業法改正により、発電所新設・変更の際
の工事の認可等に関する大幅な規制緩和がなされ、
火力発電所の新設・変更の際の認可制度は廃止され
た。発電所の設置工事に認可が必要な場合（たとえ
ば、地熱発電所）には、工事計画の確定評価書への
適合が認可の要件とされているため（法47条3項
3号）、工事計画認可の取消訴訟を提起し、認可処
分の違法事由として環境影響評価の違法を争うこと
ができる。これに対し、火力発電所等の場合には、
事業者は、評価書確定通知を受けた後、主務大臣に
対し、工事計画の届出をすることになる。工事計画
が評価書に従っていない場合、主務大臣は、30日
以内に変更命令をすることができる（法48条4項）。
この場合、環境影響評価手続に違法の瑕疵があると
考える者は、この工事計画変更命令の義務付け訴訟
を提起することも考えられるが、変更命令の発布可
能期間を経過すると、訴えの利益が消滅してしまう
という問題がある。仮に、確定通知の処分性が否定
されるならば、周辺住民が環境影響評価の違法を争
うことは事実上不可能となってしまう。この意味で、
本判決は、火力発電所の環境影響評価の違法を争う
途を拓いたものということができる[1]。

2　原告適格

　原告適格について、被告は、発電所の建設工事に
係る環境影響評価は、健康被害等を回避するための
規制の水準を超える良好な環境の状態を保持するこ
とを目的とするものであり、また、地域住民に環境
保全の見地からの意見を求める手続も単に情報収集
を目的とするものにすぎず、確定通知等に関する電
気事業法の規定は、個々人の個別的利益を保護する
ものではないと主張したが、本判決は、このような
議論を否定し、大気汚染による健康又は生活環境に
係る著しい被害を直接的に受けるおそれのある者に
原告適格を認めた。本判決の判断は、前掲・小田急

高架化訴訟上告審判決が、環境影響評価制度が個別的利益の保護をも目的とするものであるという前提に立ち、東京都環境影響評価条例も参照しつつ都市計画事業認可取消訴訟における周辺住民の原告適格を肯定したこととも、平仄が合うものである。

他方、本判決は、「火力発電所事業が実施されることにより二酸化炭素の排出に起因する地球温暖化によって健康等に係る被害を受けると主張するにとどまる者」は、確定通知の取消しを求める原告適格を有しない、と判断した。その理由として、第1に、環境影響評価法13条に基づく基本的事項告示が、評価対象となる環境要素を、「環境の自然的構成要素の良好な状態の保持」（大気環境はこれに含まれる）、「環境への負荷」（温室効果ガスはこれに含まれる）等に区分しているところ、前者については、「人の健康、生活環境及び自然環境に及ぼす影響を把握するため、調査、予測及び評価を行う」とするのに対し、後者に区分される温室効果ガスについては、「排出量等環境への負荷量の程度を把握することが適当な項目に関してはそれらの発生量等…を把握することにより、調査、予測及び評価を行う」としているにすぎず、これらのことからすると、二酸化炭素については、人の健康等に及ぼす影響を把握するために調査・予測・評価が行われるわけではない、などと述べている。しかし、確定通知が温暖化による被害を受けない利益を個別的に保護しているか否かを判断する際に最も重要となるのは、当該利益の法的性質であって、下位法令である基本的事項告示や環境影響評価の項目や手法の選定等に係る主務省令において、評価項目・評価方法が上記のように区別されているからといって、温暖化による被害を受けないという利益の個別性が失われるということにはならないはずである。二酸化炭素の排出量の評価も、発生量の把握自体が目的であるはずはなく、温暖化による被害の回避・低減を目的にしているのであって、大気汚染物質等と二酸化炭素では、被害発生に至る経路が異なるために評価の方法が書き分けられているだけと捉えるべきであろう。

第2に、本判決は、温暖化による被害については、大気汚染等による被害とは異なり、被害の程度が対象事業実施区域に接近するにつれて増大するということは考えられず、温暖化による被害を受けないという利益は、「不特定多数の者が等しく享受するものであり、特定の個人において他から区別される程度に個別的にこれを享受しているとはいえないのであって…、〔温暖化による被害を受けないという〕利益は、一般的公益に属する利益として政策全体の

中で追求されるべきものであって、各人が個人的利益として自己の判断のみによって追求すべき性質のものではない」としている。この点に関し、これまでのわが国の判例・学説等においては、生命・健康といった法益は、その利益の性質からして、一般公益に吸収解消されるものではない、と考えられてきたのではないかと思われる[2]。温暖化による被害については、違法な処分がなされた場合に生命・健康に係る被害を受ける者の人的範囲を画することができないという点で、従来の判例が扱ってきた事案とは異なるものである。本判決は、「原告適格を基礎付けるのは法的利益の個別性であって、個々人に対する影響の大きさではない」としており、利益享受者の範囲についての線引き（地理的線引き等）の可否が、原告適格の有無（個別保護要件の充足）の判断の決め手とされているようである。温暖化によって侵害される利益は、生命・健康といった原告ら自身に排他的・個別的に帰属する利益にほかならない。被侵害利益の内容と性質（行政事件訴訟法9条2項）を重視して原告適格を基礎づける法的利益の個別性の有無を判断するならば、被害者の範囲が広範である（世界全体に及ぶ）からといって被侵害利益の個別性を否定することはできない、と考えることもできるのではないか[3]。

3　確定通知の違法性
(1)　違法性の判断枠組み

原告らは、変更命令をするか確定通知をするかについての経済産業大臣の判断について、裁判所は、法46条の17の規定の文言（「経済産業大臣は、…評価書に係る特定対象事業につき、環境の保全についての適正な配慮がなされることを確保するため特に必要があり、かつ、適切であると認めるときは、…特定事業者に対し…評価書を変更すべきことを命ずることができる」）に沿って、当該事業につき環境の保全について適正な配慮がなされているかについての判断（適正配慮検討）と、環境の保全について適正な配慮がなされていない場合に変更命令をすることが特に必要でありかつ適切であるか（変更命令要否検討）に区分して、経済産業大臣の判断に裁量権の逸脱・濫用があるか否かを審査すべきであると主張した。これに対し、本判決は、これらを「ばらばらに審査すべきではなく」経済産業大臣の判断を「全体として審査すべきである」とした。しかし、本件確定通知において、経済産業大臣は、本件事業について環境の保全について適正な配慮がなされていることを理由に、本件確定通知を発出している。本判決のよ

うな審査枠組みを採用すると、裁判所は、当該判断の適否それ自体について直接判断しなくてよいことになってしまう。「経済産業大臣の判断が、重要な事実の基礎を欠くか、又は社会通念に照らし著しく妥当性を欠くものと認められるかについて検討」するためには、適正配慮検討に関する判断なのか、変更命令要否検討に関する判断なのかを区別して審査することが必要であると思われる。

(2) 大気汚染に係る環境影響評価の瑕疵

原告らは、大気汚染に係る環境影響評価の瑕疵としていくつかの点を指摘したが、特に、発電所の新設の際の環境影響評価において、微小粒子状物質（PM2.5）が予測・評価の対象とされていないことが違法であると主張した。本判決は、米国等において、PM2.5について、二次生成を含めたモデルを使用して環境影響評価がなされていることを踏まえ、「これを参考にPM2.5を予測及び評価の対象に加える方向で発電所アセス省令等を見直す余地がある」と指摘した。しかし、本件確定通知がなされた平成30年5月当時、PM2.5を環境影響評価の対象に加える前に、評価に係る技術手法の開発を更に進めるものとしていたことが「直ちに不合理」とはいえないと判断した。

本件においても、本件発電所から排出されるPM2.5の環境影響について予測・評価は行われていない。そこで、原告らは、外部の専門家に依頼して、本件発電所から排出されるPM2.5及び二酸化窒素の健康影響評価を行った。これらの事実を踏まえ、本判決は、本件環境影響評価についても事業者が「PM2.5を予測及び評価の対象とすることも十分考えられた」と述べている。日本においても、火力発電所等から排出されるPM2.5を、環境影響評価の対象とすべき時期が来ているのではないかと思われる。

なお、本判決は、本件発電所の建設とともに同じ事業所内にある既設製鉄所における対策等（上工程の廃止）がなされる結果、周辺環境における硫黄酸化物、窒素酸化物等の濃度が減少するという事業者の説明は虚偽ではない、と認めてしまっている。本件発電所の新設・稼働により、主要な大気汚染物質が大幅に増えることは確実であり、また、証拠によって立証されている[4]。事業所全体から排出される大気汚染物質の大幅増加が原告ら周辺住民の最大の懸念事項であることからすると、このような事実誤認は受け入れがたいであろう。

(3) 二酸化炭素に係る環境影響評価の瑕疵

本判決は、二酸化炭素の排出に関する環境影響評価の瑕疵に係る主張は、「自己の法律上の利益に関係のない違法」（行政事件訴訟法10条1項）にあたり、主張が制限されるとしつつ、「審理の経過に鑑み、念のため」当該主張について判断した。火力発電所の環境影響評価における二酸化炭素の排出の取扱いついては、平成25年4月のいわゆる「局長級会議取りまとめ」に従い、発電事業者が利用可能な最良の技術（石炭火力であればUSC）を採用し、売電先の小売事業者が業界団体の「自主的枠組み」に参加してさえいれば、国の目標・計画との整合性は確保されているものと整理されてきた。石炭火力発電所の新増設を容認してきたこれまでの政策は、当時の温暖化対策の中期目標（2030年）、長期目標（2050年）と整合していないと言わざるを得ないが、本判決は、「確定通知がされた平成30年5月の時点においても、局長級会議取りまとめが一概に合理性を失っていたものとまではいうことができず、これに準拠してされた個々の火力発電所の火力発電所の設置に関する判断が、政策の当否はともかくとして、裁量権の範囲を逸脱し又はこれを濫用したものとして違法と評価されるまでには至らない」と判断した。

（しまむら・たけし）

---

1) 第一審では、狭義の訴えの利益は争点とされなかった。この点については、島村健「発電所の設置にかかる環境影響評価とその司法的統制」上智法学62巻4号183頁（195頁以下）参照。
2) たとえば、前掲・小田急高架化訴訟上告審判決の藤田宙靖裁判官の補足意見（民集59巻10号2661頁以下）、高橋利文「最判平4・9・22判批」最判解民事篇平成4年度337頁（346頁以下）、大橋寛明「最判平9・1・28判批」最判解民事篇平成9年度134頁（147頁以下）、福井章代「最判平13・3・13判批」最判解民事篇平成13年度208頁（217頁以下）等を参照。
3) 本判決の上記判示は、ドイツ連邦憲法裁判所2021年3月24日決定が、気候変動による危険からの保護を求める憲法異議申立て事件において、憲法異議申立適格に関し、非常に多くの人々が関係している理由により異議申立適格性がないとはいえない（申立人を公衆一般から区別しうるような特別の関係性は必要ない）と判断したことと対照的である。
4) 第162回神戸市環境影響評価審査会に事業者が提出した補足説明資料21（甲7号証）。

医事

特別養護老人ホームにおける看取りと往診医師の過失

東京高判令2・8・19
令元(ネ)5189号、損害賠償請求控訴事件
判時2472号18頁

野々村和喜　同志社大学准教授

医事判例研究会

●——事案の概要

A（大正10年生れ）は、平成27年12月28日、長男X₁を代理人として、社会福祉法人I経営の特別養護老人ホームBに入所した。特養Bは、医療法人Y₁経営のZ病院に隣接し、同病院から派遣される勤務医が入所者の診療に当たっていた。

Aは、入所時点では軽度の認知症で要介護認定3だったが、入所までX₁と自宅で生活し、自立歩行、トイレを自分で行うことは可能で、三度の食事もして、週3日デイサービスに通っていた。入所に際し、Aおよびその身元引受人X₁は、「終末期についての事前確認書」を特養Bに提出した。同確認書では、終末期の対応につき、特養Bでの看取り（日中の点滴、低濃度の酸素吸入等Bで可能な医療を行い自然の経過による死）を希望する欄にチェックマークがされ、病院での医療（経管栄養・高カロリー輸液・酸素吸入・気管内挿管等）を希望する欄にはチェックマークはされなかった。なお、A署名欄にはX₁がA代理人として署名した。

平成28年1月7日にAがZ病院J医師の診察を受けた際に下腿浮腫などが認められ、同月11日には原因不明の左足背部全体の内出血が確認された。以降、当該内出血に対する処置が特養Bの職員およびZ病院のC医師、D医師により断続的に行われ、左足背部の不良肉芽除去を経て、同年2月5日の外科受診時に創部は改善傾向と診断され、C医師により末梢動脈疾患に対する薬剤30日分が処方された。この時点でC医師は、Aに心臓の症状があったとは認識しておらず、その前兆も確認していなかった。

翌2月6日以降、Aは、軽い喘鳴、生気なくぼんやりとした様子（6日）、喘鳴・顔の浮腫、食事の自力接種が不可能な状態（7日）がみられ、同月9日には一日中眠気が強く、夜間に喘鳴がみられた。

同月10日朝7時35分頃Aは離床したが、反応がなく肩呼吸のため、再度臥床した（この時、血圧54/31、脈拍は38、酸素飽和度70%）。7時40分頃、特養Bの職員がZ病院の当直医Y₂に緊急往診を要請した（なおY₂は、平成5年にH病院長に就任以来、高齢者医療に携わる医師であり、Z病院の非常勤医師である）。7時50分頃、Y₂が特養Bに到着し、職員Eから、前夜からのAの様子および上記測定値を口頭で確認し、Aのケース記録（8日、9日の箇所）を確認して、Aを診察した。診察では、Aの心音は微弱で、痛覚反応、知覚反応もなく、動脈の脈が非常に弱かったが、Aのカルテは特養Bにはなく、カルテを見ないまま診察を終えた。Y₂は、職員Eに、Aの容態に変化がある旨を家族に連絡するよう指示し、Z病院の当直録に簡略な記載を残したが、Aのカルテには何ら記載せず、Aの病状等について他の医師に直接の引継ぎもしないまま、8時10分頃帰宅した。なお、当時のことを記録したAケース記録には、「カルテがなく適切な診断ができない為様子見とのこと」との記載がある。

8時40分頃、Aの容態が急変し、バイタルサインが測定不可能となり、同8時45分頃、職員EはAの家族に来所を求めるとともに、Z病院C医師に来所要請した。Cは9時頃到着し、9時7分にA（当時94才）の死亡を確認した。

本件は、Y₂が酸素療法等の速やかな救命措置、病状改善措置をとるべき注意義務を怠ったことによりAの死期が早まったとして、Aの子X₁～X₄の4名が、Y₂および法人I理事長Y₁に対し、民法709条および715条1項に基づき、慰謝料各100万円および弁護士費用を請求した事案である。

原審は、死亡4日前（2月6日）からの症状を死亡前兆候等に関する医学的知見に照らして総合的に評価すれば、Aは老衰により不可逆的に全身状態が悪化し、Y₂が診察した時点で死亡直前の状態だっ

たと認定したうえ、そのような状態に至った患者に酸素療法等も含めて何らかの治療をしても基本的に改善は見込まれず、延命措置を希望していない患者にそれら措置を実施することそのものが患者にとって苦痛となるとの医学的知見を考慮して、Y₂に「酸素療法や補液治療等の医療措置をとる義務」はなかったとし、Xらの上記請求を全部棄却した。

これに対してXらが控訴。控訴審でXらは、家族に直ちに来所を求め、今後の医療措置について説明し了解を得るべき説明義務違反、および、仮にY₂とAの死亡の因果関係を認められなくとも、酸素療法等を実施する注意義務が尽くされていれば「約1時間後にも生存し、更に延命となっていた相当程度の可能性があった」との主張を追加した。

● ──判旨

取消自判・請求一部認容、確定。
本判決は、原審認定事実の大半を引用するが、Y₂の診察時点でAが晩期死亡前兆候とされる下顎呼吸の状態だったとの原審認定を排除して、「どのような治療に対しても不可逆的な状態で改善の見通しがない状態にあったとまで認めることは困難」と認定したほか、医学的知見に関しても、延命措置がこれを希望しない患者にとって苦痛となるとの部分を排除する一方、日常診療で用いられる『今日の治療指針』の「治療決断の場面と認知プロセス」を追加したうえで、次のとおり判示して原判決を取り消し、慰謝料各40万円の限度で請求を認容した。

Y₂は、診察時に得た情報と診察結果からすれば、「少なくともAのカルテを閲覧して従前の診断及び治療の経過を確認するとともに、バイタルサインの数値等に基づき、必要に応じて酸素吸入等の応急処置を行い、心電図等検査の要否を含む病態の把握と疾病の診断、疾病に応じた治療について検討したり、自身の対応が困難であれば、隣接するZ病院にストレッチャーで移送して他の医師に迅速な引継ぎを行い、対応を依頼するなど、適切な医療処置を施すべき義務があった」ところ、「Aのカルテを閲覧して従前の診断及び治療の経過を確認せず、バイタルサインの数値に基づき、必要に応じて酸素吸入等の応急処置をせず、病態を把握するための検査や疾病の診断、疾病に応じた治療についての検討をしたり、他の医師に迅速な引継ぎを行ったりすることもなく、『カルテがなく適切な診断ができない為様子見』としたにとどまるのであるから、Y₂においては、Aの診察時において適切な医療処置を施すべき義務

に違反した過失がある」。

「もっとも、……Aの死因は急性心筋梗塞と診断され、発症から死亡までの期間が約2時間とされていること、C医師も、Aの救命の可能性については肯定的でないことからすれば、Y₂がAに対して適切な医療処置を行った場合に、Aを救命し得たであろう高度の蓋然性まで認めることは困難である。しかしながら、Y₂においても、診察時のAの病態について、医療処置による延命の可能性を否定していないことからすると、適切な医療処置が行われていたならばAがその死亡の時点においてなお生存していた相当程度の可能性はあった」。

なお、説明義務違反については、認容額以上の慰謝料は認定し難いとして判断されなかった。

● ──研究

1 はじめに

本件は、隣接病院の勤務医による診療の体制をとる特別養護老人ホームにおいて、重篤な症状を呈した入所者Aを緊急往診した勤務医Y₂の医療行為に過失があったか否かが争われた事案である。

本判決は、Y₂による診察時点のAの状態について原判決と認定を異にし、過失の内容も原判決とは異なっている。Aは、特養Bでの看取りを希望して入所し、死亡数日前から衰弱の過程にあったが、後述のとおり両判決は、「介護施設での看取り」の過程における往診医の役割に関して姿勢を異にしているものとみうる。

超高齢社会を目前に、切れ目のない介護と医療の提供体制と、尊厳を保って人生の最期をむかえられる環境の整備は喫緊の課題である。なかでも特別養護老人ホームは、介護と医療の双方を必要とする入所者も多く、また2006年介護報酬改定での看取り介護加算の導入以降は、看取りをおこなう役割が期待されており、介護と医療の連携をめぐる問題が顕在化しやすい。とくに看取り介護は、看取りが見殺しにならぬよう、医療との連携のあり方が問われるが、法的にみて不鮮明な部分も多い。

本件は、とくに看取り介護と医療の連携のあり方が、往診医の過失の有無というかたちで問題化した一事例といえる。今後の議論に資することに疑いないとおもわれるので、取り上げる次第である。

2 Y₂の過失（注意義務）

(1) 本判決

診療にあたる医師が負う注意義務の内容を確定する際は、前提として、診察時点での当該患者の病態

を認定する必要があるが、本判決は、原判決と異なり、診察時点のAがどのような治療に対しても不可逆的な状態で改善の見通しがない状態だったとはいえず、Y₂医師もそのような状態と判断していたとはいえないとした。この認定に際して本判決は、Aが死亡9日前から衰弱の過程にあったとしながらも、カルテ・ケース記録・当直録の記載から判明する事情により当時のAの状態を推認し[1]、これと矛盾するY₂らの陳述の信用性を否定している。

上記認定を前提に、本判決は、Aの重篤な状態を認識したY₂は、日常診療の治療決断プロセスに従って「適切な医療措置を施すべき義務」に違反した過失があるとした。この義務の内実に関し、本判決は、カルテ閲覧、応急処置、検査・診断、治療方法の検討、Z病院への引継ぎに言及するものの、Aはなんらかの治療により症状改善が見込まれる状態だったとまでは認定しておらず、Aの死因特定にも至っていない（死亡診断で急性心筋梗塞が死因とされた事実を認定するにとどまる）ことに注意を要する。すなわち本判決は、心筋梗塞を死因としてこれに対する適切な検査・診断・治療（救急・延命措置）を施す義務があったとするものではない。本判決のいう「適切な医療措置を施すべき義務」は、Aが不可逆的終末期だったのか改善の見込みがある病態だったのかいずれと診断されえたにせよ、的確な治療決断に至るために応急処置や検査を実施すべき義務であり、Y₂の対応はそうした診断プロセスに着手していない点に過失があるとされたものと解される[2]。

（2）原判決とその問題点

以上に対し原判決は、診察時点でAは死亡直前の状態だったと認定し、Y₂には「酸素療法や補液治療等の医療措置をとる義務」がなかったとした。本判決と比較して、原判決の特徴は、死亡4日前からのAの症状を死亡前兆候（呼吸や意識・認知機能の変化等）に関する医学的知見に照らして総合的に評価するという認定手法をとることによりAは死亡直前の状態だったと推認したうえで、そのような状態のAに対して延命措置を実施する義務があったか否かに照準が合わせられた点にある。

たしかに、Aは数日前からの衰弱傾向を経て死亡当日朝にきわめて不良なバイタルサインを示していたこと、および入所時のリビング・ウィルが存在することを念頭に置けば、Y₂診察時点でAは不可逆的終末期の状態で、看取りの最終段階だったと認定できる限り、もはや実施すべき医療措置はなくY₂に過失なしともいえそうである。原判決もこうした観点からY₂の過失を論じたものと解される。

しかしながら、看取りを前提に考えるとしても、患者の尊厳の観点からみて、なおも患者におこなうべき医療措置が残されていないかどうかは、不可逆的終末期に至っているか否かについて医師の専門的な診断を経て決定されるべきものであり[3]、その診断は、カルテやケース記録上の限られた情報と一般的医学的知見とによる推認で置き換えられる性質のものではないであろう。このような視点でみれば、Aのカルテを閲覧せず、ケース記録に「……様子見とのこと」と記載されるような指示をする等に止まったY₂の対応は、適切な看取りのプロセスを逸脱する診断省略と評価されてもやむを得まい。本判決は、この点を問題視して前記の過失を認めたものと解され、支持できる判断である。

3 「相当程度の可能性」の侵害？

もっとも、本判決が、「医療処置による延命の可能性」が否定されないとして相当程度の可能性の侵害を認めた点については、疑問が残る。

確立した判例である相当程度の可能性法理は、患者死亡の事例では、「医療水準にかなった医療」を享受し「生命を維持すること」を保護法益とし[4]、死因となった疾患に対する適切な治療行為がされていれば良好な転帰を享受し得た客観的可能性の限度で法益侵害を認めるものである[5]。しかし本件は、上記のとおり、Aの死因が特定されておらず、Y₂の過失の内容も、特定の疾患の治療に向けられた義務ではない。本件は、応急処置・検査が実施されていれば「延命可能性を認め得る経過をたどった可能性」もあったにとどまり、当然には相当程度の可能性法理でカバーされない事案と言わざるを得ない[6]。

むしろ、本判決が肯定した責任の内実は、保護法益の観点からみれば、生命を維持する利益というよりも、尊厳を保って最期をむかえる利益の侵害である。そして、診断プロセスを省略したY₂の行為が「適切な医療行為を受ける期待権」の侵害を構成し得ないのか検討の余地がある。

たしかに、右期待権の保護は、判例上、「著しく不適切な医療行為」がされた場合に検討し得るにとどまるとの消極的判断が繰り返されている[7]。しかしこの限定は、過失がなければ生命を維持し得た「相当程度の可能性」が広く保護されることを前提に、さらに仮定的な治療経過に対する期待（実際とは別の治療の機会）までもが保護に値するというためには、実際にとられた対応が到底医療行為と呼べないほど粗雑である場合に限定しなければ臨床医療にとって過酷である、との考慮に支えられたものと考えられる[8]。他方、本件で問題とされるべき利益

が、生命維持ではなく、より人格的な利益だとすれば、仮定的な治療経過への期待は実際の対応が粗雑といえてはじめて保護に値するとの上記議論は妥当せず、むしろ、適切な看取りのプロセスを逸脱する医師の行為そのものを患者の尊厳を損なう「著しく不適切な医療行為」と評価することも、十分検討の余地があるのではなかろうか[9]。

4 看取り介護と医療の連携

最後に、特別養護老人ホームにおける看取り介護を取り巻く現状との関連で、本件を眺めておきたい。

特別養護老人ホームは、介護保険法上の介護老人福祉施設（介護保険法8条22項、27項）であるが、退所理由のおよそ7割が死亡であり、2006年介護報酬改定で看取り介護加算が導入されて以降は、看取りをおこなう施設としての役割も期待されている。特養入所者の多くは高齢かつ重度の要介護者であるから、介護と医療の双方を必要とする入所者も多いが、医師は非常勤か訪問診療による対応が一般的であり、また看護師は常勤が多いものの24時間配置までは求められない。それゆえ、看取り介護の現場では、たとえば衰弱過程にある入所者につき、一括りに老衰と断じて傍観して良いわけはないのであるから、医師の診療に委ねるべき状態やタイミングをどのように的確に判断できるかが現実的な問題となってくる[10]。

本件では、自立歩行や食事等が可能だったAが、入所後間もない2月6日に意識障害や喘鳴を生じており、すくなくとも医学的観点からは、Y₂の診察よりも早い時点で急性心筋梗塞が疑診されるべきケースとも考えられる。仮にそうだとすると、本件でY₂の診察のみが取り上げられ、特養への責任追及がされなかったことは、何らかの特殊な事情（特養の事後対応は誠意に満ちていたなど？）の存在を窺わせる。そしてその反面、本件を看取り介護が適切におこなわれたかが問題になった事案として眺めるときには、Aがきわめて不良なバイタルサインを示した時点で往診したY₂の過失のみが問われた本判決は、事案の背景を踏まえた全面的な法的解決とはなお評しがたい。ひきつづき、この種の事案における介護と医療の連携と法的責任のあり方について議論が重ねられる必要がある[11]。

5 おわりに

本判決は、一見すると、生命維持の可能性がゼロでないかぎり、そのための医療措置・延命措置が実施されるべきであるとの判示にも映るが、以上に検討したとおり、Y₂の診断省略が看取りのプロセスを逸脱する行為として不法行為を構成するとされたものと理解するのが適切とおもわれる。

（ののむら・かずよし）

1) 具体的には、従前の診療経過においてAの死亡が予測されていたとはうかがわれないこと、家族への伝達を指示した内容が「容態の変化」にとどまること、死亡当日のケース記録の記載は「……様子見」にとどまること、容態急変が診察後40分以上経過した後であること等から、Aの状態が推認されている（本判決第3の3(3)ア・イ参照）。
2) この点は、本判決第3の3(2)の説示の仕方に表れている。
3) たとえば、厚生労働省「人生の最終段階における医療・ケアの決定プロセスに関するガイドライン」（2007年策定、2018年改訂）でも、医療の開始・不開始・変更・中止等は、本人等の意思のみによるのではなく、医学的妥当性と適切性を基に慎重に判断すべきことが求められている。なお、2021年の介護報酬改定では、同ガイドラインに沿った取組みが看取り介護加算の算定要件に加えられている。
4) 最二判平12・9・22民集54巻7号2574頁。
5) 杉原則彦「判解」最判解民事篇平成12年度863頁。
6) 下級審には、死因不特定の事案で、過失がなければ「死因〔ママ〕の原因となった可能性が高い」病態の治療ができたから「相当程度の延命の可能性があった」とするものもある（東京地判平15・5・28判タ1147号255頁）。しかし、「相当程度の可能性」法理のもとで、死亡や後遺障害を避け得た具体的可能性のみならず抽象的可能性の保護をも認める見解でも、抽象的可能性の保護は期待権論や機会喪失論と同様の構造を有し、その保護範囲は生命への危険の制御が高度に求められる場合に限定されるべきとされるから、この種の事案への同法理の適用は否定されるだろう。米村滋人「『相当程度の可能性』法理の理論と展開」法学74巻6号（2011年）926頁、929頁参照。
7) 最二判平23・2・25民集236号183頁、最三判平28・7・19（2016WLJPCA07198029）。
8) 最一判平17・12・8集民218号1075頁（島田補足意見）参照。
9) 山口斉昭「判批（最三判平23・2・25）」医事法百選〔第2版〕（2014年）151頁は、平成23年判決じらい、著しく不適切な医療行為の場合に限って期待権を保護する旨を述べた判決というよりも、著しく不適切な医療行為＝人格的利益侵害が成立する余地を将来的に留保したものと理解すべきだとする。医療における期待権侵害の内実について同様の考えを述べていたものとして、志村由貴「『相当程度の可能性侵害論』をめぐる実務的論点」ジュリ1344号（2007年）77頁。
10) 2003年の調査によると、入所者が施設内で死亡することへの対応方針につき、過半数の特養が「原則として速やかに病院等に移す」と回答し、施設内で積極的な看取りが行われているとは言い難い状況と報告されていたが（医療経済研究機構「特別養護老人ホームにおける終末期の医療・介護に関する調査研究報告書」（2003年））、2020年の調査では、9割近くの施設が「『ホームで亡くなりたい』という希望があれば受け入れる」と回答したとされており（三菱UFJリサーチ＆コンサルティング「介護老人福祉施設における看取りのあり方に関する調査研究事業報告書」（2020年））、看取り介護における具体的な連携や責任の分担のあり方は、すでに喫緊の課題となっている。
11) 看取り介護における医療との連携の問題は、介護学・看護学の分野での議論が先行しているが、簡潔で有益な議論状況の整理を提供するものとして、小山千加代＝水野敏子「特別養護老人ホームにおける看取りの実態と課題に関する文献検討」老年看護学14巻1号（2010年）59頁。

労働　労働審判における口外禁止条項の適法性

長崎地判令2・12・1
平31(ワ) 3号、損害賠償請求事件
労判 1240 号 35 頁

和田一郎 弁護士
労働判例研究会

●——事実の概要

1　概要

本件は、原告Xが、同人が申し立てた労働審判手続に係る事件（以下、「本件労働審判事件」という）の労働審判委員会が、Xに口外禁止条項を付した内容での調停を試みたところ、Xからこれを拒否されたにもかかわらず、労審法20条1項及び2項に違反して、口外禁止条項を含む労働審判を行ったことにより、Xの表現の自由（憲法21条）、思想良心の自由（同19条）及び幸福追求権（同13条）を侵害し、Xに精神的苦痛を生じさせたと主張して、国賠法1条1項に基づく損害賠償請求として、被告国に対して、慰謝料140万円および弁護士費用10万円等の支払を求めた事案である。裁判所は、労審法違反は認めたが、損害賠償請求は棄却した。

本件労働審判事件は、訴外A社の従業員であったXが、雇止めを不服として、地位確認等を求めた事案であった。

2　時系列

主な事実を時系列で示すと次のとおりである。

平成30年2月8日　第2回労働審判手続期日。調停不調、労働審判（以下、「本件労働審判」という）告知。同日日時点で、A社がXに解決金230万円を支払うことで、XがA社を合意退職することについては当事者間に合意が成立していたが、同僚に対するXの口外禁止の範囲を、Xは解決金額のみとすることを求め、他方、A社は本件調停内容の一切とすることを求めたため、調停が成立しなかった。

平成30年2月22日　X代理人が口外禁止条項に関する抗議書を長崎地裁に提出した。また、異議申立て期間の終期である同日までにいずれの当事者からも異議申立てがなかったので、本件労働審判は確定した。Xが異議申立てをしなかった理由は、Xの主張によれば、「経済的に困窮し、精神的に疲弊していたXが、本件審判に異議を申し立てると、Xの意に沿う部分（本件口外禁止条項を除いた部分）を含め効力を失うことになる」からであるとのことである（裁判所は判断していない）。

3　本件労働審判の主文

「1　XとA社は、本件労働契約が平成29年3月31日付けで終了したことを相互に確認する。

2　A社は、Xに対し、本件解決金として230万円の支払義務があることを認める。

3　A社は、Xに対し、前項の金員を、平成30年3月16日限り支払う。

4　XとA社は、本件に関し、正当な理由のない限り、第三者に対して口外しないことを約束する。ただし、Xは、Xが本件に関する相談を行ったC（諫早市の市議会議員）及びD（長崎県労連の担当者）に限り、本件が審判により終了したことのみを、口外することができる。（「本件口外禁止条項」）

5〜7　（略）」

●——判旨

請求棄却

1　争点1（本件口外禁止条項を付した本件審判が、国家賠償法1条1項にいう違法な行為といえるか否か）について

(1)　司法権の行使における国賠法1条1項の違法性の判断の仕方についての一般論

（紙面が限られているので判旨の紹介を省略する。）

(2)　本件口外禁止条項が労審法20条1項及び2項に違反するか

(a)　一般論

「労働審判は、審理の結果認められる当事者間の権利関係及び労働審判手続の経過を踏まえてされるものであるから（法20条1項）、その内容は事案の解決のために相当なものでなければならないという相当性の要件を満たす必要があると考えられる。そ

して、上記条文の定めや、労働審判手続には、権利関係の判定作用という側面のみならず、当事者間の利害を調整するという作用が内包されていることからすれば、相当性の要件を具備しているか否かを判断するに当たっては、申立ての対象である労働関係に係る権利関係と合理的関連性があるか、手続の経過において、当事者にとって、受容可能性及び予測可能性があるかといった観点によるのが相当である。

　もっとも、労働審判は、権利関係及び手続の経過を「踏まえて」なされるものであるし（法20条1項）、個別労働関係民事紛争の解決をするために相当と認める事項を定めることができる上（法20条2項）、当事者の異議により、その理由を問わず、その効力を失うものとされていることからすると（法21条3項）、必ずしも実体法上の権利を実現するものには限られず、労働審判委員会において柔軟に定めることができるといえるから、相当性の判断に当たっても、上記の合理的関連性等を厳格にみるべきではなく、事案の実情に即した解決に資するかという点も考慮に入れてなされるべきものといえる」。

　（b）　当てはめ
　ア　権利関係との合理的関連性について
　「地位確認等の申立てがなされた場合に、雇止めを無効として雇用関係を継続させるという解決は、労働関係を巡り紛争状態となった当事者にとって必ずしも望ましいものではないことは容易に想定できるのであるから、雇用関係の終了を確認する代わりに雇用主が解決金を支払うという労働審判をすることは、地位確認等の申立てと合理的関連性を有するというべきである。これに加えて、当事者間に存した紛争が労働審判手続を経ることで契約関係の終了及び金銭の支払という新たな権利関係の形成に変容しており、その経過及び結果について、A社関係者等の第三者に口外されることで、例えば不正確な情報が伝わることにより、X及びA社双方が無用な紛争等に巻き込まれることがあり得る。口外禁止条項は、このような事態に陥ることを未然に防ぐという側面を有しており、紛争の実情に即した解決に資するといえるから、これに一定の合理性を見出すことができるというべきである。

　したがって、本件口外禁止条項は、本件審判の対象となった地位確認等との合理的な関連性がないとはいえず、相当性を欠くとはいえない」。
　イ　手続の経過について
　（ア）　予測可能性について
　「〔筆者注：本件の労働審判〕手続において少なく

とも議論がされている。

　したがって、本件口外禁止条項は、当事者にとって不意打ちであったと評価することは困難であり、予測可能性はあったといえる」。
　（イ）　受容可能性について
　（i）　一般論
　「労働審判委員会が成立に向けて調整を図った調停案について、当事者の一方が明確にこれを拒絶したとしても、上記イ〔筆者注：上記（a）〕のとおり、相当性の判断に当たっては、事案の実情に即した解決に資するかという点も考慮に入れてなされるべきであるし、また、その審判の内容によっては、当事者において、調停による解決はできないとしても、労働審判委員会による労働審判に対して異議申立てまではしないという意味での消極的合意に至る可能性もあり得るところである。したがって、調停案と同趣旨の労働審判をすることが一概に否定されるものではない。

　もっとも、当事者に過大な負担となるなど、消極的な合意さえも期待できないような場合には、当事者が明確に拒絶した調停案と同趣旨の労働審判は、受容可能性はないというべきであるから、手続の経過を踏まえた労働審判とは認められないものとして、相当性の要件を欠くといわざるを得ない」。

　（ii）　当てはめ
　「本件労働審判事件が解決したということだけでも伝えたいというXの思いは、ごく自然な感情によるものであって尊重されるべきであるし、本件労働審判委員会もXの心情を十分に認識していたといえる。

　また、上記（中略）のとおり、C議員及びDには審判で終了したことを口外できるとの例外を除けば、本件口外禁止条項は、審判で終了したことさえも第三者に口外できない内容であること、本件審判が確定すれば、事情の変更等がなされない限り、Xは、将来にわたって、本件口外禁止条項に基づく義務を負い続けることからすれば、その内容は、上記のXの心情と併せてみれば、Xに過大な負担を強いるものといわざるを得ない。（中略）

　これらからすれば、本件審判において、調停案としてXが明確に拒絶した口外禁止条項を定めても、消極的な合意に至ることは期待できなかったというべきであって、本件口外禁止条項に受容可能性はないといわざるを得ない。したがって、同条項は、手続の経過を踏まえたものとはいえず、相当性を欠くというべきである。

　なお、上記（中略）のとおり、Xは本件審判に適

法な異議申立てをせず、本件審判は確定しているが、これは本件審判がなされた後の事情であって、同審判の相当性判断を左右するものではない」。

　　ウ　結論
　「よって、本件口外禁止条項は、法20条1項及び2項に違反すると認められる」。
　（3）　国家賠償法1条1項の規定にいう違法な行為があったか
　「本件審判に違法又は不当な目的があったなどと認めることはできない」。

● ── 研究

　　1　労働審判として定めることができる事項に限界があるか。

　（1）　限界と判断枠組み
　限界と判断枠組みについての判旨の概要は次のとおりである（上記「判旨」1(2)(a) 参照）。
「相当性」の判断枠組み
　　①　権利関係との合理的関連性
　　②　手続の経過
　　(i)　予測可能性
　　(ii)　受容可能性
　（2）　「権利関係との合理的関連性」について
　これは、山川隆一「労働審判制度の理論課題」季刊労働法217号（2007年）4頁（以下、「山川論文」という）の11頁の影響を受けたものと思われる。
　本判決が、「権利関係との合理的関連性」を相当性判断の1つの観点としたことには、評価規範としては疑問であるが、少なくとも行為規範としては、合理性があると考える（後記(4)参照）。
　（3）　「手続の経過における受容可能性及び予測可能性」
　これは、最高裁での協議概要（最高裁判所事務総局監修『労働審判手続に関する執務資料〔改訂版〕』（法曹会、平成25年）（以下、「執務資料」という）160頁以下に基づくものと思われる。
　上記(2)の観点が、労審法20条1項の「審理の結果認められる当事者間の権利関係……を踏まえて」という文言に関するものであるのに対し、この(3)の観点は、同項の「労働審判手続の経過を踏まえて」という文言に関するものであると理解できる。
　上記のうち、「予見可能性」は、「手続の経過」の中で、ある条項が議論されていれば、その条項が、何等かの形で労働審判の中に定められることは予見できるといえるなど、判断のしやすい観点であり、観点の一つとすることに異存はない。
　しかし、「受容可能性」は、仮に「手続の経過」

の中で、ある条項が議論されていたとしても、労働審判の中に定められた場合に、当事者がこれを受容する可能性があったか否かを遡って判断することは、受容可能性が主観的な問題であるだけでなく、労働審判の相互に関連する複数の条項の総合判断に基づく極めて微妙な判断であることに照らすと、不明確で予見可能性に欠け、行為規範としてはともかく、評価規範としては不適当であると考える（後記(4)参照）。
　（4）　行為規範と評価規範
　手続法においては、ある規範が、行為規範と評価規範の2つの視点から問題になる。「行為規範とは、これからある行為をすべきかどうか、どのようにすべきかを考えるときにはたらく基準をいい、評価規範とは、すでになされた行為や手続をふり返ってこれにどのような効果を与えるか、また、法的評価を加えるかというときにはたらく基準をいう」とされる（新堂幸司『民事訴訟法第4版』（弘文堂、平成20年）57頁）。
　山川論文は、上記(2)のように「権利関係にかかる実体法上のルールとの合理的関連性」によって労働審判の内容の限界を画することについて、「こうした限界付けは明確性を欠く面が残るといわざるをえないが、もともと、労働審判は、異議が申立てられれば理由を問わず失効するものであるから、異議の申立てと切り離して審判内容の限界を論じる実益は乏しいといわざるをえず、以上の議論も基本的に行為規範のレベルのものである」とする（11頁）。上記の「受容可能性」も、行為規範としては適切だとしても、評価規範としては、適切とは言えないと考える。
　（5）　本件口外禁止条項についての本判決の判断について
　上記(1)の判断枠組みに基づいて、本判決は、上記「判旨」1(2)(b)のとおり判断した。
　同判断枠組みの問題点は、上記(4)のとおりであるが、同判断枠組みを前提とすれば、同判断に特に異存はない。

　　2　労働審判の条項が違法な場合の当事者間での効力

　（1）　問題の所在
　労働審判の条項が上記1の労審法違反として違法な場合に、仮にその条項が当事者間で当然に無効であるならば、当事者はその条項を無視すればよいのであるから（たとえば、口外禁止条項が無効であれば、それに拘束されずに、自由に口外すればよい）、国家賠償等の問題になる余地はない。そこで、労働

審判の条項が違法な場合の効力を検討する必要が生じる。

(2) 検討

適法な異議申立てがなされずに確定した労働審判は、裁判上の和解と同一の効力を有する（労審法21条4項）。そして、裁判上の和解は、調書に記載されると、その記載が確定判決と同一の効力を有する（民訴法267条）。

同条の「確定判決と同一の効力」の解釈として、裁判上の和解が形成力、執行力を有することについては争いがない。しかし、既判力の有無については争いがある。

既判力肯定説は、「再審事由に準じる事由がある場合以外は和解調書の既判力を覆すことはできない」（兼子一『民事訴訟法体系』（酒井書店、1965年））とする。

他方、既判力否定説は、「訴訟の上の和解の効力の基礎は当事者の意思の合致にあり、裁判所の裁断行為がないことなどを根拠とし、再審事由に準じる事由がなくても、錯誤と、詐欺、脅迫など意思表示に瑕疵がある場合に和解の無効・取消しを認める」（三ケ月章『民事訴訟法』（有斐閣、1959年）444頁）とする。

判例は、裁判上の和解の無効・取消ができる場合を再審事由がある場合に限定していない（秋山幹男他『コンメンタール民事訴訟法V』（日本評論社、2012年）305頁）。

確定した労働審判の既判力の有無については、どのように考えるべきか。労働審判が、労働審判委員会の判断であって、そこには、当事者の意思は全く関与していないことに照らすと、民事訴訟法上の上記の既判力肯定説・否定説の議論をそのまま労働審判の既判力の有無の問題に持ち込むことは不適切である。民事訴訟法上の既判力否定説は、「訴訟の上の和解の効力の基礎は当事者の意思の合致にあり、裁判所の裁断行為がないことなど」を根拠としているからである。もっとも、民事訴訟法上の既判力否定説の上記根拠に照らせず、労働審判は、労働審判委員会の判断であって、そこには、当事者の意思は全く関与していないのであるから、既判力肯定説に親和性があるといえそうである。しかし、原則として実体法という基準に基づいて行われる判決と、労審法20条1項及び2項が労働審判委員会の裁量の余地を明白に認めている労働審判とを同様に考えてよいか、すなわち、労働審判に既判力を認めてよいか、という議論もあると思われる。

山川論文は、「異議が申し立てられなかった労働

審判に既判力が認められるかについては、基本的には裁判上の和解におけると同様の議論がなされることになろうが、労働審判制度に特有の考慮が必要になるかどうかはなお検討を要する」とするが（5頁、注2）、妥当な見解であると考える。

3 労働審判の条項が違法な場合に国家賠償請求ができるか

この点については、紙面が限られているので、検討を省略する。

4 本判決の実務への影響

(1) 労働審判委員会への影響

本判決によって、労働審判が、労審法違反として違法とされる場合があることが明らかになった。しかし、違反かどうかの判断は、「相当性」という規範的な要件の総合判断にかかっており、その判断のための視点も、前述のとおり評価規範としては明確であるとは言い難い。

そのように考えていたところ、2021年9月13日に、東京地裁労働部で、口外禁止条項を含む労働審判の告知を受けた。告知の直前に、労働審判官から当事者双方に対して、口外禁止の定めを労働審判の主文として告知されることに異議がないかと問われ、双方が異議はないと述べた。期日の調書には、その旨が、労働審判を告知したことに加えて記載されている。同審判官に書記官を通じて確認したところ、本判決を意識した対応であるとのことであった。今後は、このような実務が定着するのではないかと思われる。

労働審判委員会のこの対応は同委員会のプロテクトとしては当然であるが、他方、労働審判で定める事項の柔軟性は低下せざるを得ないであろう。

(2) 使用者への影響

退職を前提とした金銭解決を内容とし、かつ、口外禁止条項も入った労働審判がなされた場合に、口外禁止条項が違法なときに、労働審判の既判力が否定されて、当事者間でも当然にその無効を主張できるリスクがあるとすると、使用者としては、口外禁止条項を重視している案件では、異議申立てをせざるを得ない場合もあると考える。使用者は解決金を払わされる半面、労働者は口外禁止条項が無効だからそれに拘束されない、という不都合な事態の発生を回避するためである。

しかし、上記(1)のような実務が定着するのであれば、口外禁止条項が違法とされる余地はないので、このような配慮は不要だと思われる。

（わだ・いちろう）

知財

公衆電話ボックスに金魚を泳がせた現代美術作品について著作権侵害が認められた事例──公衆電話現代美術事件

大阪高判令3・1・14
令元(ネ)1735号、著作権に基づく差止等請求控訴事件
裁判所HP（原審破棄、自判、請求一部認容）
原審：奈良地判令元・7・11、平30(ワ)466号、
判例秘書L07450578

岩瀬吉和 弁護士

知財判例研究会

●──事案の概要と判旨

　現代美術家である原告（山本伸樹氏）は、1998年に、公衆電話ボックスに酷似した水槽に水を満たし、その中にメダカやタナゴを泳がせる「メッセージ」と題する作品を制作した。その後2000年12月から2001年1月まで神奈川県三浦市で開催された現代美術展において、上記作品にメダカやタナゴではく、金魚を泳がせたもの（すなわち原告作品）を発表した。以後、原告は、原告作品を日本各地で展示した。

　奈良県大和郡山市内の商店街協同組合（柳町商店街。被告1）及びその関係者である個人（小山豊氏。被告2）は、2014年2月から2018年4月まで、その商店街に、公衆電話ボックスを改造した水槽に水を満たし、その中に多くの金魚を泳がせる作品（被告作品）を展示した。被告作品は、京都造形芸術大学（当時。現京都芸術大学）の学生グループが、2011年に制作した先行作品の部材を使って、被告1及び被告2によって制作されたものであった。

【図1 原告作品と被告作品の写真】[1]

原告作品	被告作品
「メッセージ」	「金魚電話ボックス」

　原告は、被告作品は原告作品を複製したものであり、被告らは原告の著作権（複製権）及び著作者人格権（氏名表示権及び同一性保持権）を侵害したとして、①被告らに対し、著作権法112条1項に基づき、被告作品の制作の差止めを求め、また、②被告作品の所有者である被告1に対し、同条2項に基づき、被告作品を構成する公衆電話ボックス様の造作水槽及び公衆電話機の廃棄を求め、③被告らに対し、不法行為に基づき、損害賠償金330万円及び遅延損害金の支払を求めて提訴した。

　第一審判決（奈良地判令元・7・11。以下「原判決」という）は、原告作品の著作物性は認めたが、被告らによる著作権侵害及び著作者人格権侵害を否定し、原告の請求をいずれも棄却した。これに対し、原告は控訴し、控訴審において、著作権につき、仮に複製権侵害が成立しないとしても翻案権侵害が成立するという予備的主張を追加した。

　控訴審判決は、原判決を破棄し、控訴人の請求を一部認容した。なお、本判決については、上告受理申立てがされたが、最高裁判所令和3年8月25日付で不受理決定がされ、確定した。

●──研究

1　本件の事案及び背景

（1）　原告及び原告作品について

　原告は、山本伸樹という、東京藝術大学大学院を修了し、これまでに数多くの個展を開き、美術展に出品するなどして活動している現代美術作家であり、原告作品は、原告の代表作である。

（2）　被告及び被告作品について

　本判決が認定したところによると、被告らが2014年に被告作品を提示し始めるのに先立ち、2011年、京都造形芸術大学の学生グループ（「金魚部」）は、公衆電話ボックスに水を満たし、その中に金魚を泳がせる作品を制作し、同年10月、大阪市内で開催された「おおさかカンヴァス2011」に「テレ金」と名付けて展示した。

その後、金魚部は活動を停止したが、大和郡山市の有志によって構成された団体である「金魚の会」（代表者は、被告2）が、2013年、「テレ金」の部材を譲り受けた。金魚の会は、同年10月、大和郡山市で開催された「奈良・町家の芸術祭HANARART 2013」に、「テレ金」と同様の作品を、「金魚電話」と名付けて展示した。

被告小山は、金魚の会から「金魚電話」の部材を承継し、2014年2月、大和郡山市内の喫茶店に被告作品を制作し、これを設置した。被告作品の所有権は被告組合が取得し、被告小山とともにその管理に当たった。

【表1　被告作品とその先行作品】

時期	主体	作品名	備考
2011	金魚部	「テレ金」	おおさかカンヴァスにて展示
2013	金魚の会 （代表は、本件の被告2）	「金魚電話」	HANARART2013にて展示
2014	被告1（郡山柳町商店街協同組合） 及び被告2（小山豊氏）	金魚電話ボックス（被告作品）	大和郡山市の喫茶店の屋外部分に展示

なお、本件の被告が所在する奈良県大和郡山市は、金魚の名産地である。

（3）　原被告間の交渉について

原告は、被告組合に対し、被告作品が原告作品についての控訴人の著作権を侵害していると申し入れ、両者間で交渉が行われた。その間の2017年8月21日、被控訴組合は、「金魚の電話ボックスは控訴人が世界で初めて発表し、数多くの美術展で展示されてきました」などと記載された説明書を被告作品に掲示した。しかし、交渉は決裂し、被控訴組合は、2018年4月10日、著作権侵害を否定しつつ、本件喫茶店から被告作品を撤去した。その後、水を抜いた状態でこれを保管している。

なお、本判決が認定したところによると、原告は、被告作品に先立って制作、展示された上記「テレ金」及び「金魚電話」についても、それぞれ、金魚部と金魚の会に、著作権侵害を内容とする抗議をしていた。

2　著作物性及び著作権侵害についての原判決の判断

（1）　原判決は、原告作品は基本的特徴と具体的特徴からなるとした。基本的特徴は、①公衆電話ボックス様の造形物を水槽に仕立て、その内部に公衆電話機を設置した状態で金魚を泳がせていることと、②金魚の生育環境を維持するために、公衆電話機の受話器部分を利用して気泡を出す仕組みであるとし、①は、アイディアにほかならず、表現それ自体ではないから、著作権法上保護対象とならないとした。また、②は、①のアイディアを実現するためには、水中に空気を注入することは必須であり、公衆電話ボックス内に通常存在する物から気泡を発生させようとすれば、もともと穴が開いている受話器から発生させるのが合理的かつ自然な発想であると述べ、①のアイディアを実現するための方法の選択肢が限られることになるから、②の点に創作性を認めることはできないとした。

（2）　原判決は、原告が原告作品と被告作品の同一性を主張する点は、上記基本的特徴にかかるものであり、これは、著作権法上の保護の及ばないアイディアに対するものであることを理由に、著作権侵害を否定した。なお、原判決は、「公衆電話ボックス様の造作物の色・形状、内部に設置された公衆電話機の種類・色・配置等の具体的な表現においては、作者独自の思想又は感情が表現されているということができ、創作性を認めることができるから、著作物に当たるものと認めることができる」と述べ、原告作品の著作物性は認めた。そして、そういった具体的表現のうち、造作物内部の公衆電話機の受話器が水中に浮かんでいる点には、創作性が認められ、かつ、被告作品と共通するが、被告作品のこの点から原告作品を直接感得することはできないから、原告と被告作品との同一性を認めることはできないと判断した。

3　著作物性及び著作権侵害についての本判決の判断

（1）本判決は、以下のとおり、原判決とは異なる点に、原告作品の著作物性を肯定した。

すなわち、本判決は、「原告作品は、その外見が公衆電話ボックスに酷似したものであり、その点だけに着目すれば、ありふれた表現である。そこで、これに水を満たし、金魚を泳がせるなどしたことにより、原告作品に創作性が認められるかが問題となる」と述べ、原告作品の著作物性（創作性）を、ただの公衆電話ボックスと対比して見いだされる相違点に着目して認定した。そして、原告作品について、公衆電話ボックスと異なる4つの点があるとし、このうち、以下の第1ないし第3の点については、創作性はないと認定した。

・電話ボックスの多くの部分に水が満たされている（第1の点）

・電話ボックスの側面の4面とも、全面がアクリルガラスである（第2の点）

・その水中には赤色の金魚が泳いでおり、その数は、展示をするごとに変動するが、少なくて50匹、

多くて150匹程度である（第3の点）

他方、原告作品の「公衆電話機の受話器が、受話器を掛けておくハンガー部から外されて水中に浮いた状態で固定され、その受話部から気泡が発生している」という点（第4の点）は、控訴人の個性が発揮されており、これが第1、第3の点とあいまって、創作性が認められるとした。

(2) 次に、本判決は、原告作品と被告作品の共通点と相違点は、下表のように整理し、共通点は、上記の創作性が認められる部分と重なり、他方、相違点は、原告作品のうち表現上の創作性のない部分に関係すると判断した。

【表2　本判決による原告作品と被告作品の整理】

ア	共通点	① 公衆電話ボックス様の造作水槽（側面は4面とも全面がアクリルガラス）に水が入れられ（ただし、後記イ⑥を参照）、水中に主に赤色の金魚が50匹から150匹程度、泳いでいる。 ② 公衆電話機の受話器がハンガー部から外されて水中に浮いた状態で固定され、その受話部から気泡が発生している。
イ	相違点	① 公衆電話機の機種が異なる。 ② 公衆電話機の色は、原告作品は黄緑色であるが、被告作品は灰色である。 ③ 電話ボックスの屋根の色は、原告作品は黄緑色であるが、被告作品は赤色である。 ④ 公衆電話機の下にある棚は、原告作品は1段で正方形であるが、被告作品は2段で、上段は正方形、下段は三角形に近い六角形（野球のホームベースを縦方向に押しつぶしたような形状）である。 ⑤ 原告作品では、水は電話ボックス全体を満たしておらず、上部にいくらかの空間が残されているが、被告作品では、水が電話ボックス全体を満たしている。 ⑥ 被告作品は、平成26年2月22日に展示を始めた当初は、アクリルガラスのうちの1面に縦長の蝶番を模した部材が貼り付けられていた。

被告作品は、原告作品のうち表現上の創作性のある部分の全てを有形的に再製しているといえる一方で、それ以外の部位や細部の具体的な表現において相違があるものの、被告作品が新たに思想又は感情を創作的に表現した作品であるとはいえないと判断した。

仮に、公衆電話機の種類と色、屋根の色（相違点①～③）の選択に創作性を認めることができ、被告作品が、原告作品と別の著作物ということができるとしても、被告作品は、上記相違点①から③について変更を加えながらも、…原告作品に依拠し、かつ、上記共通点①及び②に基づく表現上の本質的な特徴の同一性を維持し、原告作品における表現上の本質的な特徴を直接感得することができるから、原告作品を翻案したものということができる。

4　検討

(1)　はじめに

本評釈では、本件における著作物性、特に創作性及び著作権侵害の有無を中心に検討する。

筆者は、本判決の結論は妥当と考える。本判決と原判決は、いずれも、「ある思想ないしアイディアの表現方法がただ1つしか存在しない場合、あるいは、1つでなくとも相当程度に限定されている場合には、その思想ないしアイディアに基づく表現は、誰が表現しても同じか類似したものにならざるを得ないから、当該表現には創作性を認め難い」という伝統的な思想・表現の二分論の考え方にしたがって、原告作品の創作性について判断している。また、本判決と原判決は、いずれも、江差追分事件最高裁判決（最一判平13・6・28民集55巻4号837頁）等の示した判断枠組みに則って著作権侵害の有無を判断しているといえる。しかるに、原告作品に創作性を認めた箇所も、著作権侵害の判断も、大きく異なっている。

(2)　創作性について

本判決と原判決の分かれ目は、原告作品の創作性をどこに見出すかに存するが、著作権法で保護されない「思想」と、保護される「表現」との区別は、紙一重であり、規範的な作業である。要するに、結論をどう持って行きたいかで変わりうる側面がある。

(a)「公衆電話機の受話器が、受話器を掛けておくハンガー部から外されて水中に浮いた状態で固定され、その受話部から気泡が発生している」という点について

本判決は、原告作品の「公衆電話機の受話器が、受話器を掛けておくハンガー部から外されて水中に浮いた状態で固定され、その受話部から気泡が発生している」という点（第4の点）に、控訴人の個性が発揮されており、これが第1、第3の点とあいまって、創作性が認められるとしたが、この判断は、説得的であるように思われる。

なお、この点、原判決は、原告作品の基本的な特徴として、「金魚の生育環境を維持するために、公衆電話機の受話器部分を利用して気泡を出す仕組みであること」を挙げつつ、これは、公衆電話ボックス内に通常存在する物から気泡を発生させようとすれば、もともと穴が開いている受話器から発生させるのが合理的かつ自然な発想であるとして、創作性を認めることはできないと判断した。しかしながら、本判決も述べるように、水槽に空気を注入する方法としてよく用いられるのは、水槽内にエアストーン（気泡発生装置）を設置することであり、電話機の受話器を利用して気泡を出させるのは決して自然とは言えず、実際、被告作品の前身である、金魚電話

では、そのような構成がとられていたのであり、原判決の認定は説得力を欠くように思われる。

(b) 公衆電話ボックスの屋根の色について

公衆電話ボックスの屋根の色は、原告作品のそれは緑色であるのに対し、被告作品のそれは赤色であり、相違点として認定されている。のみならず、原告は、被告作品の展示についてクレームを出し、被告らと協議をする際に、屋根の色を緑色とすることは原告作品の重要な要素であり、被告作品の屋根の色を緑色に変更するよう要求していた。

しかるに、本判決は、原告作品の公衆電話ボックスの屋根の色には、創作性は存在しないと認定し、著作権侵害を認めた。(なお、被告は、原告が、原告作品の屋根の色を原告作品の重要な点と認識し、そのように変更するよう要求していたという経緯を根拠に、著作権侵害は成立しない旨主張していた)。

原告自身が、作品における重要な要素であると述べていた公衆電話ボックスの屋根の色に、創作性が全く存在しないとする認定はやや不自然と思われる。よって、公衆電話ボックスの屋根の色に創作性は認めつつ、屋根の色が相違していても、「既存の著作物の表現上の本質的な特徴を直接感得」できるものとして、本判決が念のため認定しているように、(複製権侵害ではなく)翻案権侵害を認定するのが、より適切と思われる。

(3) 著作権侵害(同一性)の判断について

本判決は、「公衆電話機の受話器が、受話器を掛けておくハンガー部から外されて水中に浮いた状態で固定され、その受話部から気泡が発生している」という点に創作性があり、他の点とあいまって創作性が認められるものとした。金魚を生育する施設において気泡を発生する形態をどのようなものにするかについては選択の幅があるところ、公衆電話の受話部から気泡を発生させるという表現は、平たく言うと、「うまい!」と思わせるものがある。このような部分まで同一であるのは、直観的に、ちょっと「やりすぎ」「真似しすぎ」と感じられ、この点を創作性及び著作権侵害の認定のキーポイントにした判断は妥当と思われる。

もっとも、この認定については、以下の二つの点を指摘することができる。

一つ目は、かかる認定判断を前提にすると、今後、被告作品の仕様を変更し、受話部から気泡が発生しない構成をとれば、原告作品の著作権侵害は成立しないことになるが、果たして、それでよいのかという疑問である。著作権侵害事件のみならず、例えば、不正競争防止法違反が争われる事件では、被告が商品パッケージに変更を加えることにより商品の販売継続を図るケースがある。本件はビジネス訴訟ではなく、芸術家と芸術家の意地のぶつかり合いのような側面が強く、また、被告側は、被告作品の展示を中止しているため、将来、被告作品に変更が加えられた作品が再度制作、展示される等して紛争が再発する可能性について余り考慮する必要がないと判断し、控訴審裁判所は、「公衆電話機の受話器が、受話器を掛けておくハンガー部から外されて水中に浮いた状態で固定され、その受話部から気泡が発生している」という点に創作性があるという判断をしたとも考えられる。

二つ目は、公衆電話機の受話器が、受話器を掛けておくハンガー部から外されて水中に浮いた状態で固定され、その受話部から気泡が発生している」という点は、少なくとも写真では、余り目立つものではなく、実物においてもそれほどインパクトがあるのか、という疑問である。これに関しては、原判決は、受話器が水中に浮かんでいる点は、原告作品と被告作品の共通点であり、かつ、創作性が認められると認定したが、この点から原告作品を直接感得することはできないと判断したが、この判断は、原告作品と被告作品を写真のみで対比する限り、あながちおかしくないようにも思われる。

(4) その他

本判決に関して、「依拠性の認定を通じて被告の不誠実な態度が浮上したことにより、類似の範囲を通常よりも広めに解釈したように見える」との指摘がなされている[2]。この指摘自体正当であり、また、本件及び本件のような事案の解決にあたり、そのような認定判断をすることは正当と思われるが、このような考え方を、前記平成13年最判と整合させつつ、著作権侵害の判断についての予測可能性を担保するかについても、今後更に検討する必要があると思われる[3]。

(いわせ・よしかず)

---

1) 原告作品及び被告作品の画像は、ならまち通信社のウェブページ(https://narapress.jp/)に掲載されている本件の訴状の別紙目録から引用した。

2) 木村剛大「『アイデア』と『表現』の狭間をたゆたう金魚かな。金魚電話ボックス事件大阪高裁判決の思考を追う」美術手帖(https://bijutsutecho.com/magazine/insight/23433)

3) 本判決に関しては、高瀬亜富弁護士の「現代美術作品の著作物性と複製権侵害・翻案権侵害の成否―金魚電話ボックス―事件」コピライト No.723/vol.61 の評釈がある。

今期の裁判例索引

凡例
- 索引は第1部「最新民事裁判例の動向」と第2部「最新専門領域裁判例の動向」の中で番号を付して紹介した裁判例と、第3部「注目裁判例研究」で取り上げた裁判例を対象とする。
- 「担10」とは、第1部中の「担保裁判例の動向」の[10]判決をさす。
- 「取研1」とは、第3部中の「注目裁判例研究─取引1」の判決をさす。
- 取・担・動・法・家・環・医・労・知はそれぞれ、取引・担保・不動産・不法行為・家族・環境・医事・労働・知財の略である。

みんじ はんれい
民事判例 23——2021年前期

2021 年 11 月 20 日　第 1 版第 1 刷発行

編　者——現代民事判例研究会（代表・田髙寛貴）
げんだいみんじはんれいけんきゅうかい
発行所——株式会社日本評論社
　　　　　〒 170-8474　東京都豊島区南大塚 3-12-4
　　　　　電話 03-3987-8621　FAX 03-3987-8590　振替 00100-3-16
印　刷——精文堂印刷
製　本——難波製本

Printed in Japan ⓒ 現代民事判例研究会（代表・田髙寛貴）2021　本文組版／中田　聡　装幀／林　健造
ISBN 978-4-535-00251-7

民事判例22
2020年後期

現代民事判例研究会編

日本評論社

好評発売中　定価 3,080円（税込）

第1部　最新民事裁判例の動向

取引裁判例の動向　平林美紀　／　担保裁判例の動向　松本恒雄　／　不動産裁判例の動向　堀田親臣

不法行為裁判例の動向　島戸　純　／　家族裁判例の動向　渡邉泰彦

第2部　最新専門領域裁判例の動向

環境裁判例の動向　島村　健・及川敬貴　／　医事裁判例の動向　山口斉昭／

労働裁判例の動向　山中健児　／　知財裁判例の動向　城山康文

第3部　注目裁判例研究

取引1──ポータルサイトのサービス提供契約中の免責条項に対する差止請求の成否（積極）
　　　（東京高判令2・11・5）　山本　豊

取引2──公営住宅の賃貸保証人に対する履行請求が権利濫用にあたるとされた事例
　　　（東京高判令元・7・17）　谷江陽介

不動産──登記申請等の委任を受けた司法書士の第三者に対する不法行為責任
　　　（最二判令2・3・6）　伊藤栄寿

不法行為1──名誉感情侵害事案における同定可能性の位置付け
　　　（福岡地判令元・9・26）　竹村壮太郎

不法行為2──後遺障害逸失利益についての定期金賠償の可否とその終期
　　　（最一判令2・7・9）　白石友行

家族1──相続放棄の熟慮期間の起算点（東京高決令元・11・25）　神谷　遊

家族2──夫婦同氏制度の憲法適合性（東京地判令元・10・2）　二宮周平

環　境──東京電力福島原発事故生業訴訟控訴審判決（仙台高判令2・9・30）　大塚　直

医　事──医師法17条にいう「医業」の内容となる医行為の意義──タトゥー事件最高裁決定
　　　（最二決令2・9・16）　小谷昌子

労　働──アルバイト職員と正職員の労働条件相違と労働契約法20条違反の有無
　　　──大阪医科薬科大学事件（最三判令2・10・13）　山畑茂之

知　財──置換「可能に構成した」フレーム構造に係る特許権の侵害と付随品への特許法102条2項の適用の可否
　　　（東京地判令2・9・25）　金子敏哉

今期の裁判例索引